Faye Schulman
Die Schreie meines Volkes in mir

*Kameraden aus der Brigade Molotow.
Hintere Reihe: links Mischa Gerasimow,
Brigadekommandeur, rechts der Kommissar der Brigade;
vordere Reihe: links Rosa, eine jüdische Partisanin,
rechts Faye (Fagel).*

Faye Schulman

Die Schreie meines Volkes in mir

Wie ich als jüdische Partisanin den Holocaust überlebte

Lichtenberg

Titel der Originalausgabe:
A Partisan's Memoir: Woman of the Holocaust
Originalverlag: Second Story Press, Toronto

Aus dem Englischen von Gwynneth und Peter Hochsieder

Copyright © für die deutsche Ausgabe
Lichtenberg Verlag GmbH, München 1998
Copyright © 1995 by Faye Schulman
Published by permission of Second Story Press Inc.,
Toronto, Ontario, Canada
Das Werk einschließlich aller seiner Teile ist urheberrechtlich geschützt.
Jede Verwertung außerhalb der engen Grenzen des Urheberrechtsgesetzes ist ohne Zustimmung des Verlages unzulässig und strafbar.
Das gilt insbesondere für Vervielfältigungen, Übersetzungen,
Mikroverfilmungen und die Einspeicherung und Verarbeitung in
elektronischen Systemen.
Umschlaggestaltung:
Casa nova corporate communications, München
Umschlagabbildung: Faye Schulman
Satz: Ventura Publisher im Verlag
Druck und Bindung: Graphischer Großbetrieb Pößneck
Printed in Germany
ISBN 3-7852-8424-1

2   4   5   3   1

Möge dieses Buch ein Denkmal sein …

dem Andenken meiner geliebten Familie,
meines Vaters, meiner Mutter, meiner zwei Schwestern
und zwei Brüder,
die durch die Hände der Nazimörder umkamen

für die Partisanen, die im Kampf für die Würde, die Ehre
und den Frieden der Juden fielen

für die Zukunft der jüdischen Jugend, nicht zuletzt die
meiner Enkel Michael, Daniel, Nathan, Matthew, Rachelle
und Steven, die das jüdische Erbe weitertragen und die
Erinnerung wachhalten

Inhalt

Editorische Notiz 9
Karten 10
Vorwort 13
Einleitung 17
Das Leben in unserer Stadt Lenin 23
Meine Familie 36
Unter sowjetischer Besatzung 55
Die Terrorherrschaft der Nazis 68
Das Ghetto und die Liquidierung 84
Ich gehe zu den Partisanen 105
Bei den Partisanen: Krankenschwester,
Soldatin und Photographin 119
Meine Brüder als Partisanen 136
Raika 144
Freund und Feind unter den Partisanen 157
Gefährliche Aufträge 173
Bittere Jahreszeiten 190
Die große Blockade 207
Die Befreiung 221
Wiedersehen und Neubeginn 232
Nachwort 258
Danksagung 260
Zeittafel 261

Editorische Notiz

Faye Schulmans ursprünglicher Name bei ihrer Geburt 1923 lautete Fagel Lazebnik. Als die Sowjets 1939 den Osten Polens besetzten, wurde ihr Vorname in »Faina« russifiziert. Innerhalb der Familie wurde sie jedoch, bis zur Ermordung ihrer Eltern und Geschwister, weiterhin bei ihrem jüdischen Namen gerufen. Bei ihrer Einwanderung nach Kanada 1948 anglisierte sie ihren Namen in »Faye«.
Ähnlich war dies auch bei ihrem Mann Moische Schulman, der seinen Namen bei der Einwanderung in »Morris« anglisierte, nachdem die russischen Partisanen ihn bereits »Maurice« genannt hatten. Ebenso hieß ihre Mitpartisanin Jean, die heute in Kalifornien lebt, ursprünglich Jana.
Auch wenn die Identität der dargestellten Personen heute fest mit den englischen Vornamen verbunden ist, werden in diesem Buch aus Gründen der historischen Authentizität die ursprünglichen jüdischen Namen gebraucht.

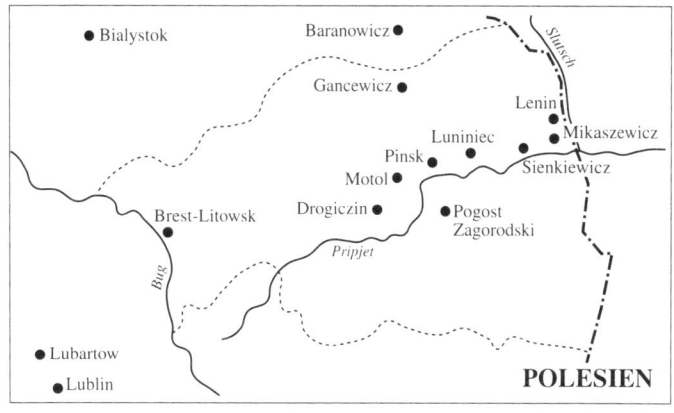

Vorwort

In Gedanken schreibe ich dieses Buch schon seit einem halben Jahrhundert. Die Erinnerungen sind immer noch lebendig; jetzt ist es an der Zeit, sie zu Papier zu bringen und dieses entscheidende Kapitel der Geschichte im Lichte meiner eigenen Erlebnisse aufzuzeichnen.
Als Mitglied des Holocaust Education and Memorial Centre und des Yad-Vashem-Komitees in Toronto habe ich an staatlichen Schulen und Universitäten, auf Lehrerfortbildungsseminaren, in Klöstern und bei ökumenischen Tagungen von meinen Erlebnissen als Partisanin und als Überlebende des Holocaust gesprochen. Die Photographien der Greuel, die ich damals für die Nazis entwickeln mußte, und die Bilder, die ich selbst während des Krieges machte, wurden zu einem Bestandteil meiner Vorträge. Zu meinen Zuhörern gehörten Juden und Christen, junge Studenten, ältere Menschen, Geistliche und Lehrer. Am meisten bewegt von meinen Ausführungen waren junge Menschen, die bis dahin wenig oder gar nichts vom Holocaust gewußt hatten. Ein junges Mädchen, das zusammen mit den Klassenkameradinnen ihrer katholischen Schule an meinem Seminar teilnahm, schrieb: »Jetzt sehe ich alles anders. Ich schäme mich, daß derartige Greuel aus antijüdischen Gefühlen entstehen konnten. Die Gefahr für die Zukunft besteht darin, daß wir diese entsetzliche Vergangenheit vergessen könnten. Den

Holocaust vergessen hieße, unsere Augen vor der dunklen Seite der Menschheit zu verschließen.«

Mit der Veröffentlichung meiner Geschichte als Buch hoffe ich, auch Leser außerhalb meiner kanadischen Umgebung und die Leser künftiger Generationen anzusprechen. Ich hoffe ebenso, daß diese Erinnerungen an mein Leben als Partisanin zu einem besseren Verständnis des schwierigen Lebens, des Kampfes und des Heldentums der jüdischen Partisanen beitragen, die während der Zeit des Holocaust zur Widerstandsbewegung gehörten.

Immer noch leugnen zu viele Menschen den Holocaust. Noch mehr Menschen glauben weiterhin fest an den Mythos von der Passivität der Juden, an die irrige Ansicht, daß sechs Millionen Juden gefügig in den Tod gegangen seien wie die Lämmer zur Schlachtbank. Es ist wichtig, künftigen Generationen zu sagen, daß dies nicht wahr ist. In Wirklichkeit ergriffen die Juden jede kleinste Gelegenheit, um Widerstand zu leisten. Das jüdische Volk tat alles, um unter unvorstellbar schwierigen Umständen in den Wäldern, den Ghettos und Lagern zu überleben. Wir alle kämpften um unser eigenes Leben und um das Leben derjenigen, die uns nahestanden. Viele kämpften mit der Waffe in der Hand in den Ghettos, als Untergrundkämpfer in den besetzten Städten und Dörfern, als Partisanen in den Wäldern, oder sie setzten sich allein gegen diejenigen zur Wehr, die gekommen waren, sie zu vernichten.

Die Mehrheit jener unbesungenen Helden und Heldinnen, die als Partisanen kämpften, überlebte nicht. Jedoch sollten ihre Tapferkeit und ihr Mut nicht in Vergessenheit geraten. Wir werden die genaue Zahl der unbekannten Toten niemals erfahren. Als eine der Überlebenden fühle ich die Notwendigkeit, für jene zu sprechen, die auf tragische Weise zum Schweigen verdammt wurden. Wenig ist bisher über die Tapferkeit der jüdischen Partisanen geschrieben worden – fast könnte man meinen, es sei bewußt geheimgehalten worden. Als eine unter Tausenden jüdischer Männer und Frauen, die sich der Partisanenbewegung anschlossen und täglich Angriffe, Überfälle und Kämpfe gegen den Feind unternahmen, habe ich am Widerstand teilgenommen. Wir trotzten Hunger und Kälte; wir trotzten der ständigen Bedrohung durch Tod oder Folter, waren darüber hinaus in den eigenen Reihen dem Antisemitismus ausgesetzt. Fast chancenlos kämpften wir gegen die Unterdrückung durch die Nazis. Mit allem, was uns zu Gebote stand, mit unserem ganzen Mut, unserem Kampfgeist und Einfallsreichtum, wehrten wir uns gegen den Feind. Viele Partisanen waren fast noch Kinder – Halbwüchsige wie ich –, denen die Bürde der Verantwortung eines Erwachsenen anvertraut wurde. Sie gaben niemals auf, kämpften aus Rache, um Ehre und Würde, für ein Ende des Mordens und des Krieges – viele von ihnen bis zu ihrem letzten Atemzug.

Meine Geschichte ist nur eine aus einer Vielzahl von Geschichten jüdischer Überlebender. Jede Geschichte ist einmalig, gleichzeitig beispielhaft und von unschätzbarem Wert. Zeugnisse aus erster Hand sind unabdingbar, denn nur durch diese Zeugnisse können wir wirksam und erfolgreich den Mythen entgegentreten und die Wahrheit darstellen.

Einleitung

Es war kurz vor Ende des Jahres 1942. Unser Partisanentrupp hatte die Anweisung bekommen, das Quartier in den Wäldern zu verlassen und einen erneuten Angriff auf die Stadt Lenin zu unternehmen. Mischa, der russische Anführer unserer Brigade, hatte uns zu einem Überfall auf den Feind abkommandiert. Diesmal sollten wir die Häuser, die den Nazis und ihren Kollaborateuren als Hauptquartier dienten, dem Erdboden gleichmachen. Nach dem ersten Schußwechsel würde es die übliche kurze Pause geben, bis die Verstärkung der Nazis eintraf. Während dieser Pause hatten wir die Möglichkeit, die Vorräte zu erbeuten, die wir für unser Überleben im Wald benötigten: Gewehre, Munition, Lebensmittel und Medikamente.
Es waren persönliche Gründe, die mich bewogen, an dem Überfall auf die Stadt Lenin teilzunehmen. Hier, in diesem Schtetl, war ich einmal zu Hause. Hier wurde ich geboren, und hier hatte ich mit meiner Familie in dem Haus gewohnt, das von meinem Vater liebevoll erbaut worden war. Hier war ich mit meinen sechs Geschwistern aufgewachsen, hier hatte ich meine Jugend verbracht. Und es war die Stadt, in der fast meine ganze Familie von den Nazis ermordet worden war.
Im Schtetl Lenin in der ostpolnischen Region Polesien, nahe der Grenze zur Sowjetunion, hatte früher eine Gemeinde

von sechstausend Juden gelebt. Am 14. August 1942 wurde die gesamte noch lebende jüdische Einwohnerschaft von Lenin – mit Ausnahme von mir und fünf weiteren Familien – erschossen und innerhalb weniger Stunden in drei Massengräbern verscharrt. Nur ich und wenige andere entgingen dem Tod. Nach drei Jahren des Krieges stand ich im Alter von neunzehn Jahren ohne Familie, ohne ein Zuhause und ohne Freunde da.

Lenin lag in einer verlassenen Gegend, umgeben von Sümpfen, Flüssen und einem dichten Wald, der sich als Unterschlupf eignete. Es war ein ideales Versteck für Partisanenlager wie das unsere. Nach der Auslöschung unserer ganzen jüdischen Gemeinde war ich während eines Partisanenüberfalls auf Lenin in das Waldgebiet geflohen. Dort hatte ich mich einem Partisanentrupp angeschlossen, der Brigade Molotow. Sie bestand zum größten Teil aus russischen Soldaten und Offizieren, die aus den Gefangenenlagern der Nazis entkommen waren. Ich hatte schon sechs Wochen bei der Brigade Molotow verbracht und bereits einige Überfälle miterlebt. Nun erzählten mir einige Mitkämpfer, daß Vorbereitungen für einen weiteren Angriff auf meine Heimatstadt Lenin im Gange waren. Ich wollte mich unbedingt an dem Angriff auf die Mörder meiner Familie und meiner Gemeinde beteiligen. Ursprünglich wollte mich der Kommandant nicht an dieser Operation teilnehmen lassen, aber ich flehte ihn an, mich mitzunehmen. Ich erklärte, wie wichtig es für mich sei, den Tod meiner Angehörigen zu rächen. Nach einer kurzen Denkpause sagte er zu.

Unsere Späher hatten uns über die neuesten Vorgänge in der Stadt auf dem laufenden gehalten. Wir wußten genau, welche Häuser die Nazis besetzt hatten und wie viele Nazis und

Kollaborateure sich in jedem Haus aufhielten. Wir wußten, in welchem Haus das Hauptquartier der Gestapo war, wo sich die Wehrmacht aufhielt und wo die örtliche Polizei, die den Nazis half, zu finden war. Wir besaßen auch eine Liste der Namen und Adressen von Zivilisten, die mit den Nazis sympathisierten und ihre dadurch gewonnene Macht über die anderen Bewohner der Stadt mißbraucht hatten.
Von den Bauern in der Umgebung hatten unsere Späher auch erfahren, daß die Nazis Schwierigkeiten hatten, die drei Gräben mit Erde bedeckt zu halten, in denen über 1850 jüdische Männer, Frauen und Kinder ermordet und verscharrt worden waren. Die Nazis hatten die Toten mit Erde und Sand zugedeckt, aber auch nach Tagen, als die Leichen zusammenfielen, gab die Erdschicht immer noch nach, und das Blut sickerte durch die Risse an die Oberfläche. Dreimal deckten sie die Gräber von neuem zu; dreimal öffneten sie sich erneut, wie eine riesige blutende Wunde. Als ich das erfuhr, konnte ich einfach nicht zurückbleiben. Wie hätte ich auf eine Teilnahme an dem Angriff verzichten können, solange das Blut meiner eigenen Familie noch aus den Gräben floß.
Als die neunzig Partisanen unseres Trupps die ersten Häuser von Lenin erreichten, war die Morgendämmerung noch nicht angebrochen. Während der Nacht waren wir stundenlang durch die Wälder gepirscht; die Straßen hatten wir gemieden. Jeder einzelne mußte darauf achten, daß er seinen Vordermann nicht aus den Augen verlor, sonst hätte er sich in der Dunkelheit verirrt. Außerhalb der Stadt teilten wir uns in kleinere Gruppen auf und näherten uns vorsichtig den zugewiesenen Stellen. Auf ein Signal hin sollten wir gleichzeitig aus allen Richtungen angreifen. Falls uns ein Wacht-

posten vor dem Signal bemerkte, hatten wir Befehl, ihn zu erwürgen, damit er nicht Alarm schlagen konnte.

※ ※ ※

Schweigend warte ich zwischen den Kiefern am Stadtrand. Die Stadt ist mir auf schmerzliche Weise vertraut; jede Straße, jede Ecke ruft Erinnerungen wach. Ich halte ein geladenes Gewehr fest in der Hand. Unweit meines Standorts liegen die drei Gräben, in denen meine Familie und meine Freunde abgeschlachtet wurden. Von meinen Gefühlen überwältigt, tritt mir dieses Bild des Schreckens wieder vor Augen. Wenn ich könnte, würde ich mich auf den Boden legen, die Arme ausbreiten und die blutgetränkte Erde umarmen. Ich möchte die Augen schließen und gemeinsam mit meinen Lieben für immer einschlafen. Aber ich sehe ihre Gesichter vor mir, höre sie flüstern: »Nein! Gib nicht auf! Jetzt hast du ein Gewehr. Kämpfe! Räche uns und verteidige dich!« Nun habe ich keine Angst mehr. Ich halte mein geladenes Gewehr fest in der Hand.
Ein einzelner Schuß, der die Stille unterbricht, setzt meinem Grübeln ein Ende: unser Signal zum Angriff. Um die Nazis zu verwirren, brechen wir neunzig Partisanen mit lautem »Hurra!« aus der Deckung zwischen den Gebäuden hervor und beginnen zu schießen. Wir brennen ihnen das Hauptquartier über ihren Köpfen nieder.
Ich schieße wild drauflos. Die Gesichter, in die ich hineinfeure, sehe ich nicht. Ein paar der überraschten Wachtposten, die vor den Häusern postiert waren, schießen zurück. Tote und Verwundete auf beiden Seiten. Eine unheimliche Stille senkt sich auf die Stadt herab.

*Die Ruinen des Elternhauses von Fagel Lazebnik,
nur die Kamine stehen noch.*

Ich stehe vor meinem Elternhaus und laufe hinein. Tränen würgen mich. Dieses Haus war immer voller Leben, Menschen gingen ein und aus – Verwandte, Freunde, Nachbarn. Und nun vollkommene Stille. Die Zimmer leer, die rechtmäßigen Bewohner tot. Auf dem Boden liegen Kartoffelschalen, erst vor wenigen Augenblicken haben sich die Nazis auf unsere Schüsse hin erschreckt ins Freie gestürzt. Unsere Informanten hatten mir schon gesagt, daß mein früheres Zuhause etwa dreißig einheimische Kollaborateure beherberge, die sich als Polizisten den Nazis nützlich machten.
Ich stehe mitten im Zimmer, starr und tränenlos. Mir ist, als hörte ich einen seltsamen, eindringlichen Aufschrei, die Stimme meiner Mutter, einen Schrei, der widerhallt. Vor mir

sehe ich meine Schwestern, meinen Bruder. Ja, ich höre sie alle rufen und weinen – der Aufschrei der Unschuldigen gegen das Vergessen: »Lauf! Kämpfe! Setz dich zur Wehr!« Ihr Schrei läßt mich nicht zur Ruhe kommen. Ich balle die Fäuste, kann nicht weinen. Keine Zeit für Tränen. Die Anspannung, der Zwang des Augenblicks drängen meine Gefühle zurück.

Ein anderer Partisan stürzt ins Haus, der blonde Moische, den wir »den Weißen« nennen. »Das ist ja dein Haus. Was meinst du«, brüllt er, »wollen wir es niederbrennen?«

Meine Familie ist tot, meine Heimatstadt besetzt. Ich werde nie wieder hier wohnen. Den Mördern will ich unser Haus nicht überlassen. Noch schneller, als ich darüber nachdenken kann, schreie ich zurück: »Zünd es an!« Er schüttet Benzin auf den Wohnzimmerboden. Ich werfe brennende Zündhölzer darauf. Im Nu steht das Haus in Flammen. Als wir uns in den sicheren Wald zurückziehen, blicke ich noch einmal zurück und sehe, wie die Flammen und der Rauch in den Himmel schlagen. Ich bin untröstlich, zerrissen – wieder ist etwas Unwiederbringliches für immer verlorengegangen. Wieder sind Bindungen an meine Vergangenheit unwiderruflich abgerissen. Eine schreckliche Wahrheit: Diese Stadt und dieses Haus, die meinem Herzen so nahe standen, sind nicht mehr. Noch immer höre ich die Schreie aus den drei Gräben, auf ewig meinem Herzen eingebrannt.

Erstes Kapitel
Das Leben in unserer Stadt Lenin

Der Name der Stadt Lenin geht nicht auf den kommunistischen Revolutionsführer zurück; die Stadt ist wesentlich älter als die russische Revolution von 1917. Vor fast zweihundert Jahren befand sich die Stadt mit ihrem Umland von Dörfern und Bauernhöfen im Besitz eines reichen Adligen, dessen einzige Tochter Lena hieß. Nach ihr wurde die Stadt benannt.

Lenin, mein polnischer Geburtsort, lag am Ufer der Slutsch. Auf der anderen Seite des Flusses war die Sowjetunion. Eine gewissenhaft bewachte Brücke, die einzige auf viele Kilometer, bildete eine Verbindung zwischen den beiden Staaten. Schon vor Beginn des Zweiten Weltkrieges hatte man den Bewohnern der Stadt untersagt, sich dem Grenzfluß zu nähern. Nur selten, wenn die drückende Hitze des Sommers fast unerträglich wurde, erlaubte uns die polnische Militärverwaltung, in einem kleinen abgegrenzten Teil des Flusses in Ufernähe zu baden.

Während meiner Kindheit hatte Lenin etwa 12 000 Einwohner, ungefähr die Hälfte davon Juden. Hinzu kamen Tausende von polnischen Infanterie- und Kavalleriesoldaten mit ihren Familien, die man wegen der strategischen Lage unserer Stadt hier stationiert hatte. Das imposante Hauptquartier

und die Kaserne stellten die meisten modernen Gebäude unserer Stadt in den Schatten. Nur unser großes modernes Krankenhaus, das in einem Kiefernhain am Stadtrand lag, konnte sich damit messen.
Da Lenin eine Grenzstadt war, wurde es von der polnischen Armee gut bewacht. Selbst während dieser relativ ruhigen polnischen Herrschaft gab es jedoch Vorschriften und Beschränkungen für alle Zivilisten der Stadt. Die Ausgangssperre ab elf Uhr nachts wurde streng eingehalten. Wer sie übertrat und dabei ertappt wurde – junge Liebespaare zum Beispiel, die sich zu einem nächtlichen Stelldichein verabredet hatten –, riskierte die Verhaftung. Wer Lenin besuchen wollte, mußte einen Passierschein beantragen, so daß Freunde und Verwandte aus anderen Städten nicht einfach ohne Formalitäten zu Besuch kommen konnten. Auch der Handel zwischen Lenin und Nachbarorten wurde dadurch eingeschränkt, denn es war oft schwierig, die nötigen Geschäftskontakte aufzunehmen.
Da der Zugang zur Außenwelt so kompliziert war, empfanden die Stadtbewohner eine enge Bindung zueinander. Juden und Nichtjuden lebten in harmonischer Nachbarschaft. Obwohl der Antisemitismus in anderen Teilen Polens und in der Sowjetunion eine häufige Erscheinung war, gab es in Lenin – zumindest im persönlichen Bereich – Toleranz und Verständnis untereinander. Ich weiß noch, wie die ganze Stadt, Juden und Christen gleichermaßen, das fünzigjährige Priesterjubiläum des Popen feierte. Die jüdische Gemeinde schenkte ihm aus diesem Anlaß ein Buch mit goldenem Einband.
Obwohl die Stadt vor dem Zweiten Weltkrieg zu Polen gehörte, bestand die Mehrheit der nichtjüdischen Bevölkerung

Lenin vor dem Krieg, Mitte der dreißiger Jahre. Unter den Nazis wurde dieser Stadtteil zum Ghetto.

aus Bjelorussen, Weißrussen also. Trotzdem war Lenin eine polnische Stadt, und alle Amtsgeschäfte wurden in polnischer Sprache getätigt. Bis zum Alter von vierzehn Jahren besuchten alle Kinder der Stadt polnische Volksschulen, in denen die Unterrichtssprache Polnisch war. Alle jüdischen Kinder mußten sogar vier Sprachen lernen: Weißrussisch auf der Straße, Polnisch in der Volksschule, Jiddisch zu Hause und Hebräisch im Cheder, der jüdischen Schule, die wir alle nachmittags besuchten.

Unter der mehrheitlich weißrussischen Bevölkerung Lenins gab es im allgemeinen keinen Antisemitismus, aber in der polnischen Minderheit war die Einstellung unterschiedlich. Zwei Vorfälle sind beispielhaft für die gegensätzliche Haltung der polnischen Minderheit. Eines Tages spazierte der Ladenbesitzer Olszewski, ein Nachbar, der sich der polni-

schen Elite unserer Stadt zugehörig fühlte, an unserem Haus vorbei. Meine Mutter hatte sich nach einem langen schweren Arbeitstag vor unserer Haustür auf einen Stuhl gesetzt. Olszewski blieb stehen, um mit meiner Mutter zu plaudern. Nach den üblichen Floskeln, die zu einem normalen Gespräch gehören, platzte er unvermittelt mit der Drohung heraus: »Frau Lazebnik, bald wird die Zeit kommen, in der ich das Recht habe, alle Juden dieser Stadt zu erschießen.«
Meine Mutter blieb die Antwort nicht schuldig: »Herr Olszewski, bald wird die Zeit kommen, in der sich vor Ihnen ein großes Loch auftut, und Sie werden hineinfallen und niemals mehr herauskönnen.«
Später, als die Nazis die Stadt besetzten, bestand Olszewski darauf, daß ihm Juden das Haus putzten. Ich wurde eines seiner Putzmädchen. Wenn ich nicht folgen wollte, drohte er, bei den Nazis eine Beschwerde vorzubringen. Olszewski und andere Gleichgesinnte wurden später von Partisanen bei einem ihrer Überfälle erschossen.
Das andere Extrem war ein polnischer Hauptmann, ein Arzt, der sich uns gegenüber wie ein guter Freund verhielt. Bei seinem täglichen Morgenspaziergang holte er sich immer eine Flasche Bier, das meine Mutter zur Aufbesserung unseres Einkommens im Hause verkaufte. Eines Tages bemerkte er, daß meine Mutter geweint hatte. Auf seine Frage hin erzählte sie ihm, daß sie kein Geld habe, die Kosten der bevorstehenden Hochzeit meiner Schwester zu bezahlen. Während meine Mutter in den Keller ging, um das Bier zu holen, schrieb der Offizier einen Scheck auf fünfhundert Zloty aus. Er bezahlte das Bier mit diesem Scheck und sagte: »Hoffentlich reicht das auch.«
Damals waren fünfhundert Zloty ein Vermögen: Sie reichten

für alles – die Hochzeit, die Kleider, das Hochzeitsmahl und die Miete für eine Wohnung. Dieser polnische Offizier machte es möglich, daß meine Schwester heiraten konnte. Meine Mutter sagte, ein guter Engel sei zu ihr gekommen.

Trotz amtlicher Bestimmungen und Beschränkungen waren die Juden Lenins vor dem Zweiten Weltkrieg in der Lage, ihren Lebensunterhalt zu verdienen. Jüdische Handwerker, Händler und Ladenbesitzer verdienten sich ihr täglich Brot mit der Versorgung der polnischen Offiziere und ihrer Familien. Die Offiziere organisierten regelmäßig gesellschaftliche Veranstaltungen – Bälle, Feste und Pferderennen. Sie unterhielten sogar ihr eigenes Orchester mit mehr als zweihundert Musikern. Und zu allen Anlässen trugen ihre Frauen schöne Kleider, wofür sie die Dienste der geschickten jüdischen Näherinnen und Schneider unserer Stadt in Anspruch nahmen.

In Lenin gab es viele große Obstgärten, denn hier war eines der größten Obstanbaugebiete Polens. Im Spätsommer hingen die Bäume voller Äpfel und Birnen. Jüdische Kaufleute betrieben oft den Zwischenhandel und versandten das Obst und andere landwirtschaftliche Erzeugnisse in alle Teile Polens.

In der Stadt gab es zwei Synagogen und nur eine Kirche. An Sonntagen kamen die Christen aus den Dörfern und den Bauernhöfen außerhalb der Stadt zum Gottesdienst. Bei dieser Gelegenheit brachten sie viele ihrer Erzeugnisse mit und tauschten sie bei den jüdischen Händlern gegen Schuhe, Kleider, Seife und nicht zuletzt frische weiße Brötchen ein, eine Spezialität der jüdischen Bäcker von Lenin. Die Brötchen waren etwas ganz anderes als das grobe dunkle Vollkornbrot, das man Tag für Tag aß. Nach dem Gottesdienst

*Lenin vor dem Krieg, Mitte der dreißiger Jahre.
Jedes Jahr im Frühling wurden die Straßen der Stadt
vom Wasser des Sees überflutet.*

versammelten sich die Leute zu Hunderten, um zu plaudern, zu feilschen und die frischen weißen Brötchen zu essen, die sie soeben bei den jüdischen Händlern gekauft hatten.
Die jüdische Gemeinde von Lenin war voller Leben. Sie besaß ihren eigenen Friedhof und einen eigenen Begräbnisverein, der sich um die Verstorbenen kümmerte; sie hatte ihren eigenen *Bet Din*, ein »Gericht«, das interne Streitigkeiten unter den Juden entschied. Auch besaß sie einen eigenen Wohltätigkeitsverein, um den jüdischen Armen zu helfen. Nach ihrem Schultag in der öffentlichen Schule gingen die jüdischen Kinder zum Cheder, einer zusätzlichen Schule, die von der jüdischen Gemeinde unterhalten wurde. Im Cheder lernten sie Hebräisch, damit sie die Thora, die fünf Bücher Mose, und andere religiöse Schriften lesen konnten.

Die meisten Juden der Stadt waren gläubig und praktizierten ihre Religion mit großer Hingabe. Man nannte sie Misnagdim. Da sie europäische Kleidung und keinen Bart trugen, galten sie als moderner als ihre chassidischen Glaubensgenossen in anderen Teilen des Landes. Die Chassidim hatten lange Bärte, Pejes (die rituellen Haarlocken) und trugen die traditionellen langen schwarzen Mäntel und Pelzhüte, die in früheren Zeiten typisch für die Juden waren. Jedoch waren die Juden unserer Gemeinde nicht weniger orthodox. Sie beteten dreimal am Tag, aßen koscher und hielten sich an die jüdischen Bräuche, Riten und Gesetze, die seit Generationen überliefert wurden.

In Lenin wurden die jüdischen Festtage von der gesamten jüdischen Gemeinde mit großer Inbrunst in aller Öffentlichkeit gefeiert. Ich erinnere mich an eine Waldwanderung mit meinen Klassenkameraden aus dem Cheder zur Feier des Lag B'omer, des Frühlingsfestes zum Gedenken an Bar Kochbas Aufstand gegen die Römer. Wir sprangen mit Pfeil und Boden zwischen den Bäumen umher, wie es an diesem Feiertag üblich war, tanzten und sangen. Wir hatten ein Picknick mit riesigen Mengen von Speisen und Getränken mitgebracht, das wir untereinander aufteilten.

Am Sabbat und an allen jüdischen Feiertagen waren die Straßen voll von jungen Leuten, die Arm in Arm in Gruppen durch die Stadt flanierten. Wir sangen, so laut wir konnten, die hebräischen und jiddischen Lieder, die wir zu Hause und im Cheder gelernt hatten. Nie hatten wir die geringste Angst vor Verfolgung, nie gab es Ärger mit der nichtjüdischen Bevölkerung.

Besonders gut kann ich mich an die Straßenfeste erinnern, mit denen wir die Simchas Thora feierten, den Tag, an dem die jährlichen Thoralesungen beendet wurden und der Zyklus von neuem begann. Die ganze Gemeinde nahm an einer Prozession teil, in welcher der Rabbi von seiner Wohnung zur Synagoge getragen wurde. Gemeinsam tanzten die Männer, Frauen und Kinder fröhlich durch die Straßen der Stadt und sangen mit großer Hingabe, während sie die Thorarollen hochhielten und immer wieder küßten.

In unserer Stadt wurde es unter den Nachbarn Brauch, sich während dieses Festes in die Häuser der anderen zu schleichen, um aus der Küche einen großen Topf mit Essen zu stehlen, das dann in der Synagoge nach dem Gebet als Teil eines gemeinsamen Mahls verspeist wurde. Die Frauen kochten riesige Kessel voller Zimmes, einer traditionellen Festtagsspeise aus Karotten, Kartoffeln und Backpflaumen, und ließen sie in ihren unverschlossenen Häusern stehen – für alle Fälle.

Alle waren dabei, wenn aus Anlaß eines wichtigen Lebensabschnitts Familienfeste wie Geburten, Bar-Mizwas, Hochzeiten und Begräbnisse gefeiert wurden. Zu einer Hochzeitsgesellschaft gehörten manchmal Hunderte von Gästen, weil meistens die ganze Gemeinde eingeladen war. Jeder bekam süßen Wein, Torte und Honigkuchen serviert – auf daß der weitere Lebensweg desgleichen verlaufen möge.

Die Menschen unserer Stadt interessierten sich sehr für Politik und die Geschehnisse in der Welt, vor allem in Palästina und Polen. Sie abonnierten Zeitungen in vielen verschiedenen Sprachen aus ganz Europa. Oft hielten Juden aus anderen Teilen Polens Vorträge vor der Gemeinde – jedenfalls dann, wenn sie die Passierscheine bekamen, die für unsere streng bewachte Grenzstadt notwendig waren.

Wohl gab es in Lenin Juden, die sich sozialistischen Organisationen anschlossen, aber ihre Zahl war gering. Wegen unserer Nähe zur Sowjetunion, die von der polnischen Regierung als »der Feind« betrachtet wurde, und wegen der strengen polnischen Überwachung, der wir unterlagen, war es gefährlich, als aktives Mitglied der kommunistischen Partei aufzufallen. Am 1. Mai zum Beispiel, dem kommunistischen Tag der Arbeit, achteten wir immer darauf, nicht versehentlich rote Kleidung zu tragen, da Rot die Farbe der Kommunisten war. Rote Kleider hätte man als Zeichen der Sympathie für die Sowjetunion auslegen können, und wir fürchteten die Verhaftung durch die örtliche polnische Militärverwaltung.

Erwachsene und Jugendliche nahmen an verschiedenen gesellschaftlichen und politischen Aktivitäten teil. In der Bücherei organisierten jüngere Leser ihre eigenen Veranstaltungen mit Buchbesprechungen, Präsentationen und Vorträgen. Hier ging die jüdische Jugend ein und aus, hier traf sie sich zum Gedankenaustausch und zu politischen Diskussionen ebenso wie zu geselligem Beisammensein.

Viele junge Leute wurden Mitglied in Gruppen der zionistischen Bewegung, zu denen religiöse Gruppierungen wie Betar und Misrachi, aber auch links stehende wie Chalutz und Schomer Hazair gehörten. Ihre Ideologien mochten verschieden sein, aber alle erstrebten die Gründung eines unabhängigen jüdischen Staates in Palästina. Deshalb widmeten jung und alt dem Kerer-Kajemet, der Organisation, die dafür Geld sammelte, viel Zeit.

Zahlreiche Frauen waren ehrenamtliche Mitglieder einer jüdischen Frauenorganisation, die bei den Reichen Lebensmittel und Kleider für die Armen sammelte. Ich weiß noch, wie meine Mutter jeden Freitagnachmittag mit einem Korb in die Häuser der wohlhabenden Familien ging, um dort Chales abzuholen, Brote, die speziell für den Sabbat gebacken wurden, und sie anschließend den Bedürftigen zu bringen. Diese Organisation kümmerte sich auch um die Kranken, die Alten und die Armen der Gemeinde. Im Winter verteilte sie warme Kleidung und Schuhe an bedürftige Kinder. Jüngere Frauen kamen regelmäßig zu Handarbeiten zusammen; sie strickten und bestickten Tischdecken und Bettwäsche, die sie dann verlosten, um dadurch Geld für karitative Zwecke zu sammeln.

In der Stadt hatten wir unsere eigene Theatergruppe, die jiddische Klassiker wie »Tewje der Milchmann«, »Mirele Efros« und den »Dibbuk« aufführte. Wenn auch die Schauspieler und Musiker Laien waren – die Qualität der Aufführungen war erstklassig, denn sie nahmen ihre Arbeit am Theater sehr ernst. Die Theateraufführungen und Konzerte fanden auf der großen Bühne eines Gebäudes statt, das die jüdische Gemeinde von der polnischen Militärverwaltung zu diesem Zweck gemietet hatte. Aus dem Verkauf der Eintrittskarten wurden die Unkosten bestritten, und falls etwas übrigblieb, ging es an die Armen oder an Keren-kajemet für Palästina.

In unserer abgelegenen Stadt stellte selbst das Plaudern eine Art von Freizeitgestaltung dar. Die Leute unterhielten sich miteinander. Sie plauderten nach dem Theater, nach einer Hochzeitsfeier, und sie taten es auch nach einer Beerdigung. Anekdoten und Witze erzählte man sich so oft, bis die ursprüngliche Geschichte nicht mehr wiederzuerkennen war. Ich erinnere mich an eine oft erzählte Geschichte von einem älteren Ehepaar: Eines Tages wurde die Frau krank. Sie ging zum Arzt, der ihr eine Medizin und ein heißes Bad ver-

schrieb. Baden – das war leichter gesagt als getan, denn es gab kein fließendes Wasser. Wasser mußte immer vom Brunnen geholt werden, der vielleicht erst in der nächsten oder übernächsten Straße lag. Die kranke alte Frau hatte große Mühe, ihre Zinkwanne zu füllen, und dann mußte sie auch noch das Holz vom Hof hereinholen und Feuer machen, um das Wasser zu erhitzen. Einen halben Tag lang war sie damit beschäftigt. Als sie gerade in die Wanne steigen wollte, fiel ihr plötzlich ein, daß das Handtuch fehlte. Sie ging, um es zu holen. Als sie wiederkam, saß ihr Mann bereits in der Wanne.
Sie schrie ihn an: »Was machst du da? Der Doktor hat mir gesagt, daß ich ein heißes Bad nehmen muß. Ich habe dafür schwer gearbeitet. Wieso hast du dich hineingesetzt? Du weißt doch, daß ich krank bin.«
»Ich bin auch krank«, gab er zurück.
Später suchte sie ihre Medizin. Sie war weg. »Ich habe sie aufgegessen«, gestand ihr Mann, »ich bin auch krank.« Also blieb sie ohne Bad und ohne Medizin, so daß die arme Frau schließlich starb.
Beim Begräbnis weinte ihr Mann unaufhörlich und sprach immer wieder davon, wie sehr er seine Frau geliebt habe und wie sehr sie ihm fehle. Seine lange, tränenreiche Lobrede beendete er mit den Worten: »Oj, Necha, Necha, du warst so gut. Ich werde dich nie vergessen. Auch wenn ich wieder verheiratet bin, werde ich dein Bild immer an der Wand hängen lassen.«
Eine weitere bittersüße Geschichte sorgte wochenlang für Gesprächsstoff: Ein jüdischer Schuster verdiente zu wenig, um seine Frau und seine sechs Kinder zu ernähren. Tag für Tag suchte er Arbeit, verzweifelt bat er in seiner Not überall

um Hilfe. Er bettelte um Arbeit, um Essen und um Almosen. Er flehte Gott um Hilfe an – es half nichts. Eines Tages wurde er von einem antisemitischen polnischen Offizier brutal verprügelt. Nun hatte dieser erbarmungswürdige, abgemagerte, bettelarme Mann außer den schweren Sorgen, die auf ihm lasteten, noch ein ständiges Leiden: Er hinkte.
Der Angreifer fürchtete eine Anklage, die ihn in große Verlegenheit gebracht hätte; er suchte den Schuster auf und gab ihm zwanzig Zloty. Diese Gabe sah der unglückliche Schuster als einen Fingerzeig Gottes an, er war außer sich vor Freude. Jetzt, glaubte er, könne er seine Familie versorgen. Der ganzen Stadt erzählte er von seinem unverhofften Gewinn. Bald aber wurde ihm klar, daß ihn die zwanzig Zloty nicht weit bringen würden. Und man hörte ihn klagen: »Wo finde ich wieder einen Offizier, der mich für zwanzig Zloty verprügelt?« Auch wenn die Leute die Tragik dieser Geschichte erkannten, so mußten sie doch den absurden Wunsch des Schusters belächeln.
Obwohl Juden und Nichtjuden auf der menschlichen Ebene gut miteinander auskamen, gab es trotzdem die üblichen Ungerechtigkeiten, die von der Verwaltung ausgingen. Gegenüber Nichtjuden hatten die Juden einen schweren Stand. Zum Beispiel durften Juden in Lenin keine öffentlichen Ämter bekleiden. Deswegen ließen sie sich leicht einschüchtern, wenn sie eine Behörde aufsuchen und mit den Beamten verhandeln mußten.
Einmal brauchte ein gewisser Lazar Rabinowitsch für seine Tochter einen Paß. Ohne Paß hätte sie als Ausländerin oder Spionin verhaftet werden können. Zitternd vor Angst betrat er das Amtsgebäude. Vor ihm, hinter einem riesigen Schreibtisch, saß in einem großen Sessel ein furchterregender Mann

mit Schnurrbart. Er brummte ihn an: »Was willst du?« Rabinowitsch brachte sein Anliegen vor. »Wie heißt du?« Auch das konnte er ihm noch sagen. »Und wie heißt deine Tochter?« Das war zuviel für ihn. Vor lauter Angst hatte er seine Stimme verloren und den Namen seiner Tochter vergessen. Er wandte sich zur Tür, sagte zu dem Beamten leise: »Ich bin gleich wieder da« und rannte nach Hause. Sobald er seine Frau sah, rief er: »Chaja, Chaja, wie heißt unsere Luba?« Als ihm dämmerte, was er getan hatte, kehrte er zum Amt zurück. Die Kunde von seiner Einfalt verbreitete sich schnell.

Jedesmal wenn ein Gast aus Amerika seine jüdischen Verwandten in Lenin besuchte, feierte die ganze Stadt mit. Alles wurde dem Besucher gezeigt: der Fluß, die Brücke, das Krankenhaus, die riesige Kaserne und die herrlichen Obstgärten. Vor jeder der beiden Synagogen fand eine formelle Begrüßung statt, und die ganze Gemeinde wurde zu einem Fest geladen. Und wenn die Zeit der Abreise gekommen war, geleitete die ganze Gemeinde den Gast zur Kutsche, um ihm Lebewohl zu sagen. Bei solchen Gelegenheiten war die Stadt eine einzige große Familie.

Zweites Kapitel
Meine Familie

Wir lebten in Osteuropa noch zu einer Zeit, in der sich das ganze Leben um die Familie drehte, und meine eigene Familie bildete keine Ausnahme. Meine Eltern, meine sechs Geschwister und ich fühlten uns eng verbunden. Diese Bindung wurde noch dadurch vertieft, daß in Lenin keine weiteren Verwandten wohnten. Einander zu helfen und füreinander Opfer zu bringen, das war für uns selbstverständlich und schien uns ganz natürlich. Als wir Kinder älter wurden, trugen wir alle zum Unterhalt der Familie bei.
Wir wohnten in einem großen verwinkelten Haus, das unser Vater gebaut hatte. Es hatte drei Eingänge – einen privaten für uns, einen für das kleine Restaurant, das meine Mutter führte, und einen für das Photoatelier, das zu verschiedenen Zeiten in unserem Haus betrieben wurde.
Unser Hinterhof stand voller kleiner Schuppen. Es gab ein kleines Häuschen, das als Eiskeller – der einzige in der Stadt – diente. Damit die großen Eisblöcke an den heißen Sommertagen nicht schmolzen, war es mit Stroh isoliert. Wir hatten auch einen Stall für die Kuh, die uns täglich Milch lieferte, und für das Pferd, das mein Vater sich für die Zeiten auslieh, in denen er mit Nähmaschinen und Spinnrädern auf Geschäftsreisen ging. Ein wackeliger Schuppen befand sich direkt hinter dem Haus; dort lagerte mein Vater sowohl das

Getreide für unseren eigenen Bedarf als auch die Produkte, mit denen er Handel trieb. Wir Kinder liebten unseren vollgestopften Hinterhof und spielten gern zwischen den baufälligen Hütten.

Mein Vater, Jakow Lazebnik, wurde in der Stadt Motol bei Pinsk um das Jahr 1887 geboren. Motol war auch der Geburtsort Chaim Weizmanns, des ersten Präsidenten des Staates Israel. Wir waren sogar mit ihm verwandt. Als meine Eltern heirateten, ließen sie sich in der Stadt Lenin nieder, in der meine Mutter geboren und aufgewachsen war.

Meine Mutter, Rajzel Migdalowicz, erzählte uns oft, wie viele junge Männer ihr in ihrer Jugendzeit vorgestellt worden waren, um einen geeigneten Mann für sie zu finden. Aber sie war wählerisch. Sie lehnte zum Beispiel einen in Frage kommenden Bräutigam deswegen ab, weil er, als er den Zucker in den Tee tat, ungeschickt mit dem Teelöffel hantierte. Auf gute Tischmanieren legte sie viel Wert.

Meinen Vater hielt sie für außergewöhnlich. Er nahm sie sofort für sich ein. Er war ein gelehrter und frommer Mann, stammte aus einer guten Familie, wußte, was sich gehört, war charmant, sensibel und gütig. Außerdem sah er gut aus. Als er um die Hand meiner Mutter anhielt, wurde sie von allen ihren Freundinnen beneidet.

Oft sagte mein Vater: »Es gibt zwei Arten von Menschen auf dieser Welt: die Gebenden und die Nehmenden. Da ich nicht zu den Nehmenden gehöre, muß ich wohl ein Gebender sein.« Also gab er – und er gab oft mehr, als er sich leisten konnte. Vor meiner Geburt und während meiner frühen Kindheit war meine Familie einigermaßen wohlhabend. Meine Eltern besaßen eine große Tuchhandlung; im Laden stapelte sich so viel Ware, daß die Regale nicht ausreichten.

Oft hatte man mitten im Laden einen Berg von Stoffen, so groß wie ein Heuhaufen, aufgeschichtet.
Obwohl beide Eltern in ihrem Laden schwer arbeiteten, war es ihnen später nicht mehr möglich, davon zu leben. Das Hauptproblem lag in der großzügigen Natur meines Vaters – er war einfach zu freigebig. Wenn Arme in den Laden kamen, ihm vorjammerten, daß ihre Kinder am Verhungern wären, und ein paar Meter Stoff erbettelten, die sie gegen Lebensmittel eintauschen wollten, konnte mein Vater nicht nein sagen. Manchmal schnitt er sogar mehr ab, als sie erbeten hatten; dabei wußte er, daß er niemals mit einer Bezahlung rechnen konnte. Diese großzügige und weltfremde Praxis hielt er jahrelang durch. Zum Schluß gab es nichts mehr im Laden als die leeren Regale.
Daraufhin unternahm mein Vater mehrere Versuche, sich geschäftlich zu etablieren. Dafür mußte er Geld leihen. Eine Zeitlang reiste er mit einem Pferdewagen durch das Land und verkaufte Singer-Nähmaschinen und Spinnräder. Aber allzuoft vergab er diese Maschinen auf Kredit an Leute, die nicht in der Lage waren, sie zu bezahlen. Wieder verlor er Geld und konnte seine Schulden nicht zurückzahlen. Mein Vater war ehrlich und freigebig; was aber dabei herauskam, war ein erfolgloser Geschäftsmann, der seine eigene Familie nicht ernähren konnte. Wir, seine Familie, liebten ihn trotzdem.
Trotz seiner Mißerfolge ließ mein Vater den Kopf nicht hängen. Mit großer Hingabe diente er der Synagoge und widmete sich der jüdischen Gemeinde. Er wurde als Kohan geboren, wodurch er in der väterlichen Linie einen Titel erbte, der ihm in der Religionsgemeinschaft zwangsläufig ein hohes Ansehen verschaffte und ihm auch in der Gemeinde Be-

Fagels Eltern: Rajzel (Migdalowicz) Lazebnik und Jakow Lazebnik.

deutung verlieh. Man wählte ihn zu einem der drei Schiedsrichter für den *Bet Din*, das unabhängige Gericht der jüdischen Gemeinde. Anstatt bei Streitfällen das Zivilgericht anzurufen, wurde der Fall üblicherweise vor dem Bet Din verhandelt. Nur ein Bürger, der unbestritten als ehrlich und verläßlich galt, durfte bei solchen Verhandlungen als Richter amtieren. Mein Vater gehörte zu den wenigen, die, zusammen mit dem Rabbi, dafür auserwählt wurden.
Die hohe Wertschätzung meines Vaters in der Gemeinde hatte auch zur Folge, daß man ihn zum Präsidenten der örtlichen Darlehenskasse wählte, deren Zweck es war, jüdischen Unternehmern bei Geschäftsgründungen zu helfen. Die Leniner Jüdische Darlehenskasse war bald mittellos, weil mein freigebiger, weltfremder Vater das Geld lieber den

Armen gab als den Geschäftsleuten, für die es bestimmt war. Die Gemeinde schätzte meinen Vater so sehr, daß sie vor diesem kleinen Problem die Augen zudrückte.

Sein ganzes Erwachsenenleben hindurch arbeitete mein Vater in unserer Gemeinde als *Gabbe,* als Synagogenvorstand. In diesem Ehrenamt trug er die Verantwortung für den Haushalt; er mußte aus den geringen Mitteln, die zur Verfügung standen, die Angestellten (den Rabbi, den Kantor und den Hausmeister) bezahlen, die Unterhalts- und Reparaturkosten für das Gebäude verwalten, notwendige Einkäufe veranlassen und im Namen der Gemeinde Almosen verteilen. Bei dieser Arbeit hatte mein Vater mehr Erfolg – hier ging es nie um hohe Geldbeträge.

Diejenigen, die sich selbstlos dem religiösen Leben in der Synagoge widmeten, waren oft arm. Der beste Freund meines Vaters war der Rabbi, Moische Milschtein, mit dem er viele Stunden beim Studium und bei der Auslegung der Thora zusammensaß. Der magere Verdienst des Rabbis reichte zum Leben nicht aus; seine Frau mußte mit einem kleinen Geschäft für Hefe und Kerzen zum Unterhalt beitragen.

Eine weitere Aufgabe des Gabbe bestand darin, jüdische Gäste unserer Stadt zu empfangen und ihnen kostenlose Unterkunft und Verpflegung zu besorgen; damit wurde die in der Thora festgelegte Verpflichtung zur Gastfreundschaft befolgt. Jedesmal wenn ein jüdischer Besucher am Sabbat oder an einem anderen Feiertag Lenin nicht verlassen konnte, führte man ihn zu unserem Haus. Anstatt ihm eine Unterkunft bei einer wohlhabenden jüdischen Familie zu besorgen, wie es der Brauch war, lud ihn mein Vater gewöhnlich zum Essen und zur Übernachtung bei uns ein.

Ich erinnere mich noch an die vielen schönen Stunden, die – besonders am Sabbat – unsere Familie mit der Bewirtung unserer Gäste verbrachte. Unserem Gast wies man den Ehrenplatz am Tisch zu. Auf der frisch gestärkten weißen Tischdecke standen, von meiner Mutter meisterhaft zubereitet, die besten Speisen, die sich unsere Familie leisten konnte. Am nächsten Morgen nach dem Frühstück nahm mein Vater den Gast in die Synagoge zum Gebet mit. Auch dort erhielt er einen Ehrenplatz und wurde während des Gottesdienstes besonders begrüßt.
Meines Vaters aufopfernde Treue zur jüdischen Gemeinde wurde von unserer ganzen Familie geschätzt und geachtet. Wir bewunderten ihn dafür. Daß er unseren Lebensunterhalt nicht bestreiten konnte, machte uns nichts aus. Sobald wir alt genug waren, leisteten wir alle, so gut wir konnten, unseren finanziellen Beitrag zum Unterhalt der Familie. Wir taten das gern, denn unsere Eltern hatten uns immer sehr viel Liebe geschenkt.
Unsere Familie wurde immer größer, und mit jedem neugeborenen Kind wurden meine Eltern ärmer. Meine Mutter war es, die die meiste Zeit und Energie dem Geldverdienen opfern mußte. Das war in der damaligen Zeit bei jüdischen Familien auch nichts Ungewöhnliches. Damals galt es als *Jiches*, als Ehre, wenn der Herr des Hauses sich ganz dem Studium der Religion und dem Gebet widmete. Und die Frau des Hauses empfand es als Selbstverständlichkeit, daß sie sich um alle praktischen Belange des Haushalts kümmern mußte.
Mein Vater widmete der Synagoge immer mehr Zeit. Im gleichen Maß mußte meine Mutter sowohl die Haushaltsführung als auch das Geldverdienen übernehmen. Sie arbei-

*Die Familie Lazebnik, Mitte der dreißiger Jahre.
Hintere Reihe, von links nach rechts: Faye (Fagel), Sonia,
Moische, Esther. Mittlere Reihe: Jakow, Jakows Bruder,
Rajzel. Vordere Reihe: Boruch, Grainom.
Kopel hatte Lenin schon für sein Thorastudium an einer
Jeschiwaschule verlassen.*

tete schwer und Tag für Tag bis in die Nacht hinein. Wenn ich meine Augen schließe und mir meine Mutter vorstelle, sehe ich sie in der Küche stehen, wie sie das Gemüse zurechtschneidet, das Brot bäckt und riesige Töpfe überwacht. Sie war eine hervorragende Köchin. Als unsere finanzielle Zwangslage es nötig machte, eröffnete sie in unserem Haus eine Gaststube, mit der sie unsere Einkünfte aufzubessern hoffte. Viele polnische Offiziere, oft von weit her, waren von ihrer Küche begeistert und fanden sich bei uns zum Essen ein.

Für uns Kinder war meiner Mutter nichts zuviel. Dafür, daß ihre sieben Kinder in einem wohlgeordneten, wenn auch armem Heim aufwachsen konnten, scheute sie keine Mühe. Sie brachte uns gegenseitige Loyalität und die Achtung anderen gegenüber bei. Sie flößte uns ein starkes Verantwortungsgefühl für die Familie und eine große Liebe zum Judentum ein. Jeden Tag saßen wir um unseren runden Tisch beim gemeinsamen Frühstück und Abendessen. Das Sabbatmahl am Freitagabend, auf das wir uns alle freuten, war der Höhepunkt der Woche. Es gab uns ein Gefühl der Wärme und Zusammengehörigkeit, das ich in meinem ganzen Leben nie verloren habe.

Meine Mutter kümmerte sich auch um die praktischen und gesellschaftlichen Belange unseres Lebens; sie legte Wert auf ordentliche Kleidung und gute Tischmanieren. Unsere Freunde sollten aus guten Familien stammen. Sie selbst zog sich nach der neuesten Mode an. In unserer Familie war sie eine gestrenge Autorität, und wir hatten Angst, ihr zu widersprechen. Jedoch war sie gleichzeitig lustig und gesellig. In der Gesellschaft von Freunden wußte sie mit jedermann eine angeregte Unterhaltung zu führen.

Meine Mutter hatte eine Schwester und einen Bruder in Amerika. Oft erhielten wir Pakete von ihrer Schwester Jetta. Von den abgelegten Kleidern, die ihr die Schwester schickte, war meine Mutter begeistert. In ihren Augen waren sie der letzte Schrei – sie kam sich sehr elegant darin vor. Einmal schrieb meine Mutter ihrem Bruder, daß sie ihre Familie nach Amerika bringen wolle, und bat ihn um seine Bürgschaft. Er antwortete: »Meine liebe Schwester, in Amerika

muß man sehr schwer arbeiten. Du bist nicht kräftig genug. Amerika ist nichts für dich.« Offenkundig schätzte er meine Mutter falsch ein; er hatte von ihrem Leben keine Ahnung. Ebensowenig war ihm damals bewußt, daß er auf tragische Weise eine Gelegenheit verpaßte, vielen Menschen das Leben zu retten.
Für uns waren die Eltern heilig. Wir waren folgsame Kinder, die wenig Fragen stellten und ihre Autorität nur selten in Zweifel zogen. So war es eben damals. Wir sonnten uns in der Liebe unserer Eltern. Ich glaube, daß es diese Liebe war, aus der ich in den späteren Jahren jene Sicherheit und Kraft schöpfte, die ich so sehr brauchte. Die Tüchtigkeit meiner Mutter und die Liebe meines Vaters gaben mir die Selbständigkeit und Charakterstärke, die mir in meinen schlimmsten Augenblicken das Überleben ermöglichten.

✳ ✳ ✳

Die Kinder unserer Familie wurden im Abstand von jeweils zwei Jahren geboren. Wir waren drei Mädchen: ich, Sonia und Esther, und vier Jungen: Moische, Kopel, Grainom und Boruch. Mein ältester Bruder, der Erstgeborene, war Moische.
Während meine jüngeren Brüder sehr religiös waren, interessierte sich Moische mehr für den Zionismus als für die Religion. Als Jude hatte man keinen Zugang zur Universität. Da akademische Berufe ausgeschlossen waren, wollten meine Eltern Moische eine Lehre machen lassen. Er entschloß sich, Photograph zu werden. Die nächstgelegene Berufsschule, die eine Ausbildung zum Photographen anbot, befand sich in Pinsk, der heutigen Hauptstadt des westlichen

Weißrußland. Meine Eltern mußten Geld leihen, um die Ausbildung zu finanzieren.

Als Moische ausgelernt hatte, eröffnete er in unserem Haus in Lenin ein Photoatelier. Er ging in die umliegenden Dörfer und machte viele Bilder von polnischen Soldaten. Bald konnte Moische zum Unterhalt der ganzen Familie beitragen. Wir alle halfen ihm beim Entwickeln und Abziehen der Photos. Ich erinnere mich noch gut daran, wie ich als junges Mädchen Stunden in der Dunkelkammer zubrachte und Negative entwickelte.

Als er heiratete, verließ Moische unser Elternhaus und zog in eine andere Stadt, nach Sienkiewicz. Auch dort machte er ein Photoatelier auf. Da er Hilfe bei seiner Arbeit brauchte, schickten mich meine Eltern zu ihm. Während er weiterhin in Sienkiewicz wohnte, eröffnete er ein zweites Atelier in Luniniec. Ich war erst sechzehn, aber bald wurde mir die Leitung des Geschäfts in Luniniec übertragen.

Für meinen Bruder zu arbeiten, war nicht einfach. Allzuoft kommandierte er mich herum und behandelte mich wie seine kleine Schwester, die ich natürlich auch war. Aber immerhin hatte ich mit sechzehn Jahren schon die Verantwortung eines Erwachsenen für die Leitung eines Geschäfts übernommen. Ich machte es überraschend gut. Meine Kunden waren mit meiner Arbeit zufrieden, weil ich immer bestrebt war, sie im besten Licht zu zeigen. Bevor ich sie photographierte, studierte ich ihre Gesichter, um ihre Porträts möglichst lebendig zu gestalten. Bis zum Kriegsausbruch blieb ich in Luniniec als Photographin.

* * *

Sonia war das älteste Mädchen in unserer Familie. Sie arbeitete als Sekretärin für den einzigen Rechtsanwalt der Stadt, einen Blinden. Auch Sonia trug zum Lebensunterhalt der Familie bei. Obwohl sie nach außen hin ruhig erschien, war sie sehr gesellig und hatte viele Freundinnen. Zu ihr kamen sie mit ihren Sorgen und Nöten, denn sie war klug, und man konnte sich darauf verlassen, daß sie Geheimnisse für sich behielt.

Alle waren erstaunt, als sich Sonia mit Jizchak Koziolek, einem Rabbi, verlobte. Ihr Bräutigam kam aus Lodz und hatte an der Jeschiwa in Mezericz, dem strengsten orthodoxen Talmudseminar Polens, studiert. Die Verbindung kam durch meinen Bruder Kopel zustande, der damals an der Jeschiwa in Mezericz studierte. Man wunderte sich, daß Sonia einen Rabbi heiraten und sich damit vielen religiösen Einschränkungen unterwerfen wollte. Einen Rabbi heiraten, das hieß den ganzen Lebensstil ändern. Sie würde sich besonders sittsam kleiden und einen Schejtl, die für sehr fromme Frauen immer noch verpflichtende Perücke, tragen müssen. Sie, die früher gern ins Kino ging, würde nicht mehr ihre Lieblingsfilme sehen dürfen. Und in ihrem Haushalt würde sie die strengen Bestimmungen der koscheren Küche einhalten müssen, wie sie von den Rabbis vorgeschrieben wurde. Wir waren zwar gläubig, in unserem Elternhaus diese strengen Einschränkungen aber nicht gewohnt.

Als Sonias Verlobter kurz vor der Hochzeit Lenin besuchte, hielt er in unserer Synagoge eine eindrucksvolle Rede und wurde dadurch sofort stadtbekannt. Daraufhin wurde uns allen bewußt, was für eine Ehre es sein würde, einen so gelehrten Ehemann zu haben. Alle sagten, es sei doch eine gute Wahl.

*Fagels älteste Schwester Sonia und ihr Mann,
Rabbi Jizchak Koziolek.*

Nach ihrer Hochzeit zog Sonia zu ihrem Mann nach Lubartow, einer Stadt unweit von Lublin. Sonias Mann leitete jetzt seine eigene Jeschiwa. Als ich vierzehn war, schickte mich meine Mutter für ein halbes Jahr zu Sonia. Ich sollte Sonia dabei helfen, die ständige Flut von Hausgästen und Untermietern zu versorgen, die wegen der Jeschiwa bei ihr wohnten.

Das war noch vor der Zeit meiner Arbeit für Moische in Luniniec. Ich war zum ersten Mal von meinem Elternhaus getrennt. Wie anders war doch das Leben draußen; ganz anders als in Lenin! In Lubartow begegnete mir zum ersten Mal offener Antisemitismus. An einem Samstagnachmittag ging ich mit zwei Freundinnen spazieren. Viele Leute waren

auf der Straße unterwegs. Plötzlich spürte ich ein Brennen in den Augen. Ein junger Pole hatte uns absichtlich mit einem Pulver beworfen, das mir in die Augen gedrungen war. Meine Freundinnen trugen die Schuluniform der Bais Jakow, einer jüdischen Mädchenschule, so daß wir als Jüdinnen erkennbar waren. Einen Augenblick lang war ich blind. Meine Freundinnen geleiteten mich zur nächsten Tür, die in ein kleines Geschäft führte. Der Inhaber ließ mich die Augen auswaschen. Mein Gesicht schwoll an, und die Augen waren eine ganze Woche lang entzündet.
Das war meine erste Begegnung mit dem Antisemitismus, aber nicht meine letzte. Ein anderer Vorfall trug sich eines Morgens zu. Im Brunnen in der Nähe unseres Hauses sah ich große Stücke Schweinefleisch im Wasser schwimmen. Derjenige, der sie hineingeworfen hatte, wußte, daß die Juden des nahe gelegenen Seminars hier ihr Wasser holen. Da Juden kein Schweinefleisch essen dürfen, hatte man das Wasser für uns unbrauchbar gemacht.
Trotz dieser Vorfälle fühlte ich mich wohl bei meiner Schwester. Das Haus war warm, gastfreundlich und immer voller Jeschiwa-Schüler. Meinen Schwager, den Rosch oder Direktor der Jeschiwa, schätzten alle sehr. Jeden Tag versammelten sich die Jeschiwa-Lehrer mit ihren Schülern zum Abendessen, erzählten sich Witze, sangen Tischgebete und andere religiöse Lieder nach dem Essen. Die Atmosphäre war nicht nur religiös, sondern auch fröhlich, und die Zeit, die ich dort verbrachte, übte eine tiefe Wirkung auf mich aus. Das Dankgebet, das man nach dem Essen sprach, lernte ich auswendig; dreimal am Tag betete ich. In der Umgebung meiner Schwester und meines Schwagers wurden meine religiösen Empfindungen tiefer als je zuvor.

Ich half meiner Schwester beim Kochen, beim Servieren der Mahlzeiten für die Gäste und bei den vielfältigen Arbeiten im Haushalt. Als Gegenleistung arrangierten sie und ihr Mann für mich Privatstunden bei einem jüdischen Zeichenlehrer. Außer mir hatten nur noch drei andere Studenten jeden Tag in seinem Atelier Unterricht im Malen und im künstlerischen Photographieren. Er brachte mir das Kolorieren von Schwarzweißaufnahmen bei – damals kannte man keine Farbphotographien –, und ich lernte, wie man Bilder unter Berücksichtigung der Farben und der Perspektive künstlerisch gestaltet. Da ich nicht ohne künstlerische Begabung war, machten mir die sechs Monate Unterricht viel Spaß, und was ich dort lernte, war mir später immer von großem Nutzen.

※ ※ ※

Mein Bruder Kopel, das drittälteste der Kinder, war intelligent, resolut und genauso gutmütig wie unser Vater. Wenn er sich etwas vornahm, war er nicht davon abzubringen. Er beschloß, die Thora zu studieren. In Lenin gab es keine Jeschiwa, also schickten ihn meine Eltern nach Pinsk. Er war Feuer und Flamme für sein Studium und lernte Tag und Nacht. Er wollte kein Zimmer mieten, da er meinte, er hätte sowieso keine Zeit, zum Schlafen nach Hause zu gehen. Statt dessen schlief er auf einer Bank neben seinen Büchern.
Meinen Eltern machte Kopels Gesundheit große Sorge. Obwohl wir kaum genug für uns zu essen hatten, schickte ihm meine Mutter regelmäßig Lebensmittelpakete. Später fanden wir heraus, daß er diese Pakete an die hungernden Mitstudenten verschenkte. Da er sich so schlecht ernährte, wurde

er krank. Meine Eltern wollten ihn nach Hause holen, aber die Rabbis ließen es nicht zu, sondern schickten ihn zur Erholung in einen Kurort. Mein Bruder aber wollte sich nicht ausruhen; er organisierte im Kurort eine Jeschiwa, damit die männliche Jugend dort den Talmud studieren konnte.

Bald darauf ging Kopel von Pinsk weg, um an der strengsten Talmudschule Polens, der Jeschiwa in Mezericz, zu studieren. Den Rabbis fielen sein Eifer und seine große Begabung sehr schnell auf, und sie wollten ihn dabehalten. Meine Mutter schrieb ihm einen Brief, in dem sie ihn bat, in den Ferien nach Hause zu kommen, er aber lehnte ab. Die Rabbis wollten ihn nicht gehen lassen, weil sie fürchteten, seine Eltern könnten ihn von der Rückkehr abhalten. Wieder machten sich meine Eltern Sorgen um Kopels Gesundheit. Eines Tages entschloß sich meine Mutter, nach Mezericz zu fahren und ihn heimzuholen. Sie hoffte, sie könnte ihn auf eine weniger strenge Schule schicken.

Als sie in Mezericz ankam, wollten die Rabbis sie nicht zu ihm vorlassen. Meine Mutter war außer sich vor Wut. Sie trommelte mit den Fäusten auf den Tisch, weinte und drohte, die Polizei zu verständigen. Die Rabbis schickten sie wieder heim; in den Ferien, versprach man ihr, dürfe er nach Hause. Verzweifelt fuhr sie nach Lenin zurück, ohne ihren Sohn gesehen zu haben. Aber die Rabbis hielten Wort und schickten Kopel in den Ferien nach Hause.

Diesmal sagte mein Vater: »Jetzt reicht's. Du darfst zwar weiterhin die Thora studieren, aber nicht in Mezericz. Dort ist es zu orthodox. Du wirst in die Jeschiwa von Baranowicz gehen. Unser Rabbi kennt den Leiter dort. Er wird dir eine gute Empfehlung mitgeben.« Kopel wandte nichts dagegen ein.

Mein Vater begleitete ihn zum Bahnhof, kaufte ihm eine Fahrkarte nach Baranowicz und kehrte mit dem Gefühl nach Hause zurück, daß er etwas erreicht hatte. »Gott sei Dank, nun wird sich Kopel vielleicht ändern und bald damit aufhören, ein Mussarnik, ein Mystiker, zu sein. Dann wird er auch das Leben genießen können.«
Inzwischen war Kopel in den Zug gestiegen, hatte ihn am nächsten Bahnhof verlassen, seine Fahrkarte umgetauscht und war nach Mezericz zurückgekehrt. Meine Eltern gaben es auf. Sie wußten, daß nichts mehr zu ändern war.
Ein paar Jahre vergingen. Für Kopel war die Zeit gekommen, seinen Militärdienst bei der polnischen Armee abzuleisten. Er wurde ein ausgezeichneter Schütze und ein guter Soldat – so gut, daß ihm der Hauptmann an jedem Sabbat Gelegenheit gab, die nächste Synagoge zu besuchen. Natürlich behielt Kopel auch seine fromme Lebensweise bei; der Rabbi der Gemeinde ließ ihm jeden Tag koschere Mahlzeiten zukommen. Aber als er ins Manöver mußte, wo kein koscheres Essen zu haben war, aß Kopel nichts und wurde sehr schwach. Schließlich brach er zusammen und wurde in ein Krankenhaus geschafft. Im Anschluß an seinen Krankenhausaufenthalt war er in der Lage, seinen Militärdienst zu Ende zu führen. Nach seiner ehrenhaften Entlassung kehrte er nach Mezericz zurück.
Als im Jahre 1939 der Krieg ausbrach und Polen zwischen der Sowjetunion und Deutschland aufgeteilt wurde, geriet Mezericz unter die Nazibesatzung. Die Juden wurden vertrieben, und Kopel kam nach Lenin, in den sowjetisch besetzten Teil Polens, zurück, wo er sein Studium bei unserem Rabbi Milschtein fortsetzte.

※ ※ ※

Meine Schwester Esther war eine Schönheit. Sie war nur achtzehn Monate älter als ich und hatte – das kam bei uns selten vor – blondes, lockiges Haar. Ich beneidete sie um ihre Schönheit und war eifersüchtig, weil meine Mutter sich ihrer besonders annahm. Esther hatte eine labile Gesundheit, war oft erkältet und hustete viel. Meine Mutter schrieb ihre schwächliche Konstitution einer Lungenentzündung zu, an der Esther als Kind erkrankt war.

Mir schien es, als werde Esther von meiner Mutter wie eine Königin behandelt. Obwohl sie die Ältere war, mußte ich immer die ganze Hausarbeit verrichten: putzen, Böden scheuern, Wasser vom Brunnen holen, auf dem Markt einkaufen und der Mutter in der Küche helfen. Damals sah ich es nicht ein, aber meine Mutter hatte recht. Ich war kräftiger und gesünder als meine Schwester, und deshalb war es nur angebracht, wenn ich die Schwerarbeit verrichtete.

Als ich älter und selbstbewußter wurde, ließ meine Eifersucht auf Esther nach. Beim jährlichen Ball der jüdischen Gemeinde von Luniniec, der Stadt, in der ich für meinen Bruder Moische ein Geschäft leitete, wurde ich zur Ballkönigin gewählt. Mein rotes Chiffonkleid, das ich mir für diesen Anlaß genäht hatte, gab mir zum ersten Mal in meinem Leben das Gefühl, schön zu sein. Es war wohl so, daß ich den Titel erhielt, weil man mich in der Stadt als Gast betrachtete. Trotzdem stärkte er mein Selbstbewußtsein; vielleicht sah ich doch nicht so schlecht aus. Von da an nahm ich es Esther nicht mehr übel, wenn die Leute ihre Schönheit lobten.

Trotz meiner kleinlichen Eifersucht kamen Esther und ich immer gut miteinander aus. Da wir fast gleich alt waren, hatten wir viele gemeinsame Freundinnen. Oft besuchten wir

gemeinsam Bälle oder andere gesellschaftliche Veranstaltungen. Esther war eine hervorragende Schülerin, während ich wenig Geduld für die Schule aufbrachte. Sie war sehr gutmütig und half mir oft aus Mitleid bei den Hausaufgaben.
Am liebsten erinnere ich mich daran, daß wir so oft miteinander herzhaft lachen konnten. Als ich bei meinem Bruder in Sienkiewicz arbeitete, hatte ich einen Jungen kennengelernt. Täglich erhielt ich glühende Liebesbriefe von ihm. Weil ich nicht gerne Briefe schrieb, bat ich Esther, ihm in meinem Namen zurückzuschreiben. Er hat die Wahrheit nie erfahren. Der Briefwechsel hielt viele Monate an, und Esther und ich amüsierten uns köstlich.
Esther heiratete Mejer Feldman, einen großen, schönen jungen Mann aus Pinsk, der 1939 während der sowjetischen Besatzung nach Lenin kam. Er war einer der beiden Assistenzärzte am Krankenhaus, in dem Esther damals als Sekretärin arbeitete. Esther und ihr Doktor lernten sich kennen, verliebten sich und heirateten.

※ ※ ※

Meinen Bruder Grainom sehe ich noch als hübschen Jungen vor mir. Er war zwei Jahre jünger als ich. Ich sah ihn nur selten, da er nicht oft zu Hause war. Am Vormittag ging er in die polnische Volksschule. Dann rannte er nach Hause, aß schnell eine Kleinigkeit, machte seine Hausaufgaben und lief zum Cheder, um die Thora zu studieren.
1939, als die Sowjets unsere Stadt besetzten, wurde das Studium der Thora verboten. Grainom ging nach Wilna, das inzwischen wieder litauisch geworden war, um in einer Jeschiwa sein Studium fortzusetzen. Meine Eltern sorgten sich sehr, daß ein Dreizehnjähriger so weit weg von zu Hause in

einem fremden Land leben mußte. Sie schrieben an die Familie meines Vaters in Amerika und baten sie, Grainom zu sich einzuladen. Als schließlich die Postkarte mit den erforderlichen Angaben eintraf, war es bereits zu spät. Juden durften das von den Nazis besetzte Litauen nicht mehr verlassen. Wenig später gehörte auch mein Bruder, der an der Jeschiwa in Wilna geblieben war, zu den vielen litauischen Rabbis und Thoraschülern, die als Märtyrer unter den Händen der Nazis starben.

※ ※ ※

Mein jüngster Bruder Boruch, mein Lieblingsbruder, war ein unschuldiger, ruhiger Junge, den alle gern hatten. Er war so ruhig, daß wir manchmal nicht sagen konnten, ob er sich überhaupt im Hause aufhielt. Als die Nazis unsere Stadt besetzten, wurde der zwölfjährige Boruch zur Zwangsarbeit eingeteilt. Er mußte in einer Molkerei, wo Milch zu Butter und Käse verarbeitet wurde, schwere Arbeit leisten. Nie beklagte er sich. Er war so stolz, wenn er jeden Freitag seinen »Wochenlohn« ins Ghetto brachte: eine Flasche Peregon, das saure Wasser, das vom Quark übriggeblieben war. Vor dem Krieg verfütterte meine Mutter die Molke an unsere Kuh. Aber Boruch war stolz auf seinen Lohn, und wir alle waren stolz auf ihn – schweren Herzens und mit Tränen in den Augen.
Mehr als fünfzig Jahre sind vergangen, seit meine geliebte Familie ausgelöscht wurde. Ich habe versucht, einen kleinen Eindruck von unserem gemeinsamen Leben vor dem Holocaust zu vermitteln. Die nun folgenden Jahre und die Tragödie meiner Familie sind mir noch immer in schmerzlicher Erinnerung.

Drittes Kapitel
Unter sowjetischer Besatzung

Am 1. September 1939 fielen die Nazis in Polen ein. Im späteren Verlauf des Monats wurde die Verwaltung Polens im Einklang mit dem Geheimabkommen, das Hitler und Stalin vorher getroffen hatten, zwischen Nazideutschland und der Sowjetunion aufgeteilt. Vorläufig übernahm die Sowjetunion die Kontrolle über die östliche Hälfte des Landes, die Nazis besetzten die westliche. Unser altvertrautes Polen existierte nicht mehr. Plötzlich waren wir unter sowjetischer Herrschaft.
Obwohl sich das Leben unter dem Kommunismus zwangsläufig änderte, konnten wir dem Anschein nach unsere Lebensweise beibehalten. Und für die meisten Bewohner von Lenin waren die neuen Verhältnisse durchaus erträglich. Da unter der kommunistischen Herrschaft für jeden eine Arbeitspflicht bestand, hatten fast alle Leute eine Beschäftigung. Die Löhne waren gering, aber auf irgendeine Weise schaffte man es, über die Runden zu kommen. Unter einem Regime, das gegen die Religion eingestellt war, hatten allerdings jene zu leiden, die, wie mein Vater, die religiösen Vorschriften einhielten; sie fanden nur sehr schwer eine Arbeit, die ihnen ermöglichte, den Sabbat zu heiligen.
Am schlimmsten traf es die reichen Familien von Lenin. In

den Augen der Sowjets waren sie Kapitalisten und daher Ausbeuter des Volkes; sie kamen alle entweder ins Gefängnis oder wurden nach Sibirien deportiert. Die Verwaltung beschlagnahmte ihre Geschäfte und ihre persönliche Habe. Da wir schon ein paar Jahre zuvor unser Geschäft verloren hatten, blieb meine Familie ungeschoren. Andernfalls hätte vielleicht gerade die Verbannung nach Sibirien – eine Ironie der Geschichte – uns das Leben gerettet.

Meine Schwester und ich besuchten die Abendschule, um Russisch zu lernen, weil Russisch jetzt Amtssprache geworden war. Es war uns klar, daß Russischkenntnisse uns beruflich von Nutzen sein würden. Da ich bei Kriegsausbruch von Luniniec zurückgekommen war, arbeitete ich wieder als Photographin in dem Atelier, das in unserem Haus eingerichtet war. Meine Erfahrung im Geschäft meines Bruders und der Unterricht in Zeichnen und Photographieren, den ich bei meiner Schwester in Lubartow gehabt hatte, kamen mir jetzt zustatten. Ich hatte Erfolg im Beruf und verdiente erstaunlich viel Geld.

Nach jedem Arbeitstag lieferte ich meinem Vater die Rubel ab, die ich verdient hatte – ich machte mir nicht einmal die Mühe, sie zu zählen. Ich sah, daß er mir dankbar war, und händigte ihm gern meinen Verdienst aus. Mein Vater hatte sich gezwungen gesehen, Geld zu borgen, um unseren Lebensunterhalt zu bestreiten. Nun konnte er allmählich seine Schulden zurückzahlen. Ich war stolz und glücklich, zum Familieneinkommen beitragen zu können. Dadurch wurde ich schon in jungen Jahren zu einer Erwachsenen, die Verantwortung trug. Ich kam mir sehr bedeutend vor.

Die Sowjets ordneten an, daß jeder Bewohner des besetzten Gebietes einen Paß mit einem Photo mit sich führen müsse.

Aus diesem Grund gab es keinen Mangel an Arbeit, und ich lernte alle möglichen Leute kennen. Für manche war das Photographieren nichts als Hexerei. Bauern, die nie eine Schule besucht hatten oder niemals aus ihrem Dorf herausgekommen waren, erschienen plötzlich in meinem Atelier. Einmal gab ich einem neuen Kunden einen Spiegel und sagte ihm, er solle sich die Haare bürsten. Der Bauer starrte sich im Spiegel an. Dann sah er mich an und rief völlig verwirrt aus: »Wer ist das? Er sieht mir ähnlich.« Dieser Mann hatte sein Spiegelbild bisher nur im Fluß oder in einem Wassereimer gesehen.

Es gab schwierige, aber auch lustige Augenblicke. Einmal erhielt ich den Auftrag, in einer Stadt namens Mikaszewicz, achtzehn Kilometer von uns entfernt, Paßbilder zu machen. Als ich nach vielen Stunden meine Arbeit beendete, war es spät geworden, und der Kutscher, der mich hingefahren hatte, war schon fort. Mir blieb keine Möglichkeit zurückzufahren, ich mußte bis zum frühen Morgen warten. Es wurde Nacht, es gab kein Hotel, und ich kannte niemanden in der Stadt. Ich beschloß, die Nacht im Bahnhof zu verbringen, wo es warm war. Meine Manteltaschen waren voll von Pässen und Filmen, den Photoapparat hatte ich über die Schulter gehängt. Erschöpft streckte ich mich auf einer harten Bank aus. Obwohl ich mir Mühe gab, wach zu bleiben, schlief ich mehrere Stunden lang.

Am nächsten Morgen kam der Kutscher wieder; zusammen machten wir uns auf den Weg nach Lenin. Als ich zu Hause meine Taschen leerte, sah ich, daß ein Paß fehlte. Höchstwahrscheinlich war er mir aus der Tasche gefallen, während ich im Bahnhof schlief. Zunächst machte ich mir keine großen Sorgen, da ich von den möglichen Folgen eines sol-

chen Verlustes noch keine Ahnung hatte. Ich hatte noch viel zu lernen, was die neuen sowjetischen Vorschriften betraf! Bald wurde mir klar, daß man mir vorwerfen konnte, ich hätte den Paß verschwinden lassen – man hätte mich gar für eine Spionin halten können. In der Sowjetunion kam es häufig vor, daß man der Spionage beschuldigt wurde; auf bloßen Verdacht hin wurden viele verhaftet und nach Sibirien verbannt. Als mir der Ernst der Lage bewußt wurde, bekam ich Angst.
Während der nächsten Tage erfuhren die Behörden vom Verlust des Passes. Wenn mir sowjetische Beamte auf der Straße begegneten, fiel mir sofort ihr verändertes Benehmen auf. Bisher hatten mich die Angehörigen des NKWD, des Nationalen Kommissariats für Innere Angelegenheiten, des Vorläufers des KGB, freundlich gegrüßt. Nun gingen sie mir aus dem Weg. In ihren Augen war ich vermutlich eine Kandidatin für Sibirien. Nach vier Tagen voller Angst fand zu meinem Glück jemand den verlorenen Paß und händigte ihn der Polizei aus. Ich wurde nicht mehr verdächtigt, und bald grüßten mich die sowjetischen Beamten wieder wie früher.
Als Bürgerin eines besetzten Gebiets fühlte ich mich besonders gefährdet. Viele Russen, die in Lenin stationiert waren, wollten Bilder zu ihrem privaten Gebrauch machen lassen, aber nur wenige konnten es sich von ihrem geringen Sold leisten. Sie kamen trotzdem – und blieben mir das Geld schuldig. Die Folge war, daß sie mir ihre peinliche Lage übelnahmen. Ich fürchtete, sie könnten auf die Idee kommen, mich nach Sibirien schaffen zu lassen. Ich spürte ihre wachsende Feindseligkeit und die Macht, die sie über mich hatten. Also sagte ich von nun an, wenn ich vermutete, daß ein Russe nicht zahlen wollte: »Machen Sie sich keine Sorgen; ich

schenke es Ihnen. Sie brauchen es mir nicht zu zahlen.« Sie waren mir dafür dankbar. Und schließlich wurden manche von ihnen meine Freunde.

Im Sommer 1940, nachdem ich ein Jahr lang schwer gearbeitet hatte, ging es mit meiner Gesundheit bergab. Ich hatte häufig Fieber, Halsentzündungen und Erkältungen. Meine Mutter ging mit mir zum Arzt, der uns sagte, daß mir die Mandeln entfernt werden müßten. Für die Operation müßte ich nach Pinsk gehen.

Meine Mutter fuhr mit mir nach Pinsk. Zum ersten Mal war ich in einem Krankenhaus. Es war ein riesiges Gebäude, dessen Räume mir völlig weiß und steril erschienen. Damals machte es mir angst. Als mich die Krankenschwester auf die Station brachte, drehte ich mich um und sah meine Mutter an. Sie sah so besorgt und aufgeregt aus, daß ich am liebsten geweint hätte. Wochen später hatte ich kaum mehr eine Erinnerung an die Schmerzen bei der Operation, aber der Gesichtsausdruck meiner Mutter blieb mir deutlich im Gedächtnis.

Vier Tage nach der Operation wurde ich aus dem Krankenhaus entlassen. Meine Mutter und ich fuhren mit dem Zug von Pinsk nach Mikaszewicz, von wo aus wir mit dem Pferdewagen die restlichen achtzehn Kilometer nach Lenin zurücklegen wollten. Kaum hatten wir den Zug verlassen, wurden wir von sowjetischen Offizieren umlagert. Sie hatten nichts Eiligeres zu tun, als uns mitzuteilen, daß sechzig Heeresangehörige auf uns warteten. Von jedem sollte ich ein Paßbild machen. Alle waren sie extra nach Mikaszewicz gekommen, um mich dort zu erwarten.

Ich hatte noch furchtbare Halsschmerzen und konnte nicht einmal sprechen. Ich schrieb auf einen Zettel, daß ich frisch operiert sei, nicht sprechen könne und nicht einmal meinen Photoapparat dabeihätte. »Macht nichts«, sagten sie. »Wir haben an alles gedacht. Wir haben Ihnen Ihren Photoapparat mitgebracht. Ihr Vater hat ihn uns gegeben. Machen Sie die Aufnahmen, und wir bringen Sie und Ihre Mutter mit unserem Auto nach Hause.«

Schweigend gab ich ihnen, so gut es ging, mit den Händen meine Anweisungen Alle sechzig Offiziere wurden von mir photographiert. Danach fuhren sie meine Mutter und mich nach Hause. Autos besaß damals nur das Militär, kein Zivilist konnte sich einen Wagen leisten. Wie froh war ich, daß ich die achtzehn Kilometer auf den holprigen Straßen nicht im Pferdewagen zurücklegen mußte; mein Hals hätte entsetzlich darunter gelitten.

※ ※ ※

Es war Freitag abend. Meine Mutter hatte die Sabbatkerzen angezündet, und mein Vater war eben aus der Synagoge nach Hause gekommen. Die ganze Familie saß um den Tisch, und meine Mutter war dabei, das Essen aufzutragen. Die Kerzen in den glänzenden silbernen Kerzenhaltern erleuchteten den Raum, und auf den Chales-Broten auf der anderen Tischseite lag eine schön bestickte Decke. Mein Vater sprach das Tischgebet und segnete die Speisen. Alle waren wir eingestimmt auf den Sabbat, unseren Tag der Ruhe.

Plötzlich klopfte es an der Tür. Mein Vater machte auf. Ihm gegenüber stand ein sowjetischer Offizier, der photographiert werden wollte. Ich sagte ihm: »Es tut mir leid. Ich mache keine Bilder am Sabbat. Das ist unser Feiertag, wir dürfen heute nicht arbeiten.«

Der Offizier bestand darauf, er müsse sein Paßbild sofort haben. »Ich bin sechzig Kilometer hierhergefahren«, verkündete er bestimmt. »Man sagte mir, daß es hier einen Photographen gibt.« Paßbilder wurden immer als dringende Angelegenheit eingefordert.
Noch einmal betonte ich: »Heute abend kann ich Ihnen nicht helfen. Am Sabbat mache ich keine Bilder.« Ich war fest entschlossen, auf keinen Fall am Sabbat zu arbeiten, selbst wenn es mich das Leben kostete. So stur war ich damals als junges Mädchen.
Angesichts meiner Unbeugsamkeit versuchte es der Offizier mit Einschüchterung. Er drohte damit, den Vorfall beim NKWD zu melden. Ich blieb standhaft. Nach langem Hin und Her schaute ich zu meinem Vater hinüber und sah, daß er aufgewühlt war. Er konnte mich nicht auffordern zu gehorchen; ebensowenig konnte er mir raten, es nicht zu tun. Schließlich ging der sowjetische Offizier weg, und mein Vater brach in Tränen aus. Mit erstickter Stimme sagte er feierlich: »Nun, meine Tochter, kann ich in Frieden sterben. Ich weiß, daß du eine gute Jüdin bleiben wirst. Es steht geschrieben im Buche Exodus: ›Gedenke des Sabbattags, daß du ihn heiligst.‹ Und du hast gehorcht.«
Obwohl wir uns langsam an solche Störungen unseres täglichen Lebens gewöhnten, kam uns der sowjetisch besetzte Teil Polens noch relativ sicher vor. Zur gleichen Zeit flohen die Juden zu Tausenden aus dem westlichen Teil, der von den Nazis besetzt war. Während des Winters 1940/41 war die neue Grenze zwischen den beiden Teilen noch nicht vollständig abgeriegelt, und eine Flucht war zwar schwierig, aber noch möglich.
Viele jüdische Flüchtlinge aus dem Westen kamen in unsere

Stadt. Sie hatten ihre Heimat verlassen, oft sogar ihre Familien, und nun waren sie ohne Nahrung, ohne Unterkunft und ohne Arbeit. Da wir diesen Flüchtlingen keine Gästebetten zur Verfügung stellen konnten, breitete mein Vater in jedem Zimmer des Hauses Stroh auf den Boden, öffnete die Tür und erklärte: »Wer keine Schlafstelle hat, ist willkommen. Dieses Haus steht jedem offen.« Infolgedessen war unser Haus immer voller Menschen, die irgendwo auf dem Fußboden einen Platz zum Schlafen gefunden hatten.

Meine Mutter gab jedem zu essen. Viele Gäste blieben lange in unserem Haus, andere wiederum verweilten nur kurze Zeit und zogen dann weiter nach Osten in die Sowjetunion. Alle berichteten von den schlimmen Zuständen im westlichen Polen unter den Nazis.

Meine Eltern machten sich schreckliche Sorgen um meine Schwester Sonia, die im von den Nazis besetzten westlichen Polen wohnte. Sie hofften, Sonia und ihre zwei kleinen Kinder würden zu uns nach Lenin kommen, wo sie in Sicherheit wären. Aber von den vielen Flüchtlingen, die durch Lenin strömten, erhielten wir keinen Hinweis auf sie. Da meine Eltern sich vorstellten, daß Sonia unter den Flüchtlingen sein könnte, die an der Grenze in Brest-Litowsk festgehalten wurden, schickten sie mich dorthin, um nach ihr zu suchen. Vielleicht war Sonia das Geld ausgegangen; womöglich mußten sie und ihre Kinder hungern.

Meine Mutter packte mir Essensvorrat für ein paar Tage ein, und ich fuhr nach Brest-Litowsk. Kaum war ich ausgestiegen, wurde ich in eine aufgeregte Menschenmenge hineingestoßen, die mich hin und her schob. Der Bahnhof war übervoll mit Familien, die auseinandergerissen worden waren und einander jetzt suchten. Ich sah alte Leute, junge Mütter mit ihren Säuglingen, Männer und Kinder, alle ängstlich und erschöpft, wie sie verzweifelt die Namen ihrer Angehörigen riefen. Ich drängte mich durch die Massen und suchte meine Schwester im Gewühl.

Ich hatte kein Glück. Vor mir sah ich nur fremde Gesichter. An einem Ende des Bahnhofs bemerkte ich einen Sowjetsoldaten, der eine Flüchtlingsgruppe um sich versammelte. Mir wurde klar, daß sie über die Grenze in das von den Nazis besetzte Polen abgeschoben werden sollten. Die sowjetische Regierung hatte kein Interesse daran, Flüchtlinge aufzunehmen. Wenn Sowjetsoldaten Flüchtlinge beim Überschreiten der Grenze erwischten, schickten sie sie nach Westen zurück.

Ich rechnete mit dem Schlimmsten, als ich mir den Weg zum anderen Ende des Gebäudes bahnte. Überall auf dem kalten Boden saßen oder lagen heimatlose, entmutigte Menschen. Am liebsten ware ich weit weggerannt, so weit es nur ging. Aber wenn ich schon bis hierher gekommen war, wie konnte ich mit leeren Händen nach Hause zurückkehren? Ich setzte mich auf den Boden, um etwas auszuruhen, und nahm Brot und Käse aus dem Päckchen, das mir meine Mutter mitgegeben hatte. Ein kleiner Junge in meiner Nähe starrte mich an, während ich aß. Er sagte kein Wort, aber seine Augen verrieten alles. Ich gab ihm ein großes Stück Brot und einen Teil von dem Käse. Er sagte nur: »Vielen Dank.« Während er aß, wurden seine Augen ruhiger. Als er mit seiner bescheidenen Mahlzeit fertig war, rückte er enger an seine Mutter, die neben ihm schlief, schloß die Augen und schlummerte ein.

Ich stand auf und setzte meine Suche halbherzig fort. Ich kam mir hilflos vor, war den Tränen nahe, aber ich wollte nicht aufgeben. Manchmal spähte ich unter die Mäntel und

Decken, um die Gesichter zu sehen – von Sonia keine Spur. Unterdessen war es Nacht geworden; der Bahnhof war nur schwach beleuchtet, was meine Suche noch schwieriger machte. Von Müdigkeit überwältigt, suchte ich einen freien Platz auf dem Boden und schlief ein.

Vier Tage lang wanderte ich durch die Menge der Flüchtlinge und spähte in Tausende von Gesichtern. Ständig fanden sich Neuankömmlinge ein. Ich war enttäuscht und erschöpft und hatte die Hoffnung aufgegeben, meine Schwester zu finden. Außerdem hatte ich den letzten Rest meines Proviants aufgezehrt und war hungrig und durstig. Schließlich mußte ich mir die Vergeblichkeit meines Unterfangens eingestehen. Unglücklich über mein Versagen, kehrte ich weinend nach Hause zurück. Meine Mutter wollte mich trösten. »Mach dir keine Sorgen«, sagte sie stoisch. »Wir geben nicht auf. Nun ist Kopel an der Reihe. Wir müssen Sonia nach Hause holen.« Kopel, der vier Jahre älter war als ich, unterbrach seine Thorastudien, um nach Sonia zu suchen.

Auch Kopel hatte am Bahnhof von Brest-Litowsk keinen Erfolg. Er stellte sich die bittere Enttäuschung unserer Mutter vor und beschloß, den Bug, den Grenzfluß, zu überqueren und nach Lubartow zu gehen. Vielleicht war Sonia immer noch zu Hause.

Sein Plan war ein gefährliches und kostspieliges Unterfangen. Die Bauern, die auf illegalem Weg Juden bei der Nacht in Ruderbooten über den Fluß brachten, verlangten Unsummen für diese Hilfe. Die kurze Reise barg viele Risiken. Wenn die Sowjets ein Boot entdeckten, schickten sie die Insassen zurück; wenn diese sich weigerten, wurde geschossen. Kopel beschloß, nichts für seine Grenzüberschreitung zu bezahlen; statt dessen schmuggelte er sich in eine Gruppe von

Flüchtlingen, die die Sowjets zurück nach Westen drängten. So war er bald auf der anderen Seite der Grenze.
Wie er vermutet hatte, war Sonia noch zu Hause. Ihr Mann konnte es nicht übers Herz bringen, seine Schule aufzulösen. Solange seine Schüler dort blieben, hielt er es für seine Pflicht, mit ihnen die Thora zu studieren. Der Thoraunterricht ging ihm über alles. Er hatte sich jetzt vorgenommen, nach Wilna zu gehen, wo theologische Studien noch erlaubt waren; später wollte er seine Frau und seine Kinder nachkommen lassen. Man beschloß, daß Kopel Sonia, ihren dreijährigen Sohn und ihre einjährige Tochter zu unserer Familie nach Lenin bringen sollte. Sonias Mann blieb in Lubartow, wo er später von den Nazis ermordet wurde.
Die Rückreise nach Lenin war beschwerlich und dauerte eine ganze Woche. Als sie endlich zu Hause waren, machte sich meine Mutter sofort mit Eifer daran, die Kinder wieder gesund zu pflegen. Sie waren krank, schmutzig und verlaust. Lea, meiner einjährigen Nichte, wurden wegen der Läuse die schönen goldenen Locken abgeschnitten. Unter der liebevollen Pflege meiner Mutter erholten sich die beiden Kinder schnell und blühten auf.
Es gelang Sonia, mit ihrem Mann in Verbindung zu bleiben. Unsere Sorge um ihn wurde ständig größer. Auch viele andere Einwohner Lenins schrieben Briefe an Verwandte und Freunde auf der anderen Seite der Grenze. Die Briefe, die wir bekamen, enthielten keine beunruhigenden Nachrichten. Eine kurze Zeit lang hatte es den Anschein, als ob diejenigen, die beschlossen hatten, im von den Nazis besetzten Polen zu bleiben, ihr tägliches Leben so weiterführen konnten wie bisher.
Eines Tages riefen die Sowjets die Flüchtlinge auf, sich regi-

strieren zu lassen, wenn sie in das von den Nazis besetzte Gebiet zurückkehren wollten. Die Flüchtlinge gerieten nun in eine schlimme Zwangslage. Viele waren des ewigen Umherziehens müde. Bei uns im östlichen Polen hatten sie keine dauerhafte Bleibe, sie konnten kein Russisch und hatten keine Arbeit. Die Familien litten unter der Trennung, da manche ihre Eltern, andere ihre Frauen, wieder andere ihre Geschwister zurückgelassen hatten. Tausende verließen sich auf die Berichte, die Lage im westlichen Polen sei nicht so schlimm, wie man ihnen erzählt hatte, und meldeten sich zur Rückkehr an.

Auch meine Schwester mußte sich entscheiden: Sollte sie bleiben oder zurückkehren? Keiner von uns konnte ihr einen guten Rat geben. Es gab endlose Diskussionen; sie sehnte sich danach, bei ihrem Mann zu sein. Schließlich entschied sie, sich lieber nicht zu melden. Sie meinte: »Ich habe es satt, dauernd wegzulaufen. Ich weiß, daß meine Kinder und ich hier ein Zuhause haben.« Meine Eltern waren froh über ihre Entscheidung.

Ihre Erleichterung war um so größer, als sie erfuhren, daß die Sowjets die Flüchtlinge hinters Licht geführt hatten. Der klassische russische Spruch *Kto ne s nami tot protiw nas* – wer nicht für uns ist, der ist gegen uns – bekam in diesem Zusammenhang die Bedeutung: »Wer lieber ein deutscher Untertan als ein sowjetischer Untertan ist, der ist unser Feind.« Also schickten sie alle, die sich gemeldet hatten, lieber nach Sibirien als, wie versprochen, nach Westen in ihre alte Heimat. Wir sahen, wie Tausende in die Züge getrieben wurden, die dann in die entgegengesetzte Richtung abfuhren, und später erhielten wir Post aus Sibirien.

Damals empfanden wir das Schicksal dieser Menschen als

tragisch. Wie alle anderen, die sich zum Bleiben entschlossen hatten, war meine Schwester äußerst erleichtert. Niemand hätte voraussehen können, daß ironischerweise Sibirien der sicherste Ort für einen Juden werden sollte. Trotz aller Not konnten die Juden in Sibirien überleben, denn die Naziherrschaft reichte nie so weit nach Osten. Es war in der Tat unmöglich, eine Entscheidung zu treffen, die auf einer genauen Kenntnis der Lage beruhte. Heute wäre ich froh, wenn sich meine ganze Familie damals gemeldet hätte.

Viertes Kapitel
DIE TERRORHERRSCHAFT DER NAZIS

AM 22. JUNI 1941 griffen die Streitkräfte der Nazis das sowjetisch besetzte Polen und die Sowjetunion an. In jener Nacht wurde ich von einem seltsamen Lärm geweckt. Draußen ging etwas vor. Der Lärm kam immer näher. Bald war unsere ganze Familie auf den Beinen. Wir schauten zum Fenster hinaus, machten aber kein Licht.
Ein schrecklicher Anblick bot sich uns dar. Unzählige Menschen gingen in der Straßenmitte; ihre Füße waren aneinandergekettet. Sie wirkten ausgehungert, und ihre Gesichter waren schmerzverzerrt. Im hellen Mondschein, zwei Meter unter unserem Fenster, waren sie deutlich zu sehen. Mir kam es vor, als ob sie sich mit letzter Kraft weiterschleppten. Ihre Kleider hingen in Fetzen am Körper, sie gingen weit nach vorn gebeugt, fast bis zur Hüfte hinunter, und waren kaum imstande, ihre gefesselten Füße zu heben. Ab und zu fiel jemand hin. Sofort schlug einer der Wächter auf ihn ein, worauf er sich wieder erhob und weiterging.
Außer dem Klirren der Ketten war es totenstill. Es dauerte eine lange Zeit, bis alle – es waren Hunderte – an unserem Haus vorbeigezogen waren. Wir standen schweigend da; schon der Anblick allein bereitete Schmerzen. Bedrückt legten wir uns wieder schlafen.

Am nächsten Morgen erfuhren wir, daß es Gefangene waren, die man aus dem sowjetischen Gefängnis in Pinsk evakuiert hatte und nach Osten, tiefer in die Sowjetunion hinein, schaffte. In Erwartung einer baldigen Niederlage hatten sich die Sowjets entschlossen, ihre Gefangenen wegzubringen. Das einzige Verbrechen, das einige dieser Gefangenen begangen hatten, war der Besitz eines Ladens; das machte sie zu Ausbeutern und Feinden des Kommunismus.
Zum ersten Mal spürte ich die Bitterkeit und den Schrecken des Krieges. Dabei ahnte ich nicht, daß uns noch weit Schlimmeres bevorstand.

※ ※ ※

Zwei Tage später, am 24. Juni, besetzte die deutsche Wehrmacht unsere Stadt, ohne auf Widerstand zu stoßen. Die Sowjets hatten sich zwei Tage zuvor in Panik zurückgezogen. Ihr Nichtangriffspakt mit den Nazis, der jetzt mit dem Einmarsch abrupt beendet wurde, war nur einer der Gründe, weshalb die sowjetische Regierung auf den Krieg nicht vorbereitet war. Bei den Sowjets ging alles drunter und drüber; ihnen blieb kaum Zeit, ihre Verwaltung aufzulösen und ihre Gefangenen zu evakuieren. Die zweiundzwanzigmonatige Herrschaft der Sowjetunion über unsere Stadt war vorüber. Zwei Tage lang herrschte Anarchie in unserer sonst so gut bewachten Stadt. Die jüdische Bevölkerung hatte Angst vor einem Pogrom. Da sie wußten, daß niemand sie davon abhalten würde, warteten die Bauern aus dem Umland nur darauf, Raubüberfälle auf die jüdischen Häuser zu machen und sie zu plündern. Mit großen Säcken, die sie mit reicher Beute zu füllen hofften, waren sie in die Stadt gekommen. Als die

Spannungen zunahmen, taten sich die jungen Juden zusammen und bewachten die Häuser Tag und Nacht. Obwohl die jüdischen Wachtposten unbewaffnet waren, trauten sich die Bauern nicht, ihr Vorhaben auszuführen, weil sie bemerkt hatten, daß sie beobachtet wurden. Bald war es zu spät. Nach zwei Tagen rückten die Nazis mit Panzern, schwerer Artillerie und vielen Soldaten in die Stadt ein. Die antisemitischen Bauern hatten ihre Gelegenheit verpaßt.
Ununterbrochen zogen die Streitkräfte der Nazis nach Osten in die Sowjetunion hinein; es gab keinen Widerstand. Um über die alte Grenze nach Rußland vorzustoßen, mußten sie die Slutsch auf unserer Brücke in Lenin überqueren. Wieder wurde unsere Stadt zu einem Mittelpunkt militärischer Operationen. Tag und Nacht marschierten Nazitruppen durch die Stadt. Unterwegs drangen sie in die Häuser ein und nahmen mit, was ihnen gefiel. Besonders gern holten sie Seidenkleider aus den Schränken, die sie dann in Stücke rissen und wie Trophäen als Schals über die Kragen ihrer Uniformen legten.
Nun begann für uns der echte Terror. Die Nazis begannen, ihren Plan der Judenverfolgung in die Praxis umzusetzen. Wie es immer geschah, wenn die Nazis irgendwo einmarschierten, terrorisierten sie sogleich auch die jüdische Bevölkerung Lenins, die bisher von antisemitischen Aktionen verschont geblieben war, durch willkürliche Grausamkeiten und Plünderungen. Nazisoldaten hatten ihren Spaß daran, Juden auf den Friedhof zu führen, wo sie ihnen befahlen, um die Grabsteine herumzutanzen. Wenn für den Gang zum Friedhof zu wenig Zeit war, mußten sie bei sich zu Hause auf den Tischen tanzen. Derlei Auswüchse wurden von der Führung der Nazis gutgeheißen.

Auch für unsere Familie begann die Drangsal schon in den ersten Tagen. Wir hatten ein großes Haus mit drei Türen zur Straße hin. Nachbarn, deren Häuser nur eine Tür hatten, mußten nur eine Gruppe von Plünderern auf einmal ertragen, aber wir hatten drei. Eines Nachts wurden wir von lautem Trommeln an der Tür geweckt. Wir mußten aufmachen, sonst hätten die Nazis die Tür aufgebrochen und uns erschossen. Wir wußten, daß dies bei anderen schon geschehen war.

Zwei Nazis kamen herein und befahlen meiner Schwester Esther und mir, uns auszuziehen und uns mit dem Gesicht zur Wand hinzustellen. Zitternd standen wir nebeneinander da. Esther flüsterte: »Sie wollen uns erschießen«, und hörte nicht auf, leise vor sich hin zu klagen.

Die beiden Nazis standen hinter uns, zielten mit ihren Gewehren auf unseren Rücken, schrien uns an und fluchten: »Ihr dreckigen Juden! Euch muß man ausrotten. Drecksäue seid ihr!« Ich konnte nicht alles verstehen, was sie sagten. In meinen Ohren vermischte sich ihr Geschrei zu einem großen Krach. Ich weiß nicht, wie es geendet hätte, wenn nicht zwei andere Nazis hereingestürzt wären, die sie zur Eile antrieben. Sie seien zu weit zurückgeblieben und müßten zu ihrer Truppe aufschließen. So blieb ihnen keine Zeit mehr, ihr Spiel mit uns zu Ende zu führen.

Ich kann kaum beschreiben, was ich damals empfand, als ich mit meiner Schwester an der Wand stand. Wir glaubten uns an der Schwelle des Todes. Am nächsten Morgen war mein Körper von einem roten Ausschlag übersät. Mein Schwager, der Arzt, meinte, es sei eine nervöse Reaktion.

Wir alle wurden gezwungen, ohne Bezahlung für die Nazis zu arbeiten. In der ersten Zeit der Besetzung mußte ich mit einer Gruppe von vier oder fünf anderen jüdischen Mädchen in beschlagnahmten Häusern arbeiten. Die Nazis forderten Putzfrauen für ihre Quartiere und ihre Büros an. Wir mußten die Dielen schrubben, Kartoffeln schälen, Geschirr spülen und ihre schmutzige Wäsche mit der Hand waschen. Wir mußten schwere Eimer voll Wasser vom Brunnen heranschleppen und ihnen die Schuhe putzen. Oft wurden wir geschlagen. Ich weiß noch, daß man uns immer wieder anschrie. Wenn sie mit unserer Arbeit nicht zufrieden waren, wurde es noch schlimmer. Dann schrien sie noch lauter und zwangen uns, noch schneller und noch schwerer zu arbeiten. So unangenehm und demütigend diese Hausarbeit auch war, blieb sie doch nicht ganz ohne Vorteile. Wenn ich nach den Gelagen des vorhergehenden Abends die Tische abräumen mußte, lagen oft noch Reste der üppigen Mahlzeit da. Manchmal lag Brot auf dem Boden unter den Tischen. Sooft es ging, brachte ich meiner Familie etwas zum Essen mit. Lebensmittel wurden zunehmend knapper, und oft hatten wir gar nichts zu essen.

Jeden Tag suchte man fünfzig bis hundert von uns Juden zur Arbeit für die Nazitruppen aus. Wir mußten die Straßen fegen, die Pferdeställe reinigen, die Böden schrubben und ihre Unterwasche waschen. Fur uns alle war es ein schwerer Tag Zwangsarbeit – ohne Bezahlung und ohne Essen. An solchen Tagen wünschten wir schon bei der Morgendämmerung die Nacht herbei, damit wir zum Schlafen nach Hause gehen könnten. Während der Nacht beteten wir, daß wir am nächsten Tag zur Arbeit gehen könnten, solche Angst hatten wir davor, in der Nacht umgebracht zu werden.

Während der ersten Woche nach dem Einmarsch der Nazis wurde unsere Familie in der Nacht von drei bewaffneten

Nazis geweckt. Sie brüllten: »Aufstehen! Aufstehen! In die Küche!« Dann: »Auf den Boden legen! Gesicht nach unten!« Sie machten sich einen Spaß daraus, uns sprachlos und zitternd in Erwartung der Hinrichtung daliegen zu sehen. Sie befahlen uns, etwas zu singen. Starr vor Angst, brachte niemand einen Laut heraus. Einer der Nazis hörte auf zu lachen, wurde wütend und schrie: »Singen, oder ich schieße!«

Mein Bruder Kopel, der Jeschiwa-Student, begann zu singen. Er sang das Kaddisch, das Gebet der Trauernden. Zitternd vor Angst, stimmten wir mit ein. Mir blieb fast das Herz stehen. Ich spürte schon die Kugel, die mich noch nicht getroffen hatte. Bedeutete dies das Ende?

Schließlich gingen die Nazis fort. Die Tortur war vorbei. Wir standen auf, blieben aber noch lange Zeit wie angewurzelt in der Küche stehen, unfähig, uns von der Stelle zu rühren. Der Schock war uns in die Glieder gefahren. Dann, langsam, überwanden wir die Starre und legten uns wieder ins Bett. Vorfälle dieser Art waren bald gang und gäbe.

Nach ein paar Wochen hörte der Durchzug der Nazisoldaten auf, die zu Tausenden durch Lenin an die Front marschierten. Zu dieser Zeit verlief die Frontlinie schon mehrere hundert Kilometer weiter östlich in der Sowjetunion, weit entfernt von unserer Stadt. Die Stadt Lenin wurde nun einer ständigen Militärverwaltung unterstellt.

Nachdem die Nazis die Verwaltung übernommen hatten, nahm ich meine Arbeit als Photographin wieder auf Ich wurde von den Nazis »angestellt« und mußte ihre Photographien entwickeln. Für diese Arbeit bekam ich manchmal etwas mehr zu essen. Ansonsten war meine Aufgabe nichts anderes als ein Teil der Sklavenarbeit, die wir Juden zu verrichten hatten. Die Nazis waren geradezu besessen davon, ihre Aktionen zu dokumentieren, und photographierten viel. Oft zeigten diese Bilder, wie Juden von den Nazis verhöhnt und auch getötet wurden. Ich haßte diese Arbeit, aber trotzdem wußte ich, daß sie mir das Leben retten könnte. Bald machte ich mir auch durch meine kolorierten Porträts einen Namen und war dauernd beschäftigt.

Im Verlauf meiner Arbeit begegneten mir viele Deutsche, Hunderte, vielleicht Tausende, die durch unsere Stadt zogen. Von allen Deutschen, mit denen ich zu tun hatte, ist mir nur einer als sympathisch in Erinnerung geblieben. Er gehörte zu den Deutschen, die in der Stadt stationiert waren. Ich entwickelte ein Porträt seiner Frau und machte eine Vergrößerung von einem Bild seiner Kinder. Um alle Negative zu entwickeln, brauchte ich sehr viel Wasser. Täglich, oft mehrere Male am Tag, mußte ich mit dem Eimer zum Brunnen gehen. Der Weg führte an seinem Büro vorbei. Dieser Deutsche beobachtete durch das Fenster, wie ich meine schweren Eimer schleppte.

Obwohl ich wie eine Erwachsene arbeitete, war ich noch ein junges Mädchen, dünn und hungrig. Einmal, als ich mit einem leeren Eimer unterwegs zum Brunnen war, kam er plötzlich aus seinem Büro heraus. Er ging vor mir zum Brunnen, blieb einen Augenblick stehen und lief schnell in die andere Richtung davon. Ich war erschrocken. Ich wußte nicht, was er wollte. Als ich beim Brunnen war, sah ich mit Erleichterung, daß er mir ein Stück Brot hingelegt hatte. Ich versteckte das Brot in meiner Tasche. Als ich nach Hause kam, brach ich in Tränen aus und gab das Brot meiner Mutter. Der gleiche Vorgang wiederholte sich mehrere Male; dann war der Soldat plötzlich weg. Später erfuhr ich, daß er verhaftet worden war, weil er den Befehl, jemanden zu erschießen, verweigert hatte.

Meine Erlebnisse als Photographin waren nicht immer so positiv. Einmal betrat ein Nazipolizist das Atelier und brüllte, ich solle ihm sofort ein Paßbild machen – innerhalb einer Stunde. Wenn es nicht rechtzeitig fertig würde, sei ich »kaputt«. Er fuhr mit dem Zeigefinger an seinen Hals und deutete damit mein baldiges Ende an. Ich nahm den Film und wollte ihn sofort entwickeln. Das Problem war, daß das Negativ zuerst einmal trocknen mußte, bevor man den Abzug machen konnte. Ununterbrochen blies ich darauf, aber es wollte nicht trocken werden. Die Zeit verging viel zu schnell; ich hatte nur noch dreißig Minuten, und das Negativ war immer noch naß. Ich sah nach, was an Flaschen im Haus noch zu finden war, und entdeckte ein Fläschchen mit Alkohol. Schnell tunkte ich das Negativ hinein, schüttelte es ein paarmal und blies darauf. Das Negativ wurde trocken. Jetzt konnte ich ihm die Abzüge machen.

Nach genau einer Stunde stand der Nazi wieder da. Er staunte, als ich ihm seine Bilder überreichte. Er betrachtete sie, und sie schienen ihm zu gefallen, aber deswegen wurde er auch nicht freundlicher. Wieder brüllte er mich an: »Du hast Glück gehabt, du verfluchte Jüdin«, und ging. So drückte er seine Dankbarkeit aus.

Weil Lenin Sitz der ständigen Verwaltung der Nazis war, wurden der jüdischen Gemeinde immer mehr Beschränkungen auferlegt. Nach und nach gab es immer neue Verordnungen. Wir mußten auf der Brust und auf dem Rücken den gelben Stern tragen. Wir durften nicht mehr die Schule besuchen, auf Reisen gehen oder ein Geschäft besitzen. Es wurde angeordnet, daß Juden nicht mehr auf dem Trottoir gehen durften. Bald waren die Straßen fast leer; man sah nur Nazisoldaten, die mit Hunden, die sie nicht an der Leine führten, ihre Kontrollgänge machten. Wenn die Nazis auf einen Juden zeigten und »Juden« riefen, gingen die Hunde auf ihn los und verletzten ihn oft schwer.

Auch ein gewisses Quantum von Sachwerten verlangten die Nazis den Juden ab: soundso viel Paar Lederhandschuhe, soundso viele Kissen, Wolldecken, Pelzmäntel, goldene Uhren und so weiter. Der erste Pelzmantel, den sie bekamen, gehörte meiner Schwester Sonia. Man nahm Geiseln, und die Nazis drohten, sie zu töten, wenn die Befehle nicht erfüllt würden.

Die Nazis beriefen einen Judenrat, dessen Mitglieder sie selbst auswählten. Sie sollten dafür sorgen, daß die Anordnungen ausgeführt würden. Der Judenrat hatte viel zu tun, denn bald ging es nicht mehr nur um einen Pelzmantel, eine goldene Uhr oder eine Goldkette. Jetzt gab es eine neue Bestimmung: Juden durften einen Pelzmantel nicht einmal besitzen. Nicht nur Pelzmäntel – sogar die Pelzkragen mußten von Stoffmänteln abgetrennt und den Nazis abgeliefert werden. Meine Mutter verbrachte Stunden damit, die Pelzkragen von unseren Mänteln abzutrennen.

Die nächste Verordnung besagte, daß Juden der Besitz von Gold verboten war. Was Gold enthielt, Goldmünzen, Uhren, Ringe, Ketten, Armbänder, Broschen: Alles wurde von den Nazis beschlagnahmt. Gegenstände wie diese hatten die Juden bisher gegen Brot eingetauscht. Nun hatten sie den Bauern nichts mehr anzubieten, wenn sie Lebensmittel brauchten.

Bei uns zu Hause gab es nicht mehr viel zu essen. Die Nazis hatten uns schon die Kuh weggenommen, also gab es keine

Milch mehr für die Kinder. Meine Mutter war verzweifelt; unsere Mahlzeiten wurden immer bescheidener. Ihre Suppen bestanden aus wenig mehr als Wasser mit Mehl und Salz und gelegentlich einer Kartoffel. Das Essen reichte einfach nicht mehr.

Täglich wurden Juden willkürlich getötet. Mein sanftmütiger Vater, der kein Blut sehen konnte, mußte zusammen mit anderen Juden zwölf jüdische Jugendliche begraben, die von den Nazis umgebracht worden waren. Nie werde ich den gequälten Ausdruck in seinem Gesicht vergessen, als ich mich einmal durch Ungeschick beim Holzhacken verletzte. Und hier mußte er blutüberströmte Leichen versorgen! Aber er hatte keine Wahl; er ging hin, wie ihm befohlen worden war. Sobald er die leblosen Opfer in ihrem Blut liegen sah, wurde er ohnmächtig. Die anderen halfen ihm wieder auf die Beine und schickten ihn nach Hause.

Ein anderes Mal, in der Nacht, führten die Nazis mit vorgehaltenem Gewehr fünfzehn junge Burschen hinaus, um sie völlig grundlos umzubringen. Die hilflosen Jugendlichen mußten sich in Reih und Glied aufstellen und zum Hof der Verwaltungsgebäude marschieren, jenem Ort, den die Nazis mit Vorliebe für ihre Morde wählten. Man drohte mit der Erschießung von hundert oder mehr Juden für jeden Nazi, der verletzt oder getötet würde. Der Weg ging über einen Steg, der über den See zwischen der Altstadt und der Neustadt führte. Einer der fünfzehn Burschen, Jizchak Brodocki, wollte den Nazis nicht den Gefallen tun, sich widerstandslos erschießen zu lassen. Er sprang von der Brücke in den See hinunter. Die übrigen vierzehn wurden erschossen.

Aber die Nazis konnten es nicht verwinden, daß ihnen ein Jude entkommen war. Am nächsten Morgen nahmen sie

noch vier Geiseln: den Rabbi, meinen Vater und zwei weitere bedeutende Männer unserer Stadt. Geiseln wurden immer nach ihrer Bedeutung im öffentlichen Leben ausgewählt. Zur Politik der Nazis gehörte die kollektive Vergeltung. Wenn ihnen auch nur ein einziger Jude mißfiel, wurde die ganze Gemeinde bestraft. Falls Jizchak nicht gefunden würde, wollte man die vier umbringen.
Wir alle, besonders meine Mutter, waren voller Angst. Keiner wußte, wo Jizchak war, und selbst wenn es jemand gewußt hätte – wer hätte es schon verraten? Bald darauf fand man Jizchaks Leiche im See: Er war beim Sprung von der Brücke tödlich verunglückt. Die Nazis freuten sich, und mein Vater und die anderen Geiseln wurden freigelassen.
Zwei besonders bösartige Nazis kamen oft in einem Pferdewagen aus einem etwa fünfzehn Kilometer entfernten Dorf nach Lenin. Ihr Ziel war es, die Häuser der Juden auszurauben und zu verwüsten. Dabei töteten sie oft Juden, die sich ihnen in den Weg stellten. Anfangs hielten wir sie für Zivilbeamte der Nazis, aber tatsächlich waren es Fallschirmjäger, die hinter den sowjetischen Linien abgesetzt worden waren. Anstatt zu ihrer Einheit zurückzukehren, blieben sie in der Region und terrorisierten die jüdische Bevölkerung.
Jedesmal wenn diese beiden Schläger in der Stadt erschienen, traute sich niemand auf die Straße. Die Stadt war wie ausgestorben, die Leute fühlten sich ausgeliefert und warteten auf das Ende der quälenden Ungewißheit. Mit vorgehaltenem Gewehr drangen diese Nazischläger in die Häuser, stellten alles auf den Kopf und nahmen sich, was ihnen gefiel. Wer sich beschwerte, wurde erschossen.
Einmal kam eine ältere Jüdin weinend zu uns und flehte meinen Schwager, den Arzt, an, sie zu ihrem Haus zu begleiten.

Ihr Mann war von den beiden Nazis, die Wodka und Tabak verlangt hatten, angeschossen worden, aber er lebte noch. Mein Schwager empfahl ihr abzuwarten, bis die Nazis die Stadt verlassen hatten, aber die Frau bestand darauf, daß er sofort mitgehen solle. Obwohl er wußte, daß er sein eigenes Leben riskierte, folgte ihr mein Schwager und versorgte den Verwundeten. Zitternd kam er nach Hause und sagte: »Sie haben mich gesehen.« Er ahnte, was nun passieren würde. Die beiden Verbrecher kehrten in das Haus des Mannes zurück und gaben auf ihn drei weitere Schüsse ab. Nun konnten sie sicher sein, daß er tot war.

Mein Bruder Kopel erzählte mir, daß einer der beiden noch am gleichen Tag in unser Haus gekommen sei, ihn an die Wand gestellt und das Gewehr auf seinen Kopf gerichtet habe. »Sag mir, wer in der Stadt Gewehre und Munition hat!« forderte er. Ruhig und ohne viel nachzudenken antwortete mein Bruder: »Vor einiger Zeit befahl die Verwaltung allen Einwohnern, Waffen und Munition der Polizei auszuhändigen. Das haben wir alle getan.« Der Nazi schien mit der Antwort zufrieden zu sein und ging.

Es wurde allmählich Winter, und wir alle litten großen Hunger. In der Stadt gab es einen reichen alten Mann, einen Christen, der viel Land besaß. Seine Kartoffeln waren reif und sollten geerntet werden. Weil wir ihm leid taten, sagte er uns Juden, daß wir sie uns holen dürften.

Meine zwei Schwestern und ich gingen aufs Feld, um sie mit bloßen Händen auszugraben; wir hatten keinen Spaten. Es war ein herrlicher Herbsttag. In den Bäumen sangen die Vögel, der Geruch der abgeernteten Felder lag in der Luft. Einen Augenblick lang fühlte ich mich ganz frei und dachte mir: »Wenn es bloß immer so schön ruhig sein könnte!

Wenn wir bloß in Frieden leben könnten und nicht hungern müßten!«

Die Ruhe wurde durch das Rumpeln eines Pferdewagens erschüttert. Ich sah hoch. Als der Wagen näher kam, erkannte ich die Insassen. Es waren die beiden Nazischläger. Aufgeregt redete ich weiter auf meine Schwestern ein; ich konnte kaum atmen. »Der Wagen ist stehengeblieben! Die beiden steigen aus! Jetzt zielen sie mit ihren Gewehren auf uns!« Ich versuchte herauszufinden, wen sie ins Visier genommen hatten. »Sie zielen auf einen älteren Juden. Nein, es ist unser Vater!« rief ich entsetzt. Mein Vater war auf dem Weg zu uns; er wollte uns beim Kartoffelklauben helfen.

An jenem Tag hielt Gott seine Hand über meinen Vater. Ein Wunder geschah: Die Schüsse gingen nicht los. Wahrscheinlich hatten sie in der Nacht zuvor ihre ganze Munition verschossen und waren zu betrunken gewesen, die Gewehre neu zu laden. Mein Vater wandte sich schnell um und lief weg. Jetzt war die Schönheit der Umgebung dunkel und beängstigend geworden. Wir gingen nach Hause; für diesmal hatten wir genug.

Gottes Gerechtigkeit holte diese beiden Nazis schließlich ein. Eines Tages hingen sie an einem Galgen vor der Militärverwaltung. Mehr und mehr hatten sie auch die nichtjüdischen Bauern mit der gleichen Grausamkeit behandelt, mit der sie die Juden traktierten, und dadurch gegen sich aufgebracht. Der Nazikommandant wollte keine Unruhe unter der Bevölkerung. Er ließ die zwei Deserteure durch ein Kriegsgericht zum Tod verurteilen und öffentlich hängen, um die erbosten Bauern zu besänftigen. Ihre Hinrichtung vermittelte uns die trügerische Hoffnung, daß die Gerechtigkeit vielleicht doch noch siegen könne.

Nazisoldaten machten sich gern über uns lustig. Jeden Tag fiel ihnen etwas Neues ein. Es war Winter, sehr kalt, zwanzig bis dreißig Grad unter Null; dann kam ein Schneesturm. Den Juden wurde befohlen, die Straßen, Gehsteige und sogar die Landstraßen vom Schnee zu befreien. Dazu durften sie nur kleine Schäufelchen verwenden – sofern sie welche besaßen. Dann kam ihnen eine neue Idee: Wir mußten den Schnee von unseren Hausdächern räumen. Wir Jüngeren wollten den Älteren diese Aufgabe ersparen, aber davon wollten die Nazis nichts wissen. Sie fanden es komischer, wenn alte Männer hinaufkletterten, auf dem steilen, eisigen Dach ausrutschten, herunterfielen und sich das Bein, den Arm oder ein paar Rippen brachen.

Ein anderes Mal nahmen sie sich zum Vergnügen ein junges Paar mit sechs Monate alten Zwillingen vor. Zwei Nazis marschierten in ihr Haus und brachten die Zwillinge in den Hof. Der eine hielt die Säuglinge fest, riß ihnen die Gliedmaßen aus und warf sie hoch in die Luft. Der andere Nazi benutzte die Arme und Beine als Zielscheibe. Lachend trieben sie ihr Spiel weiter, bis von den Säuglingen nichts mehr übrigblieb.

Jeden Morgen nach dem Aufstehen sah ich als erstes zum Fenster hinaus. Wenn mir etwas auffiel, sagte ich es meinen Eltern, die dann hinausgingen, um herauszufinden, was während der Nacht passiert war. Eines Morgens erfüllte mich ein Anblick mit Angst und Schrecken: Direkt vor unserem Haus lagen zwei Leichen, ein Mann und eine Frau; ihre Arme und Beine reckten sich starr in die Höhe. Ich stieß einen Schrei aus. Die ganze Familie rannte zum Fenster. Später erfuhren wir, daß sich dieses junge Paar der Verhaftung widersetzt hatte und auf der Stelle – direkt vor unserem

Haus – erschossen worden war. Sie waren anscheinend nicht sofort tot, sondern hatten sich eine Zeitlang vor Schmerzen in der eisigen Nacht hin und her gewunden. Sie lagen in einer großen Blutlache, die um sie herum festgefroren war. Als schließlich ihre Gliedmaßen zur Ruhe kamen, waren sie steif gefroren und verharrten in der grotesken Haltung, die ich vom Fenster aus gesehen hatte. Es handelte sich um die leidgeprüften Eltern der ermordeten kleinen Zwillinge.
lm Mai 1942 begannen die Transporte in die Zwangsarbeitslager. Eine Gruppe von dreihundertfünfzig jungen Männern wurde in das neu errichtete Lager in der Stadt Gancewicz gebracht.
Weitere Transporte in das Arbeitslager folgten. Gancewicz liegt im Herzen der Region Polesien und war damals von Sümpfen umgeben. Vor dem Krieg lebten viele Juden in dieser Stadt von der Holzverarbeitung. Jetzt wurden Juden aus Lenin und Pogost Zagorodski zur Schwerarbeit gezwungen: in den Sägemühlen, beim Straßenbau und beim Entladen der Güterwaggons entlang der Eisenbahnlinie zwischen Baranowicz und Luniniec.
Weil er jung und unverheiratet war, wurde mein Bruder Kopel für den ersten Transport ausgewählt. Wir waren aber der Meinung, daß Kopel nur geringe Überlebenschancen hatte, weil er schon immer eher schwächlich gewesen war und sich bestimmt weigern würde, etwas zu essen, das nicht koscher war. Mein Vater wollte an Kopels Stelle fahren, aber Kopel ließ es nicht zu. »Vater, wissen wir denn so genau, daß wir hier in der Stadt sicherer sind? Das Schicksal hat mich für das Arbeitslager bestimmt; ich werde fahren.«
Die ganze Stadt machte sich um Kopel Sorgen. Mehrere Altersgenossen Kopels wollten sich freiwillig als Ersatzmann

für ihn anbieten und fuhren zum Bahnhof von Mikaszewicz. Als sie ankamen, war der überfüllte Zug jedoch schon abgefahren. Sogar die Mitglieder des Judenrats sorgten sich um Kopel und versuchten ihn zurückzuholen, obwohl doch sie es gewesen waren, die ihn ursprünglich für den Transport bestimmt hatten. Sie baten den Gestapochef in mehreren Briefen, Kopel freizustellen: Er sei kränklich und könne niemals die Zustände im Lager überstehen. Der Judenrat glaubte immer noch, daß sich die Nazis von Mitleid und Vernunft leiten lassen könnten. Im Jahre 1941 wußte noch niemand von den Massenmorden.
Eines Tages wurde der jüdische Kapo im Arbeitslager von Gancewicz verständigt, daß man ein Grab ausgehoben habe und einer der jüdischen Arbeiter erschossen werden solle. Am folgenden Tag suchten mehrere Nazis den Leiter des Lagers auf und erkundigten sich nach einem Kopel »Lazebik« (nicht »Lazebnik«), der krank und deshalb nicht arbeitsfähig sei. Dem Kapo, dem sie die Liste zeigten, wurde klar, daß sie Kopel umbringen wollten. Da zum Glück der Name meines Bruders falsch geschrieben war, konnte der Kapo sagen, daß es niemanden dieses Namens im Lager gebe. Darüber hinaus versicherte er ihnen, daß alle Arbeiter gesund und tüchtig seien.
Die Nazis gaben die Suche auf und verließen das Lager. Es war vorbestimmt, daß Kopel am Leben bleiben sollte.

Fünftes Kapitel
Das Ghetto und die Liquidierung

Am 10. Mai 1942 errichteten die Nazis das Ghetto von Lenin. Ohne Vorwarnung jagten sie die jüdische Bevölkerung aus den Häusern und zwangen sie, in ein altes jüdisches Viertel zu ziehen, das nicht mehr als zwei Häuserblocks umfaßte. In jedes kleine Haus wurden fünfzig bis sechzig Menschen hineingepfercht. Insgesamt drängten sich fast zweitausend Bewohner in diesen wenigen Häusern zusammen.
Das Ghetto war mit einem Stacheldrahtzaun umgeben; es gab nur ein Tor. Juden war es verboten, das Ghetto zu verlassen. Nur wer einen Passierschein hatte, der ihm die Arbeit außerhalb des Ghettos gestattete, konnte sich hinauswagen. In Begleitung von Soldaten gelangte man zur Arbeitsstelle und wieder nach Hause. Das Ghetto war ein Gefängnis, aus dem es kein Entkommen gab. Tag und Nacht standen die Nazis und ihre Kollaborateure mit Maschinengewehren neben dem Tor. Auf der Ostseite des Ghettos war die Slutsch, auf der Westseite der See, nördlich und südlich davon lagen Sümpfe.
Als das Ghetto eingerichtet wurde, hatte man schon die meisten männlichen Juden im Alter zwischen sechzehn und fünfzig Jahren in das Arbeitslager von Gancewicz deportiert. Nur Frauen, Kinder, Alte und Kranke blieben im Ghetto.

Die jüdische Bevölkerung hatte sich von fast sechstausend auf weniger als zweitausend Einwohner vermindert. Einige waren entkommen, andere getötet worden.

Für uns Übriggebliebene unterlag das Leben im Ghetto zahlreichen Einschränkungen. Für die Nazis waren wir nichts als Arbeitssklaven. Wir hatten Angst davor, krank zu werden, denn die Nazis würden uns dann als Last betrachten und womöglich erschießen. Wir durften nicht zu jung oder zu alt sein, weil wir dann nicht zur Arbeit herangezogen werden konnten. Es war uns sogar verboten, ein Kind zu gebären.

Die Leute suchten nach Möglichkeiten, sich diesen unwürdigen Bedingungen zu entziehen. Einige Ältere gaben sich für jünger aus. Die Jungen behaupteten, älter zu sein, und versuchten, älter auszusehen. Die Mädchen trugen hohe Absätze. Die Jungen beschmutzten ihre Gesichter, um ihre unschuldige junge Haut zu verbergen, und trugen die Kleidung älterer Leute. Die Kranken behielten ihre Schmerzen für sich.

Die Lebensbedingungen im Ghetto waren entsetzlich. Tagelang gab es nichts zu essen, wir hatten keine warmen Kleider, um uns gegen die Kälte zu schützen, Typhus und andere ansteckende Krankheiten grassierten. Die Gesichter der Kinder waren vom Hunger verzerrt, ihre Bäuche aufgetrieben. Täglich verhungerten Menschen im Ghetto oder starben an Krankheiten. Manche Christen unserer Stadt versuchten immer wieder, uns Essen ins Ghetto hineinzuschmuggeln, aber das war sehr gefährlich und konnte mit dem Tod bestraft werden. Diejenigen, die das Risiko eingingen, waren sehr mutig.

Vom frühen Morgen bis spät in die Nacht standen die Leute

in den Höfen hinter unseren kleinen Häusern beisammen und tauschten Neuigkeiten aus, klagten und weinten sich aus, versuchten, einander Mut zu machen. Die Frauen sorgten sich um ihre Männer und Brüder in den Arbeitslagern. Die Kinder spielten, um ihren Hunger und ihre Angst zu vergessen. Alle fragten sich, wie lange das Leiden noch dauern würde. Würde dieser Krieg je zu Ende gehen?
Da mein Schwager Arzt war, wurden wir in ein relativ gutes Haus eingewiesen; es war das letzte Haus in der Straße und lag direkt neben dem Fluß. In diesem Haus wohnten meine Eltern, meine beiden Schwestern Esther und Sonia, mein kleiner Bruder Boruch, Esthers Mann, Sonias zwei Kinder und ich zusammen mit mehreren anderen Familien; die meisten hatten wir vorher nicht gekannt. Zur damaligen Zeit war Grainom in Wilna, und Kopel und Moische waren schon im Zwangsarbeitslager von Gancewicz. Das Haus, das wir bewohnten, war gut ausgestattet; die schönen alten Holzmöbel waren mit Schnitzornamenten verziert, aber wir hätten sie gern gegen ein Stück Brot eingetauscht. Der Eigentümer des Hauses war ein alter Jude, dessen Tochter Basia mit Sonia befreundet war. Vor der Errichtung des Ghettos hatten er und Basia allein im Haus gelebt. Nun war es überfüllt, in jedem Raum lebte eine Familie.
Ich gehörte zu den Glücklichen mit einem Passierschein; ich durfte das Ghetto verlassen, um in unserem alten Haus meine Arbeit im Photoatelier fortzusetzen. Vorläufig war unser Haus noch unbewohnt. Die Photoausrüstung und was ich sonst benötigte, waren noch vorhanden, ebenso die Dunkelkammer. Alle jüdischen Häuser außerhalb des Ghettos waren jetzt unverschlossen; theoretisch unterstanden sie der Aufsicht des Soltys, des Oberhaupts der christlichen Ge-

meinde. Sämtliche Möbel und sonstige Wertgegenstände waren von den Nazis für den späteren Transport nach Deutschland registriert worden.
Da ich Zugang zu der Welt außerhalb des Ghettos besaß, hätte ich vielleicht das Risiko eines Fluchtversuchs auf mich nehmen können, aber ich hatte Angst, es könnte meiner Familie schaden. Die Nazis wußten, wie wichtig für die Menschen unserer Gemeinde enge Familienbindungen waren, und nutzten diesen Umstand aus, um uns ihren Willen aufzuzwingen. Viele kräftige, mutige junge Leute wollten ins Waldgebiet flüchten und sich den Partisanenkämpfern anschließen, aber sie fürchteten, die Nazis würden Vergeltung üben und ihre Familien umbringen. Das brachte viele in eine Zwangslage. Durfte ein Sohn oder eine Tochter die alten Eltern im Stich lassen und sie dadurch in Lebensgefahr bringen? Durfte ein Mann seine Frau und seine Kinder verlassen? Manche blieben aus einem Gefühl der Verantwortung in der Gemeinde. Was war moralisch höher zu bewerten: die Gemeinde im Ghetto zu verlassen und sich dem Feind als Einzelkämpfer entgegenzustellen, oder dazubleiben, um die jüdische Bevölkerung zu schützen? Nie zuvor hatten wir vor so schwerwiegenden moralischen Entscheidungen gestanden.
Bei meinen Besuchen in unserem alten Haus trieb ich oft Tauschhandel mit den Bauern. Die Bauern brauchten Schuhe, Kleider, Mäntel, Blusen und Hemden, und ich konnte sie im Ghetto auftreiben und gegen Lebensmittel eintauschen. Da die Bauern wußten, daß ich im Haus anzutreffen war, brachten sie gleich Brot, Getreide und Kartoffeln mit. Während des Sommers lieferten sie uns auch Gemüse und alles, was sie sonst noch an den Nazis vorbeischmuggeln konnten.

Ich riskierte mein Leben, als ich Nahrung für meine Familie und ebenso für andere Familien beschaffte. Eine junge Jüdin, die mit uns im Ghetto wohnte, bat mich, ein teures Kostüm gegen Lebensmittel bei den Bauern einzutauschen. Selbst ohne Pelzkragen – den sie schon vorher für die Nazis abschneiden mußte – war das Kostüm, das aus einem Stoff von guter Qualität geschneidert worden war, immer noch schön. Ich schmuggelte es an den Wachtposten vorbei aus dem Ghetto hinaus. Aber ich hatte Pech; an diesem Tag kam kein Bauer zu mir ins Atelier. Weil ich das Risiko scheute, das Kostüm noch einmal an den Posten vorbei ins Ghetto zu schmuggeln, versteckte ich es über der Zwischendecke auf dem Dachboden unseres Hauses, wo ich früher schon andere Gegenstände versteckt gehalten hatte, die ich nicht eintauschen konnte.

Am nächsten Morgen, als ich zur Arbeit zurückkehrte, war alles verschwunden, von Leuten aus der Stadt gestohlen. Das war ein Schlag für mich. Natürlich konnte ich den Diebstahl nicht melden. Niemand unter der nichtjüdischen Stadtbevölkerung durfte wissen, daß ich mit den Bauern Tauschhandel trieb. Wenn es die Nazis herausfanden, würde das den Tod bedeuten. Ich hatte Gewissensbisse wegen der Frau, die mir ihr gutes Kostüm anvertraut hatte. Nicht einmal ein Stück trockenes Brot bekam sie dafür.

Eines Tages, als ich im Atelier beschäftigt war, kam mein Bruder Boruch auf dem Heimweg von der Arbeit zu mir herein. Auch er war außerhalb des Ghettos beschäftigt und arbeitete auf einem Bauernhof. Er gehörte zu einer Gruppe jüdischer Arbeiter, die jeden Tag zu ihrem Arbeitsplatz geführt wurden. Er sah sehr müde aus, und ich sagte ihm, er solle sich ein wenig ausruhen. Ich mußte die Negative wa-

schen, die ich gerade entwickelt hatte, und ich bat ihn, auf den Film aufzupassen, während ich Wasser holen ging.
Als ich zurückkam, sah Boruch ganz bleich und verängstigt aus. Er stand in einer Ecke, den Rücken fest gegen die Wand gepreßt. Mit schuldbewußtem Blick und erstickter Stimme erzählte er mir, daß eine Gruppe christlicher Jungen aus der Stadt ins Haus gekommen war, sich eine der Filmrollen, die zum Trocknen aufhingen, schnappte und damit hinausrannte.
Ich hatte schreckliche Angst, denn durch den Diebstahl war mir ein Film verlorengegangen, der den Nazis gehörte. Ich schrie meinen Bruder an: »Warum hast du das nicht verhindert? Du weißt doch, was die Nazis jetzt mit mir machen werden. Jetzt ist alles aus. Sie werden die ganze Familie umbringen!« Später schämte ich mich, daß ich meinen armen kleinen zwölfjährigen Bruder so angebrüllt hatte.
Mein Bruder fing an zu weinen. Er hatte Angst vor den Christenjungen gehabt und nicht gewagt, sich gegen sie zur Wehr zu setzen oder sie zu verfolgen. Ihm war klar, daß ein jüdischer Junge bei einer Rauferei mit einer Gruppe Nichtjuden keine Chance hatte. Außerdem hatte man ihn zur Höflichkeit erzogen, nicht zum Raufen.
Ich riß mich zusammen, lief zum Haus des Soltys, der von den Nazis als Oberhaupt der nichtjüdischen Bevölkerung eingesetzt worden war, und erzählte ihm den Vorfall. Ich wußte zwar, daß es mir als Jüdin verboten war, das Haus eines Christen zu betreten, aber in diesem Augenblick hatte ich Wichtigeres im Kopf.
Auch der Soltys bekam es mit der Angst zu tun, denn ihm war von den Nazis aufgetragen worden, die jüdischen Häuser vor Plünderungen durch die Christen zu schützen. Er

trug die Verantwortung für alle Waren, die die Nazis nach Deutschland schaffen wollten. Er überlegte einen Augenblick, dann ging er in die Häuser einiger Jungen, die er im Verdacht hatte, und fand mit Hilfe von deren Eltern heraus, daß sie den Film in den See geworfen hatten.
Der Film war über einen Meter lang und schwamm auf der Wasseroberfläche. Der Soltys selbst fuhr in einem Boot hinaus und fischte ihn aus dem Wasser. Erleichtert kehrte ich zum Atelier zurück, wusch den Film und hängte ihn zum Trocknen auf. Dann setzte ich mich hin und weinte. Die Nazis haben nie etwas von dem zeitweiligen Verlust erfahren.
In dieser Zeit des Leidens und der Schmerzen gab es auch Momente, in denen wir ein Wiederaufflackern des Lebens verspürten, wenn diese auch nur kurz anhielten. Eines Tages erlaubte ich mir, Lea, die zweijährige Tochter meiner Schwester, mit zur Arbeit zu nehmen. Als wir ins Haus kamen, erkannte es Lea wieder und rannte voller Freude hinaus in den Hof. Sie tanzte im Kreis herum, spielte, sie sei ein Schmetterling, sprang in die Luft, sang und lärmte. Ihre Augen glänzten vor Aufregung und im Gefühl der Freiheit. Unser alter, mit Gerümpel vollgestellter Hof machte ihr die gleiche Freude wie einst uns, als wir Kinder waren.
Als ich ihr zusah, überwältigten mich meine Gefühle. Meine kleine Nichte, dachte ich, wer weiß, wie lange du noch tanzen und fröhlich sein kannst? Was für eine Zukunft mag dir bevorstehen? Ich schluckte meine Tränen hinunter; ich wollte weinen, aber wie konnte ich, wenn sie in ihrer Unschuld so glücklich schien? Sie war so jung, unschuldig und schön. Die große Verunsicherung, in der wir die ganze Zeit lebten, hatte mich noch nie so sehr mit Schrecken erfüllt wie an jenem Tag. Meine eigene Zukunft schien mir unwichtig, wenn

ich an sie dachte. Viel zu früh hatten mich die Umstände gezwungen, das Leben mit den Augen einer Erwachsenen zu sehen. Als ich Lea schließlich ins Ghetto zurückbrachte, hatte sie ihren Hunger vergessen.

※ ※ ※

Es war fünf Uhr morgens. Der Himmel war dunkel, die Wolken hingen tief und schienen fast auf uns herabzufallen. Das Ghetto wurde geweckt. Es war das erste Mal, daß wir den Befehl erhielten, uns auf dem Appellplatz einzufinden – zum ersten Mal wurden wir zusammengetrieben. Wir dachten, daß sie uns umbringen wollten, daß dies das Ende bedeutete. Wir alle wußten, daß vor mehreren Wochen neben dem Krankenhaus, auf einem kleinen Hügel vor der Stadt, drei lange Gräben ausgehoben worden waren. Ein paar unserer jungen, kräftigen jüdischen Männer hatten, bevor sie ins Arbeitslager nach Gancewicz kamen, diese Gräben ausheben müssen. Wir wußten, daß sie für uns bestimmt waren, und wir fühlten uns hilflos. Als wir zusammen auf dem Versammlungsplatz standen, zählten uns die Nazis mehrere Male durch, bevor sie uns befahlen, ins Ghetto zurückzukehren. Diejenigen von uns, die sich nicht zur Versammlung eingefunden hatten, wurden später von den Nazis aufgespürt und ermordet.

Ein paar Tage danach traf der Gebietskommissar, der oberste Nazibeamte der Region, in unserer Stadt ein, und wieder erfaßte uns große Angst. Was suchte dieser Beamte in Lenin? Was würde jetzt geschehen? Ein Nazisoldat suchte unser Haus im Ghetto auf und brüllte mich an, ich solle ihm ins Gestapohauptquartier folgen. Dort sollte ich ein Porträt des

Gebietskommissars aufnehmen. Als wir im Büro der Gestapo ankamen, setzte sich der Gebietskommissar vor meinem Apparat auf einen Stuhl hin und brüllte: »Wenn das Bild nichts taugt, bist du kaputt!« Ich hatte solche Angst, daß ich mich nicht traute, ihn anzusehen, in das Gesicht eines wilden Tieres zu blicken, das für den Tod so vieler Menschen verantwortlich war. Statt dessen schaute ich durch die Linse des Photoapparats.

Ich machte eine Aufnahme, dann kam mir die Befürchtung, ihm könnte sein eigener, grausamer, tierischer Gesichtsausdruck nicht gefallen. Ich sagte mir: »Das wird ihm nicht recht sein. Er läßt mich bestimmt umbringen.« Mit zitternder Stimme schlug ich vor, er solle für ein zweites Photo lächeln. Ich, eine Jüdin, erlaubte mir, den Gebietskommissar um ein Lächeln zu bitten. Und tatsächlich lächelte er, obwohl er mit seinen drohenden Augen für mich noch immer wie ein Tier aussah. Ich machte zwei Porträts und kolorierte sie in natürlichen Farben. Zum Glück war er mit den Bildern zufrieden.

Schwere Wolken hingen über dem Ghetto. Langsam brach ein neuer Tag an, aber die meisten schliefen noch. Plötzlich laute Stimmen, dann Gebrüll: der zweite Appell. Wieder wurden alle hinausgetrieben. Auf dem Versammlungsplatz weinten die Kinder, unausgeschlafen und hungrig. Erneut wurden wir gezählt und dann in unsere Häuser zurückgeschickt. Diesmal hatten sich weniger Leute versteckt. Wir dachten alle an das Schicksal derer, die es beim ersten Mal versucht hatten. Wieder wurden diejenigen, die sich der Zählung entzogen hatten, aufgespürt und erschossen.

※ ※ ※

Mit der Abenddämmerung des 13. August 1942 war Ruhe im Ghetto eingekehrt. Wieder ging ein Tag des Hungers, der Schläge und der Schwerarbeit zu Ende. In unserem Haus schlief noch niemand. Wieder wurde ich hinausgerufen, ich sollte mit meinem Photoapparat ins Hauptquartier der Gestapo kommen. Es war schon fast zur Routine geworden, daß man mich zur Ortskommandantur kommen ließ, um Bilder zu machen. Diesmal jedoch war es anders. Als ich ankam, wies man mich an, den Photoapparat dort zu lassen und nach Hause zurückzukehren.

Jetzt hatte ich Sorge. Ich fragte mich, warum ich den Photoapparat dort lassen mußte. Ohne ihn würde man mich nicht mehr brauchen. Der Apparat war mein Leben. Für eine Aufnahme gab man mir gelegentlich ein Stück Brot. Was sollte ich jetzt tun? Auf dem ganzen Heimweg ins Ghetto weinte ich.

Als ich nach Hause kam, starrten mich die anderen an. »Was ist passiert? Warum weinst du?« fragte meine Mutter. Ich antwortete: »Sie haben mir den Photoapparat weggenommen.«

Die Mutter legte mir die Hand auf die Schulter und versuchte, mich zu trösten. »Warum weinst du wegen eines Photoapparats?« redete sie mir zu. »Denke doch, was wir sonst alles verloren haben: unser Haus, unsere Kleider, unseren Schmuck, die Pelzmäntel, Gold, Silber und unsere Freiheit. Im Vergleich dazu ist ein Photoapparat gar nichts.«

Ein paar Stunden später kam wieder ein Nazioffizier ins Haus. Ich kannte ihn; er hatte mir einige Schwarzweißporträts seiner Familie zum Kolorieren gebracht, und ich hatte sie noch nicht ganz fertig. Ich solle ihm die Bilder sofort zurückgeben, sagte er, er habe es sich anders überlegt. Er wußte sehr wohl, weshalb er die Photographien wiederhaben wollte, aber darüber verlor er kein Wort. Er nahm die Bilder einfach an sich und ging.

Diese Geschehnisse gaben mir eine Vorahnung der Tragödie, die uns nun bevorstand. Immer wieder sagte ich: »Sie haben mir den Photoapparat weggenommen. Der Offizier hat die Bilder seiner Frau zurückgeholt. Was mag das bedeuten?« Keinem anderen in meiner Familie war die unheilvolle Bedeutung dieser Ereignisse bewußt. Die Nazis wußten, daß der nächste Morgen unser letzter sein sollte. Deshalb hatten sie mir den Photoapparat und die Bilder abgenommen. Hätten meine Eltern dem, was ich ihnen sagte, mehr Aufmerksamkeit geschenkt – vielleicht wäre ihnen Zeit geblieben, sich zu verstecken oder zu entkommen.

In jener Nacht hatte ich so große Angst, daß ich nicht schlafen konnte. Ich war fast noch ein Kind, aber die Umstände hatten mir das Erwachsensein aufgezwungen. Da ich früh im Leben die Pflichten einer Erwachsenen auf mich genommen hatte, fühlte ich mich für meine ganze Familie verantwortlich. Stunden später schlief ich endlich ein.

In der Morgendämmerung wurden wir geweckt. »Raus! Raus!« Wieder ein Appell. »Alles raus!« Im Halbschlaf sprang ich auf und sah mich um. Alle anderen im Haus außer meiner Schwester Sonia und ihren zwei Kindern waren schon weg. Sie wollte ihren Kindern unbedingt saubere Kleider anziehen. Vielleicht ahnte sie, was kommen sollte. Ich konnte sie nicht allein lassen – sie würde vielleicht umgebracht, wenn man sie im Haus vorfand –, also half ich ihr, die Kinder anzuziehen: frische Unterwäsche, ein frisches Hemd, eine frische Hose, ein frisches Kleidchen für Lea. Die Kinder blieben vollkommen ruhig und ließen sich sehr

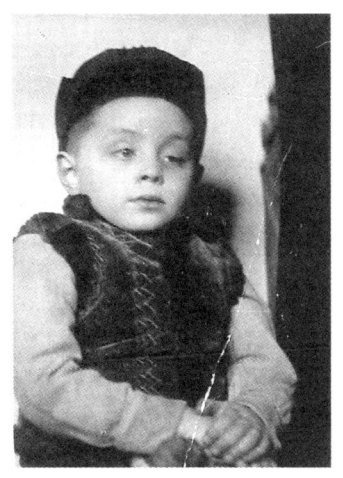 

Sonias Kinder Borchke und Lea.

schnell ankleiden. Es schien, als wüßten auch sie schon, was geschehen würde; man sah es ihren hilflosen Augen an. Ich konnte ihnen kein Wort sagen. Statt dessen umarmte ich sie und spürte dabei ihre zarten jungen Körper. Wortlos drückte ich sie an mich.
Als ich auf dem Appellplatz ankam, wußte ich, daß es diesmal anders war. Irgend jemand brüllte mich an: »Geh sofort zu den Deutschen hinüber!« Bis zum heutigen Tag weiß ich nicht, wessen Stimme das war. Aber wie ein Automat folgte ich dem Befehl. Schließlich stand ich direkt vor dem Gebietskommissar, dessen Porträts ich vor einigen Wochen gemacht hatte. Er erkannte mich sofort und rief mich zu sich, weg von den anderen.
Ich bettelte ihn an: »Lassen Sie mich meinen kleinen Bruder holen.« In meiner Verzweiflung wollte ich wenigstens

Boruch in unserer letzten Stunde bei mir haben. Aber der Gebietskommissar mit dem tierischen Gesicht nahm keine Notiz. Er nickte einem SS-Soldaten zu, der neben ihm stand. Der Soldat stieß mich mit dem Gewehrkolben an und schrie: »Vorwärts!«
Ich wußte nicht, wohin man mich führte. Würde man mich erschießen? Ich ging wie in Hypnose. Es gibt keine Worte, die mein Entsetzen in diesem Augenblick beschreiben könnten. Ich ging weiter, während der Soldat hinter mir lief und das Gewehr auf mich gerichtet hielt. Wieviel Zeit blieb mir noch, wie viele Minuten oder Sekunden waren mir noch vergönnt? Ich wartete auf die Kugel.
Plötzlich befahl mir der Soldat, in eine andere Richtung, zur Synagoge hin, zu gehen, weg vom Erschießungsplatz. Hoffnung kam auf. Wollte man mich verschonen? Sollte ich die einzige Überlebende unter fast zweitausend Juden sein? Der Nazisoldat befahl mir, in die Synagoge zu gehen; dann ging er weg.
Als ich eintrat, fand ich schon eine Gruppe von Juden im Allerheiligsten vor; auch sie hatte man ausgesondert. Weil ich zurückgeblieben war, um meiner Schwester mit ihren Kindern zu helfen, war ich zur Selektion zu spät gekommen. Nun wurde mir klar, daß die Nazis ein paar Handwerker, deren Kenntnisse ihnen nützlich waren, aus der Menge auf dem Appellplatz herausgerufen hatten. Ausgesucht wurden Handwerker mit kleinen Familien – das machte weniger hungrige Mäuler. Ein Schneider mit sechs oder sieben Kindern war weit weniger erwünscht als einer mit zwei oder drei Kindern.
Insgesamt wurden in der Stadt Lenin fünf jüdische Familien verschont: die Familie eines Tischlers, eines Schusters, eines

Schneiders, eines Hufschmieds und eines Malers, alles in allem sechsundzwanzig Menschen. Ich war die letzte, die siebenundzwanzigste. Ich war den Nazis als Photographin und als Entwicklerin von Photographien wertvoll geworden. Mein Leben war wegen der Obsession, ihre teuflischen Taten zu dokumentieren, verschont worden. Da man mich erst im letzten Augenblick herausgelesen hatte, war ich die einzige ohne Familie.

Ich wußte, daß die letzten Minuten des Lebens meiner Familie gekommen waren. Mir kam es vor, als würde ich in einem Meer der Schmerzen und der Trauer ertrinken. Ich wollte nicht als einzige übrigbleiben. Was hätte es für einen Sinn, die einzige Überlebende meiner Familie zu sein? Ich wollte mich hinausstürzen und mit meiner Familie sterben. Gegen meinen Wunsch hielten mich die anderen in der Synagoge zurück. Sie sagten, wenn ich hinausliefe, würde man sie alle töten.

Ich stieg zum Dachboden der Synagoge hinauf und sah durch ein Fenster, wie offene Lastwagen mit Menschen beladen und dann zu den drei Gräben gefahren wurden. Andere gingen zu Fuß in kleinen Gruppen zu den Gräben hin; von hinten hielt man Gewehre auf sie gerichtet. Wie ich später erfuhr, waren meine Schwester Sonia und ihre zwei Kinder unter ihnen. Unterwegs hatten sie die Christen, an denen sie vorübergingen, gebeten, ihre Kinder zu retten. Niemand wollte sie aufnehmen. Man sagte mir auch, daß vor den Gräben die dort wartenden Nazis und ihre litauischen Komplizen viele der Opfer, sogar Kinder und alte Leute, zwangen, sich vollständig auszuziehen.

Ich hörte, wie die Nazis mit ihren Maschinengewehren das Feuer eröffneten. Die Gräben waren weit weg, aber ich hörte

14. August 1942:
Der Graben in Lenin.

die Schreie meines Volkes, Schreie, die mir noch heute in den Ohren klingen. Heute noch erfüllt es mich mit unbeschreiblicher Trauer, wenn ich daran denke, wie sie ihr Ende fanden. Noch heute zucke ich zusammen, wenn ich das Schreien einer Menschenmenge höre; es sind Schreie, die in mir widerhallen.

*Das Massaker an den Juden
in der Nachbarstadt Mikaszewicz.*

Alle wurden sie in jenen drei langen Gräben getötet und verscharrt: mein Vater, meine Mutter, mein kleiner Bruder Boruch und meine beiden Schwestern Sonia und Esther, Esthers Mann und Sonias zwei Kinder im Alter von zwei

und vier Jahren. Meine Mutter und mein Vater waren erst knapp über fünfzig, als sie von den Nazis ermordet wurden. Sonia wurde erschossen, ihre zwei Kinder wurden lebend in einem der Gräben verscharrt, ebenso mein kleiner Bruder Boruch. Die Nazis verschwendeten keine Kugeln an Kinder. Auch Moisches Frau und sein kleiner Sohn, die zu Beginn des Krieges nach Lenin gezogen waren, wurden getötet. Die Nazis hatten Esthers Mann verschonen wollen, weil er ein guter Arzt war, aber als er sie bat, auch Esther am Leben zu lassen, lehnten sie ab. Er starb mit Esther in einem der Gräben.
Eintausendachthundertfünfzig Juden wurden auf Befehl des Gebietskommissars ermordet; beteiligt waren die SS, ihre litauischen Kollaborateure und die Ortspolizei unserer Stadt. Die Nazis photographierten die ganze Aktion. Später brachten sie mir die Filme zum Entwickeln, und ich machte davon Kopien für mich. War das der Grund, weshalb mein Leben verschont blieb?
Als die Schüsse aufhörten, stieg ich vom Dachboden herunter und ging zum Schrein, in dem die Thora aufbewahrt wurde. Ich setzte mich vor diesem vertrauten Symbol meines Volkes nieder. Ich weinte nicht; der Schock hatte mich erstarren lassen. Ich konnte mich nicht bewegen. Ich konnte meine Augen nicht von dem Vorhang wenden, hinter dem die Thora aufbewahrt war. O Gott, wird es mir jemals möglich sein, diese Taten zu rächen? Gott, wo bist du? Ihr Menschen guten Willens, wo seid ihr? Ist das Gerechtigkeit?

*\ *\ *

Erst Stunden später verließ ich meinen Platz vor dem Schrein. Ein paar SS-Männer brachten uns ins Ghetto zurück, das noch immer unter Bewachung stand. Sie steckten uns alle in ein großes Haus mit fünf Zimmern. Jede Familie bekam ein Zimmer für sich, nur für mich gab es keines: Ich schlief auf dem Boden im Flur.
Am nächsten Morgen durfte ich das Haus verlassen und im Ghetto umhergehen. Sofort lief ich in das Haus, in dem meine Familie gewohnt hatte, und in das Zimmer, in dem ich am Tag zuvor Sonia geholfen hatte, ihre Kinder anzuziehen. Es war totenstill, alle Zimmer waren leer. Gestern noch war dieses Haus voller Menschen gewesen, hungrige, niedergeschlagene, sorgenvolle Menschen – aber sie hatten gelebt. Nun waren sie alle tot. Ich brach in Tränen aus. Hier konnte ich weinen. Hier konnte mich keiner sehen.
Die nackten Wände des Zimmers starrten mich an. Der Boden war übersät mit den Kleidern der beiden Kinder, die bei dem überstürzten Aufbruch auf dem Fußboden liegengeblieben waren. Langsam hob ich sie nacheinander auf, faltete sie ordentlich zusammen, preßte sie an mich und küßte jedes einzelne Kleidungsstück. Dann legte ich die Kleider sorgfältig, Stück für Stück, in eine Schublade. Ich wußte, daß die Kinder sie nie wieder tragen würden. Aber als ich ihre Kleider ordnete, hatte ich das Gefühl, daß ich sie tröstete, daß ich sie umarmte, und das gab auch mir ein wenig Trost.
Als ich die Augen schloß, sah ich meine Mutter vor mir, wie sie am Freitagabend die Kerzen segnete, und ich sah die ganze Familie um mich herum. Ich sehnte mich nach meiner Familie, nach meinem früheren Leben. Ein Kloß steckte mir im Hals. Ich dachte wieder an die sinnlose Brutalität und un-

menschliche Grausamkeit, die meine Welt zerstört hatten. Ich lehnte mein Gesicht gegen die kalten, nackten Wände und weinte bitterlich.
Ich trat in den Hof, der einmal voller Menschen gewesen war. Hier hatte man die Ereignisse des Tages beredet: wie viele Menschen in den letzten Tagen ermordet worden waren, wie viele verhungert waren, wie viele noch um ihr Leben kämpften. Jetzt war der Hof leer. Ich ging hinüber zur Scheune. Das Tor stand offen, und ich ging hinein.
Plötzlich hörte ich ein Geräusch oben in den Balken. Ich schaute hinauf und blickte in zwei große leuchtende Augen. Dann sah ich das Gesicht. Es war Basia, die Freundin meiner Schwester Sonia, deren Vater das Haus gehört hatte. Schon seit dem letzten Appell hatte sie sich im Heu versteckt gehalten. Sie flüsterte mir zu: »Lebt Esther noch?« »Nein, sie ist tot«, antwortete ich, »alle sind tot.« Basia fragte: »Was soll ich tun?« Ich antwortete: »Bleib in deinem Versteck. Wenn du kannst, lauf weg, sobald es geht.« Dann verließ ich die Scheune. Ich hatte Angst, ich könnte sie gefährden, wenn uns jemand reden hörte.
Ich trat aus dem Haus und ging durch das stille, leblose Ghetto. Es war ein Friedhof, jedes Haus ein Grabstein. Manche Türen standen offen; manche waren geschlossen. Von Zeit zu Zeit hörte ich einen kläglichen Schrei: Katzen auf der Suche nach Futter.
Allmählich wurden die Insassen unseres Hauses wieder zur Arbeit geschickt. Die Männer mußten im Freien arbeiten; die Frauen wurden zur Hausarbeit für die Nazis eingeteilt. Mich bestellte man wieder ins Gestapohauptquartier. Aber ich war nun völlig apathisch, mir war alles gleichgültig. Ich war niedergeschlagen, von Trauer erfüllt.

Vor dem Krieg waren die Bauern aus den umliegenden Dörfern am Sonntag zur Kirche in die Stadt gekommen. Sie hatten ihre Erzeugnisse mitgebracht und an die Juden verkauft. Dieser Brauch hörte auf, als man uns ins Ghetto sperrte. Um zur Kirche zu gelangen, hätten die Bauern das Ghetto durchqueren müssen, und das war ihnen verboten worden. An diesem Sonntag aber kamen sie wieder; sie wußten, daß es jetzt weder ein Ghetto noch eine jüdische Gemeinde in Lenin gab. Anstatt in die Kirche zu gehen, standen Hunderte von christlichen Bauern aus der Nachbarschaft um die kleine Brücke herum, die an das Ghetto grenzte.
Um zum Hauptquartier der Gestapo zu gelangen, mußte ich über diese Brücke gehen. Nie werde ich den Augenblick vergessen, als ich diesen christlichen Bauern gegenüberstand. Ich war gedemütigt, verzweifelt, ich dachte an die Toten. Wie konnte ich es fertigbringen, den Christen, die sich auf der Brücke zusammengerottet hatten, ins Gesicht zu sehen?
Langsam und bedächtig, mit klopfendem Herzen, ging ich auf die Brücke zu. Als ich näher kam, sah ich, wie mich die Leute anstarrten. Ich zwang mich, den Kopf trotzig erhoben zu halten. Als ich die Brücke überquerte, waren auch sie nicht imstande, mir in die Augen zu sehen. Ich war erleichtert, als sich alle abwandten. Vielleicht fürchteten sie sich davor, den Geistern derjenigen zu begegnen, die ihre Nachbarn, ihre Freunde gewesen waren. Vielleicht schämten sie sich für jene, die sich Christen nannten. Wie im Traum ging ich über die Brücke; dann sahen sie mich nicht mehr.

※ ※ ※

*Das sowjetische Denkmal für die am 14. August 1942
in Lenin Ermordeten. Daß die Opfer Juden waren,
wird nicht erwähnt.*

Heute ist die einzige Erinnerung an das Leben in Lenin ein Denkmal, das die Sowjets nach dem Krieg am Ort der drei Gräben errichteten. Darauf steht: »Hier liegen 1850 russische Bürger, die von den Faschisten ermordet wurden.« Kein Wort davon, daß die Ermordeten Juden waren. An jedem Jahrestag der Morde werden Blumen auf die Gräber gelegt.

Sechstes Kapitel

Ich gehe zu den Partisanen

Im Gestapohauptquartier behandelten mich die Nazis, als ob nichts geschehen sei. Sie gaben mir meinen Photoapparat zurück und teilten mir ein ukrainisches Mädchen, Marischa, als Gehilfin zu; ihr sollte ich mein Handwerk beibringen. Es war offenkundig, daß sie mich ersetzen wollten und daß ich für sie bald überflüssig sein würde.
Fast zwei Wochen lang arbeitete ich mit Marischa in der Dunkelkammer. Meinen Widerstand übte ich dadurch aus, daß ich ihr sowenig wie möglich beibrachte. Aber sie war hartnäckig, wollte immer mehr lernen. Ich brachte ihr bei, daß man einen unentwickelten Film oder Abzugspapier auch dem schwächsten Licht nicht aussetzen darf. Durch diesen Trick konnte ich alle Bilder meiner Familie in der Dunkelkammer aufbewahren; sie glaubte, es sei unentwickeltes Material, und paßte gut darauf auf.
Wieder im Ghetto, mitten in der Nacht, wachte ich in Panik aus meinem unruhigen Schlaf im zugigen Flur auf. Ich dachte: »Was wird mit mir geschehen? Bald wird die Ukrainerin mein Handwerk beherrschen, und sie werden mich umbringen. Hier bleibt mir nichts anderes als der Tod. Ich muß fliehen.« Aber wenn ich floh, wäre das Leben der sechsundzwanzig anderen in Gefahr.

Zwei Wochen waren seit der Ermordung meiner Familie vergangen. Ich lebte mit fünf Familien, den einzigen jüdischen Überlebenden von Lenin, in diesem Haus, aber ich kam mir völlig isoliert vor. Die fünf Familien waren zusammengeblieben, ich aber war allein auf der Welt. Außerhalb des Hauses war ich von Feinden umgeben. Ich wälzte mich hin und her und grübelte über mein Dilemma nach.

Plötzlich hörte ich Schüsse und Sirenengeheul. Alle im Haus wachten auf und sahen aus dem Fenster. Menschen rannten durch die Straßen: Nazis, Kollaborateure und Partisanen. Uns war klar: Sowjetische Partisanen hatten Lenin angegriffen.

Was sollten wir jetzt tun? Weglaufen oder dableiben? Ich wollte zu den Partisanen überlaufen. Die anderen sagten: »Nein! Du willst weglaufen, weil du allein bist. Wir haben Familien. Für uns ist es zu gefährlich.« Die Schießerei wurde immer stärker.

Ein energisches Klopfen an der Tür. Im Torbogen stand ein Partisan, ein großer jüdischer Bursche aus unserer Stadt. Er trug eine Mischung aus Zivilkleidung und Uniform; eine Pistole und ein paar Handgranaten hingen an seinem Gürtel. In der Hand hielt er eine Maschinenpistole. »Wir haben von euch gehört«, sagte er. »Ich komme, um euch zu sagen, daß ihr fliehen sollt. Rettet euch! Lauft, so schnell ihr könnt! Wir haben viele eurer Mörder erschossen. Wenn ihr bleibt, wird man euch alle morgen foltern und erschießen.«

Nun war die Gruppe entschlossen zu fliehen. Im Kugelhagel rannte ich mit aller Kraft auf das Waldgebiet zu, aus dem Ghetto und aus der Stadt hinaus. Überall lagen Tote. Als ich den Stadtrand erreichte, hielten mich zwei Partisanen an. »Wohin willst du?« fragten sie. Ich antwortete: »Ich laufe weg vom Ghetto. Ich möchte zu den Partisanen. Nehmt mich mit!«

»Nicht so schnell«, erwiderten sie, »zuerst brauchst du die Erlaubnis des Kommandanten.« Unbewaffnete Juden akzeptierten die Partisanen nur ungern – noch dazu, wenn es sich um eine Frau handelte. Sie dirigierten mich in die Richtung, in der sie zuletzt den Kommandanten gesehen hatten. Ich rannte weiter. Jeden Partisanen, den ich auf dem Weg traf, fragte ich: »Wo finde ich den Kommandanten?« Als ich endlich bei ihm war, zitterte ich vor Angst. Er trug eine sowjetische Militäruniform, hatte zwei Pistolen im Gürtel stecken und hielt eine Maschinenpistole in der Hand. Er fragte mich nach meinem Namen. Als ich ihn nannte, wußte er schon Bescheid. Er wußte, daß mich die Nazis am Leben gelassen hatten, weil sie mich als Photographin brauchten, daß meine Schwester mit Dr. Feldman verheiratet war und beide nicht mehr lebten. Weil mein Schwager Mediziner gewesen war, nahm er offenkundig an, daß ich schon allein deswegen wissen müßte, wie man Verwundete verarztet. »Du kommst mit«, befahl er.

Der Überfall war vorbei, die Partisanen kehrten in ihren Stützpunkt zurück. Ich war dabei – und ich lebte. Es war wie im Traum. Man hatte mich unter die sowjetischen Partisanen aufgenommen! Ich wußte zwar nicht, was mich erwartete, was für ein Leben mir bevorstand, aber ich wußte, daß ich Glück hatte. Ich war jetzt eine Partisanin und mußte keine Angst mehr vor den Nazis haben. Ich riß den gelben Davidstern herunter. Wir machten uns auf den Weg in den Wald hinein.

※ ※ ※

Nach einem mehrstündigen Fußmarsch auf dem unebenen, schwer begehbaren Waldboden war ich völlig erschöpft. Meine Schuhe eigneten sich nicht für die holprigen Wege und den sumpfigen Boden und fielen bald auseinander. Manchmal versank ich bis zu den Knien im Schlamm.
Die Schwerverwundeten transportierte man in einem Pferdewagen. Der Wagen war überfüllt und schaukelte auf dem unebenen Gelände hinter dem einzigen Pferd, das ihn zog, hin und her. Die Schmerzen der Verwundeten konnte ich nur zu gut nachempfinden. Auch das kleine magere Pferd war erschöpft.
Ich hörte, wie ein Partisan zu einem anderen sagte: »Das Pferd schwitzt. Wir müssen es zudecken, sonst macht es nicht mehr lange mit. Aber wir haben keine Decken.« Wenn das Pferd zusammenbräche, müßten wir die Verwundeten auf unseren Schultern bis ins nächste Dorf tragen. Dort könnten wir vielleicht ein frisches Pferd bekommen. Da ich als einzige einen Mantel besaß, überlegte ich nicht lange, zog ihn aus und gab ihn als Pferdedecke her.
Nach zwei weiteren Stunden waren wir immer noch unterwegs. Wir legten nur kurze Ruhepausen ein, weil wir keine Zeit verlieren durften. Der Feind war uns auf den Fersen. Für die Partisanen, die am Tag zuvor ihren Stützpunkt verlassen hatten, war dies bereits der zweite Tagesmarsch. Jetzt schon konnte ich mich kaum auf den Beinen halten. Solch weite Entfernungen war ich nicht gewohnt, zudem war ich schmächtig und unterernährt. Ich hatte keine Schuhe mehr, ging barfuß, meine Füße waren zerkratzt und bluteten. Obwohl ich perfekt Russisch konnte, traute ich mich nicht zu fragen, wie lange es noch dauern würde. Jetzt gehörte ich zu den sowjetischen Partisanen, und ich wußte, daß man in der

Sowjetunion nicht zu viele Fragen stellen durfte. Auch war mir bewußt, daß man mich beobachtete, um festzustellen, ob ich kräftig genug wäre.
Plötzlich reichte mir ein blonder junger Partisan ein Paar schöne Stiefel. »Die sind für dich. Zieh sie an«, sagte er. Ich nehme an, daß sie einem Nazisoldaten gehört hatten: welche Ironie! Mir standen die Tränen in den Augen, als ich sie anzog. Sie waren mir zu groß, aber meine Füße waren angeschwollen, und wenigstens bedeckten die Stiefel meine Füße. Dem Partisanen konnte ich nichts dafür geben, aber Geld existierte sowieso nicht unter den Partisanen, jedenfalls hatte ich keins. Ich glaube, er schenkte mir die Stiefel als Zeichen der Anerkennung dafür, daß ich meinen Mantel für das Pferd hergegeben hatte.
Die Sonne ging allmählich unter. Als wir den Partisanenstützpunkt erreichten, war es schon dunkel. Nur der Mond spendete etwas Licht. Während ich erschöpft neben dem Pferdewagen stand, stellte sich mir eine große junge Frau, Tanja, auf russisch vor. Sie sagte mir, sie sei Krankenschwester; ich sollte mit ihr zusammen arbeiten.
»Es sind viele Verwundete hier, und es gibt viel Arbeit«, erklärte sie. »Aber jetzt mußt du dich ausruhen. Du bist bestimmt sehr müde.«
Ich fragte sie leise: »Wo kann ich denn schlafen?« Wir waren mitten im Wald; nirgends gab es einen Unterschlupf. Sie antwortete schnell: »Du schläfst auf dem Boden, wo du stehst. Der Wald ist groß. Such dir einen Platz, irgendwo, leg dich hin und schlafe.«
Ich legte mich unter einen hohen alten Baum. Die Wurzeln waren nicht ganz mit Erde bedeckt und drückten auf meine Knochen; ich wog nur mehr vierzig Kilo. Lange konnte ich

nicht einschlafen. Ich begriff, daß von nun an das Gras mein Bett, der Himmel mein Dach und Bäume die Wände meines Hauses sein würden. Mit dem Mantel, den man mir zurückgegeben hatte, deckte ich mich zu. Er war aber durchnäßt vom Schweiß des Pferdes, der Gestank war fast unerträglich. Hatte ich die Zähigkeit, das Leben unter diesen Bedingungen zu ertragen? Hatte ich soviel Kraft, Einsätze mit den Partisanen durchzuhalten? Die meisten waren für den Kampf ausgebildet und diese Bedingungen gewohnt. Ich schloß die Augen und betete: »O Gott, gib mir die Stärke und den Mut, nicht zu verzagen, und gib mir die Lebenskraft und die Gesundheit, meine Arbeit durchzustehen.«

Ich war dankbar, daß mir das Leben blieb, und wußte, welches Glück ich hatte, unter den Partisanen zu sein, weit weg von den mordenden Nazis. Es war mir klar, daß viele junge Jüdinnen froh gewesen wären, wenn sie an meiner Stelle hätten sein können. Nun hatte mein Lebensweg eine andere Richtung eingeschlagen. Nie mehr Sklaverei, nie mehr Augen, die auf mich herabsahen, nie mehr Drohungen. Obwohl mein Leben immer noch in Gefahr war, fühlte ich mich wieder als Mensch. Körperliche und seelische Schmerzen standen mir bevor, ebenso Hunger, Leid und primitive Lebensumstände. Aber ich war am Leben. Ich würde lernen müssen, mich anzupassen.

Jetzt hatte ich ein Gewehr in der Hand. Ich würde lernen, wie man schießt, wie man auf den Feind zielt. Wenn der Feind jetzt das Gewehr auf mich richtete, würde ich zurückschießen können. Ich würde Gelegenheit haben, das Blut meiner Mutter, meines Vaters, meiner Schwestern, meines Bruders und der zwei Kinder meiner Schwester zu rächen. Ich hatte keine Angst davor, getötet zu werden. Ich war nur für mich selbst verantwortlich, ich hatte nicht viel mehr zu verlieren als mein Leben. Ich war bereit, alles in meiner Macht zu tun, um den Partisanen in ihrem Kampf gegen unseren gemeinsamen Feind zu helfen. Ich war stolz darauf, in den Reihen der Freiheitskämpfer zu stehen, die im besetzten Gebiet lebten und kämpften.

Das Bewußtsein, daß ich eine von Tausenden junger Juden unter den Partisanen war, gab mir Kraft. Es waren Juden aus großen und kleinen Städten, Juden aus Dörfern und von Bauernhöfen, junge Männer und Frauen, die in einer Tradition der Gelehrsamkeit erzogen worden waren und gelernt hatten, sich gegenseitig zu achten. Sie waren ein friedliebendes Volk, das nichts vom Krieg wissen wollte. Die wenigsten hatten jemals ein Gewehr in der Hand gehabt; jetzt waren sie gezwungen, um ihr Leben zu kämpfen. Aus dem Leben, das sie früher gekannt hatten, waren sie herausgerissen worden; jetzt standen sie auf und kämpften wie die Löwen. Die jungen jüdischen Partisanen galten als die mutigsten von allen.

Ich erinnere mich noch an einen polnischen Offizier, der in der Zeit vor dem Krieg regelmäßig zu uns ins Haus kam. Er stellte immer sein Gewehr in der Zimmerecke ab, und ich machte einen weiten Bogen um die Schußwaffe. Meine Eltern hatten mir beigebracht, daß so etwas Gefahr bedeutete. Aber nun war ein Gewehr ein Freund. Es bedeutete Überleben, Rache und Selbstverteidigung.

Nicht im Traum hätte ich früher geglaubt, daß ich einmal so denken würde. Niemals hatte ich damit gerechnet, daß ich ein Gewehr auch nur in der Hand halten, geschweige denn täglich auseinandernehmen und reinigen würde. Das alles – und noch viel mehr – lernte ich, um sicher zu sein, daß das Gewehr, das auf dem nassen Boden neben mir lag, bei Bedarf auch funktionierte. Unter den Partisanen war ein Gewehr wie ein Paß; es war auch mein Kopfkissen. Solange der Krieg dauerte, würde ich es nie aus der Hand geben. Ich nahm mir vor, mich freiwillig für Kampfeinsätze zu melden, um für mein Volk zu kämpfen – für die Würde und Ehre der Juden – und für die Zerschlagung der Todesmaschinerie der Nazis.

※ ※ ※

Ich blieb von September 1942 bis Juli 1944, als wir von der sowjetischen Armee befreit wurden, bei den Partisanen. Wir waren Guerillakämpfer, die hauptsächlich in kleinen Verbänden engbegrenzte Operationen ausführten. Gefährlich für uns, aber sehr wirksam, wenn es darum ging, den Feind zu verunsichern. Wir zerstörten Eisenbahngleise und sprengten feindliche Züge in die Luft, die Munition und Lebensmittel an die Front transportierten. Wir machten Straßen unpassierbar, griffen aus dem Hinterhalt an und überfielen Städte und Dörfer, die von den Nazis besetzt waren. Wir sprengten Brücken und Befestigungsanlagen in die Luft und unterbrachen Verbindungslinien, die für die Versorgung der feindlichen Truppen wichtig waren. Wir kümmerten uns um Gegenpropaganda und versuchten, die Unterstützung der einheimischen Bevölkerung zu gewinnen. Unser Ziel war, den Feind auf jede nur mögliche Weise zu behindern.
Ich gehörte zur Brigade Molotow. Ihre Kämpfer standen in dem Ruf, die besten und diszipliniertesten der Provinz Minsk zu sein. Sie setzten sich hauptsächlich aus erfahrenen Sowjetoffizieren und -soldaten zusammen, die aus den Gefangenenlagern der Nazis entkommen waren. Dazu kamen Soldaten, die im Sumpfland Polesiens und in den umliegen-

Eine Partisaneneinheit in Weißrußland.

den Dörfern zurückgeblieben waren, als sich die Sowjetarmee im Sommer 1941 zurückzog. Sie waren in dem besetzten Gebiet geblieben, um gegen die Nazis einen Guerillakrieg zu führen. Unsere Brigade, die von Mischa Gerasimow befehligt wurde, zählte mehr als zweitausend Partisanen und bestand aus neun Abteilungen. Nur wenige Partisanen bekannten sich dazu, Juden zu sein. Wer Jude war, behielt es gewöhnlich für sich. Als ich dazukam, waren wir acht Frauen, zwei von uns Krankenschwestern.
Unser Stützpunkt lag im Waldgebiet Polesiens, zwischen Pinsk und Lenin. In diesem Gebiet hielten sich fünf Brigaden auf, die unter dem Kommando von Wassili Sacharowitsch Komarow (Korsch) und Alexej Jefimowitsch Kle-

schow standen. Komarow, ein Veteran des russischen Bürgerkriegs, der in Pinsk geboren war, gehörte zu den ersten, die im Gebiet von Ljuban, Lenino Schitokowitschi, Starobino und Pinsk Partisanengruppen organisierten. Kleschow war Erster Sekretär der kommunistischen Partei in der Provinz Pinsk. Die Komarow-Kleschow-Sojedinenie, wie wir genannt wurden, war eine gefürchtete Streitmacht. Weiter im Westen, um Brest-Litowsk herum, operierte eine andere Gruppe von Brigaden unter dem Kommando von Sergej Iwanowitsch. Wir hielten sowohl untereinander wie auch mit Moskau eine ständige Verbindung aufrecht.

Unter den Partisanenverbänden während des Zweiten Weltkriegs waren die der Sowjetunion die größten; in ihnen kämpfte auch die höchste Zahl jüdischer Partisanen. Als die sowjetische Partisanenbewegung ihren Höhepunkt erreichte, schätzte man die Zahl der Partisanen auf etwa 200 000. Zu ihnen gehörten etwa 20 000 bis 25 000 Juden. Im Verhältnis zur jüdischen Bevölkerungszahl war dieser Prozentsatz extrem hoch. In Weißrußland nahmen die jüdischen Partisanen eine führende Rolle bei der Propaganda ein, und auch beim Widerstand und bei der Sabotage gegen die Nazis standen sie an vorderster Front.

Viele Juden, die sonst nur die Wahl zwischen dem Tod im Ghetto und der Deportation gehabt hätten, suchten Sicherheit im Waldgebiet und in den Sümpfen. Einige wollten sich unbedingt den Partisanen anschließen. Die Partisanen wiesen jedoch viele der jüdischen Burschen und Mädchen ab, entweder weil sie Juden waren oder weil sie keine Schußwaffe besaßen. Die Partisanen nahmen nicht jeden auf: Körperliche Kraft und militärische Erfahrung waren die wichtigsten Voraussetzungen. Wenn eines dieser Kriterien nicht erfüllt

wurde, genügte es, eine Waffe mitzubringen. Aber es war nicht leicht, eine Waffe aufzutreiben. Oft widerstrebte es Nichtjuden, Waffen an Juden zu verkaufen. Die Juden mußten häufig auf illegale Käufe oder auf Raub ausweichen, oder sie bemächtigten sich einer Waffe während der Kampfhandlungen. Manchmal überlisteten sie die Bauern mit improvisierten Attrappen und schüchterten sie auf diese Weise so ein, daß sie ihnen Gewehre und Pistolen beschafften.
Wenn ein Jude in das Waldgebiet kam, mußte er eine Reihe bisher unbekannter Schwierigkeiten auf sich nehmen: die Anpassung an das Leben im Wald, die Suche nach Waffen, Feindseligkeit von seiten jener Partisanen, die Antisemiten waren, ständiges Herumwandern auf der Suche nach Nahrung. Dazu litten besonders die Unbewaffneten unter der ständigen Gefahr, denunziert zu werden, vor allem, wenn die umliegenden Dörfer von feindseligen Bauern bewohnt waren. Die Juden und die Bewohner der Gemeinden des Waldgebiets trauten einander nicht, und sie hatten sich auch sonst nichts zu sagen. Teilweise war das eine Folge des Antisemitismus, teilweise eine Folge der Angst vor Vergeltungsaktionen der Nazis, falls sie mit deren Feinden kollaborierten – mit den Juden, den Partisanen, den Kommunisten. Nur zu oft waren die Einheimischen schnell bereit, die Juden zu verraten. Manche, die zu jung, zu krank oder zu alt zum Kämpfen waren, versteckten sich im Wald und sammelten sich in Lagern für Zivilisten. Manche dieser Zivilisten arbeiten für die Partisanen als Schneider, Schuster, Schlosser, Bäcker, Friseure und in anderen wichtigen Berufen.
Die jüdischen Partisanen empfanden es als ihre Verpflichtung, diese Lager zu unterstützen. Sie beschützten sie und brachten den Bewohnern oft Lebensmittel und Kleidung.

Ebenso sahen sie als ihre Pflicht an, so vielen Juden wie möglich das Leben zu retten – selbst dann, wenn durch deren große Zahl im Waldgebiet die Gefahr wuchs, entdeckt zu werden. Ob man diesen jüdischen Flüchtlingen Hilfe und Schutz gewähren sollte, war oft eine ernsthafte Streitfrage zwischen jüdischen und nichtjüdischen Partisanen.
Im Wald standen die jüdischen Partisanen oft im Kampf gegen eine große Zahl örtlicher Banden, die von den Nazis unterstützt wurden, besonders antisemitisch eingestellt und stets auf der Jagd nach Juden waren. Diese Banditen fanden sich in verschiedenen Gruppen zusammen, die, um nur ein paar zu nennen, unter den Namen ihrer Befehlshaber Acow, Bulbow, Bandarow und Wlassow bekannt wurden. Die Wlassow-Truppen, zum Beispiel, waren Soldaten der russischen Befreiungsarmee, die die Nazis unter dem Kommando des Generalleutnants Andrej Wlassow zusammengefaßt hatten. Wlassow, ein General der Sowjetarmee, war von den Deutschen im Sommer 1942 gefangengenommen worden. Er hatte sie davon überzeugt, daß er eine »Armee«, die sich aus sowjetischen Kriegsgefangenen rekrutierte, aufbauen könne. Diese Armee sollte auf der Seite der Nazis kämpfen, das kommunistische Regime in der Sowjetunion stürzen und einen nazifreundlichen russischen Staat errichten. Wlassows Armee wurde zur Partisanenbekämpfung eingesetzt und beteiligte sich an antijüdischen Aktionen. Die meisten Banden aber bekämpften sich zwar gegenseitig, aber alle waren an Judenmorden beteiligt.
Hunderte von Juden wurden von unseren eigenen sowjetischen Partisanen getötet. Im Jahre 1941 mußte die Partisanenbewegung noch ums Überleben kämpfen. Unter der Bevölkerung gab es viele Spione, Verräter und Nazikolla-

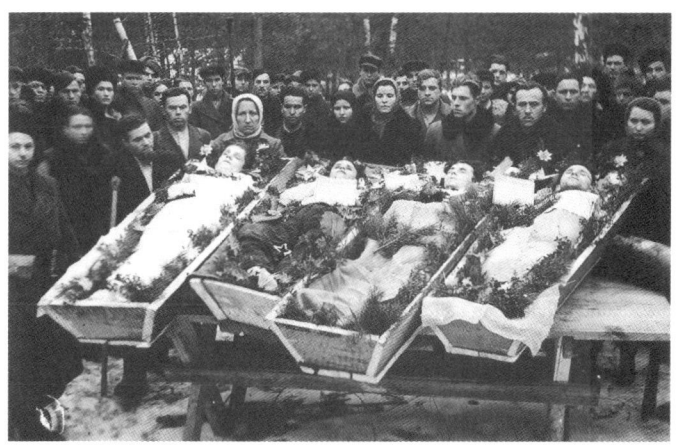

Im Tode versöhnt: Jüdische und nichtjüdische Partisanen werden im selben Grab bestattet, 1943.

borateure. Viele Partisanen wurden aus dem Hinterhalt überfallen und getötet. Aus Verzweiflung erließ der Kommandant der Partisaneneinheiten im Gebiet von Pinsk den Befehl, in den Wäldern jeden Fremden zu töten, wenn er nicht einer Partisanengruppe angehörte.

Solche Fremden wurden auf der Stelle erschossen – die meisten von ihnen Juden, die aus Ghettos oder Arbeitslagern geflohen waren und sich im Wald versteckt hielten. Sie gehörten zu keiner Kampfeinheit, weil die Partisanen sie nicht haben wollten. Wie grausam, daß Menschen, die das Glück hatten, den Nazis zu entkommen und in die Wälder zu fliehen, nur überlebten, um als Spione erschossen zu werden! Hunderte mußten sterben, bevor der Kommandant seinen Irrtum einsah. Der Widerruf seines Befehls kam für sehr viele Juden zu spät.

Die Verfolgung, die die Juden überall zu ertragen hatten – in den Ghettos, den Konzentrations- und Zwangsarbeitslagern, in ihren Waldverstecken –, ging sogar innerhalb der Partisanenbewegung weiter. Alle Partisanen, Juden wie Nichtjuden, waren bei gefährlichen Operationen den gleichen unausweichlichen Risiken ausgesetzt. Aber die Juden sahen sich darüber hinaus unlösbaren Komplikationen gegenüber. Sie meldeten sich freiwillig für die gefährlichsten Aufträge, um sich im Kampf zu beweisen. Bei den Partisanen wie bei den Nazis war der Jude einer kollektiven Verantwortung unterworfen. Das Versagen eines jüdischen Partisanen bedeutete das Versagen aller Juden. Hatte er aber Erfolg, so wurde es der Einheit und ihrem Kommandanten angerechnet.

Die jüdischen Partisanen standen unter ständiger Beobachtung. Ständig mußten sie ihren Anspruch auf Teilnahme an den Kämpfen rechtfertigen. Wenn ein Jude tapfer war und an vorderster Stelle ging, um als erster anzugreifen, sagten die Antisemiten: »He! Warum stehst du vor uns? Bist du etwas Besseres als wir? Du läufst uns ja voraus!« Wenn der Jude hinten blieb, sagten sie: »He! Warum trödelst du hinterher? Du bist wohl ein Feigling!« Unter den Partisanen gab es nichts Schlimmeres, als feige genannt zu werden.

Trotz der antisemitischen Vorurteile unter den Partisanen kämpften die Juden heldenhaft mit. Oft waren sie die Anführer: Fast zweihundert Partisanengruppen wurden von Juden befehligt. Viele Mitglieder sowjetischer Untergrundorganisationen waren Juden, auch wenn sie sich meistens nicht öffentlich zu ihrem Judentum bekannten. Unter den jüdischen Partisanen war der Anteil der im Kampf Gefallenen weitaus größer als unter den Nichtjuden.

Siebtes Kapitel
BEI DEN PARTISANEN:
KRANKENSCHWESTER, SOLDATIN UND PHOTOGRAPHIN

IN UNSERER PARTISANENEINHEIT bei der Brigade Molotow teilte man mich als Krankenschwester ein. Da ich keine medizinische Ausbildung hatte, fiel mir die Arbeit nicht leicht. Zwar hatten mich die Partisanen ursprünglich nur deswegen aufgenommen, weil sie wußten, daß mein Schwager Arzt gewesen war, und sie deshalb annahmen, ich hätte medizinische Kenntnisse. Ich hatte aber in Wirklichkeit keine Ahnung: keine medizinische Ausbildung, keine Erfahrung.
Meine erste Herausforderung bestand darin, meine Angst und meine Zimperlichkeit beim Anblick von Blut und offenen Wunden zu überwinden. Bevor ich überhaupt die nötigsten Kenntnisse für meine Arbeit erlernen konnte, mußte ich mich daran gewöhnen, mit den Verwundeten, Kranken und Sterbenden umzugehen. Ich versuchte mir vorzustellen, ich läge selbst allein auf dem Boden, von Kugeln durchsiebt. Würde ich da nicht jemand bei mir haben wollen, der mich pflegte, der meine blutenden Wunden verband? Nur durch solche Vorstellungen konnte ich die Kraft sammeln, meine Angst zu überwinden, nur so konnte ich lernen, für die Verwundeten zu sorgen.
Praktische Anleitung erhielt ich durch den Oberarzt in un-

serer Brigade, Iwan Wassiljewitsch. Er stammte aus dem östlichen Rußland, war Tierarzt und hatte in der sowjetischen Armee als Major gedient. Seine Stellung als Arzt verdankte er dem Mangel an Medizinern unter den Partisanen. Nur wenige nichtjüdische Ärzte fanden sich bereit, ihre Familien zu verlassen und das schwierige und gefährliche Leben mit den Partisanen zu teilen.

Eine Praxis in der Stadt zu betreiben war eben viel sicherer und bequemer. Jüdische Ärzte waren natürlich viel stärker motiviert, zu den Partisanen zu gehen. Auf diese Weise konnten sie den Nazis entkommen. Aber viel zu viele jüdische Ärzte hatten, wie mein Schwager, durch die Nazis bereits den Tod gefunden. Deswegen war es nicht erstaunlich, daß unser Oberarzt eigentlich Tierarzt war. Immerhin hatte er wenigstens Medizin studiert.

Manchmal kam uns Iwan Wassiljewitschs Ausbildung als Tierarzt zustatten. Eines Morgens fragte mich der Koch, was er für die Verwundeten zubereiten solle. Ich zeigte auf ein Lamm, das gehäutet und gewaschen an einem Baum hing. Der Koch sah es sich an und weigerte sich: Das Lammfleisch war mit Würmern übersät. Als ich Iwan davon erzählte, hellte sich sein Gesicht auf. Mit einem Lächeln sagte er: »Ich werde das Fleisch untersuchen. Du weißt, daß ich Tierarzt bin. Von Tieren verstehe ich mehr als von Menschen.« Er sah sich das Lammmfleisch an und lief zum Koch. »Keine Bange, das kannst du kochen. Diese Wurmart kommt nur bei frischem Fleisch vor.« Das Problem war gelöst. Der Koch streifte die Würmer ab und kochte den Verwundeten ein gutes Essen.

Iwan behandelte mich mit großer Güte und Geduld; er wurde zu meinem Ratgeber und Freund. Ich erinnerte ihn an sei-

Fagel versorgt einen verwundeten Partisanen während eines Angriffs.

ne Tochter, die etwa in meinem Alter war. Er schätzte meine Zuverlässigkeit und spürte, daß er auf mich bauen konnte. Iwan nahm jede Gelegenheit wahr, mir medizinische Kenntnisse beizubringen, und bildete mich gewissenhaft in der Behandlung und Pflege aller Arten von Verwundungen aus. Auch Überlebensstrategien brachte mir Iwan bei: Wie man sich verhalten und was man sagen mußte, um von den Partisanen akzeptiert zu werden. Er gehörte zu den wenigen sowjetischen Offizieren, die keine Antisemiten waren. Sein Rat und auch sein persönlicher Einsatz haben mir später bei vielen Gelegenheiten das Leben gerettet.

In unserer Brigade genoß Iwan Wassiljewitsch Prestige. Oft wurde er zu den Versammlungen des Exekutivrats im Hauptquartier hinzugezogen. Er war mit allen Offizieren bekannt, und er wußte um ihre Dienstgeheimnisse: was gerade geplant war, wer öffentlich belobigt und wer degradiert werden sollte.

Eine Zeitlang stand ich selbst auf der Abschußliste. Ein falsches Gerücht ging um, daß ich Goldschmuck besäße und ihn dem Kommandanten – und damit auch der Sowjetregierung – nicht abgeliefert hätte. Während dieser schwierigen Kriegsjahre gab es Leute, die wegen einer goldenen Uhr, eines Rings, eines Armbands, einer Kette oder sonst etwas Goldenem zum Töten bereit waren. Ich wußte, daß ich ohne Gold viel sicherer war. Iwan half mir, indem er dem Exekutivrat erklärte: »Sie hat sich durch persönliche Opfer und durch ihre Hilfe für unsere Genossen Partisanen im Angesicht der Gefahr ausgezeichnet.« Persönlich übernahm er die Verantwortung für mich und verbürgte sich dafür, daß ich kein Gold besäße. Irgendwie schaffte es Iwan, den Exekutivrat von meiner Integrität zu überzeugen. Ich bin Iwan Wassiljewitsch heute noch dankbar für seine Hilfe, seine Treue und seine Freundschaft – und für seine einzigartige Unterweisung in der Heilkunst.

Mit Iwans Hilfe war ich bald in der Lage, die Pflege der Verwundeten, die viele verschiedene Verletzungen an allen Teilen des Körpers erlitten hatten, sei es durch Kugeln, Schrapnellstücke oder Granatsplitter, zu übernehmen. Wunden, die von einer Kugel herrührten, die den Körper glatt durchschlug, waren relativ einfach zu behandeln. Aber wenn die Kugel im Körper steckenblieb, war die Lage viel ernster, und wir mußten operieren. Die schwierigste Situation entstand,

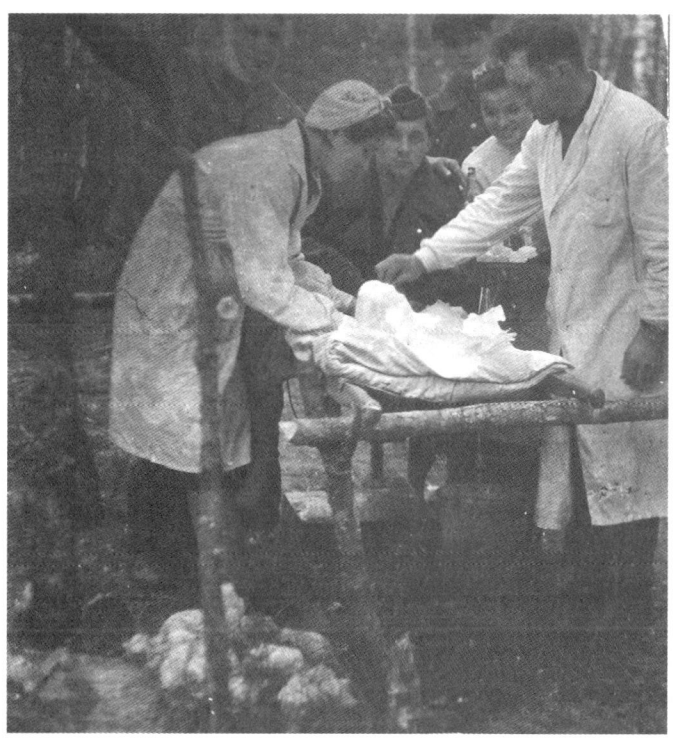

*Fagel assistiert bei einer Operation.
Zuvor hatte sie den Partisanen mit dem Kopfverband im
Bildhintergrund versorgt.*

wenn eine explodierende Kugel den Körper traf und Teile des Fleisches herausriß. Bei uns im Wald gab es kaum Medikamente. Das einzige Desinfiziens, das für die Verwundeten zur Verfügung stand, war Salzwasser, so daß wir niemals Salz zum Kochen verwenden konnten. Wodka war das wichtigste schmerzstillende Mittel.

Verbandmaterial war immer gefährlich knapp. Wegen der

großen Zahl von Schwerverwundeten mußte ich oft Betttücher in lange Streifen reißen und zum Verbinden der Wunden benutzen. Die gebrauchten Tücher wusch ich wieder sauber und sterilisierte sie in einem Eimer kochenden Wassers über dem Lagerfeuer. Wir mußten sie wieder und wieder verwenden. Leider hatten wir nicht einmal zu jeder Zeit genügend Bettücher zur Verfügung. Bei mildem, trockenem Wetter war das noch zu ertragen. Aber der eisige Winter und nasse Sommertage schufen zusätzliche Probleme.

Am schwierigsten war es, wenn wir während eines Angriffs durch die Nazis die Verwundeten an einen sicheren Ort bringen mußten. Bei diesen Transporten hatten wir, oft ohne Vorwarnung, sehr schnell und methodisch vorzugehen. Einzelne Partisanen wurden eingesetzt, um den Verwundeten zu helfen; gelegentlich konnten wir Pferdewagen benutzen. Oft stand die ganze Operation unter meiner Leitung, weil ich am besten wußte, was man den Verwundeten zumuten konnte.

Da Iwan mehrere Partisaneneinheiten zu betreuen hatte, war ich oft allein mit den Verwundeten, ohne ärztlichen Beistand. In Notfällen schnitt ich Kugeln heraus, nähte Hautlappen zusammen, reinigte infizierte Wunden und wechselte Verbände. Ich wurde sogar Chirurgin. Alle Operationen wurden im Freien durchgeführt; der »Operationstisch« bestand aus Ästen, die man frisch von den Bäumen heruntergesägt hatte.

Ich erinnere mich noch an Pawel, den Kommandeur einer Partisaneneinheit, der durch einen Schuß in den Finger verletzt worden war. Die Haut und das Fleisch fehlten, nur der Knochen ragte nackt aus der Hand. Als die Wunde nicht heilen wollte, mußte ich Zuflucht beim gesunden Menschenverstand suchen. Ich überlegte, daß das Fleisch und die Haut später sicher zuwachsen würden, wenn ich den Knochen wegschnitt. Und das tat ich auch. Mein Patient lag im Gras; ich gab ihm Unmengen von Wodka, bis er betrunken und fast besinnungslos war. Dann nahm ich eine Zange, die ich in kochendem Wasser sterilisiert hatte, und versuchte, den Knochen abzuzwicken. Es gelang mir nur zum Teil. Daraufhin legte ich die Zange weg und biß den Knochen mit meinen Zähnen durch. Pawel ließ keinen Laut hören, aber der kalte Schweiß lief ihm über das Gesicht. Die Operation gelang. Pawel erholte sich schnell, und seine Wunde verheilte.

Manchmal war meine Arbeit eher mühsam als schwierig. Ein Partisan hatte eine Schußwunde am Hals. Die Kugel war explodiert, hatte das Fleisch unter dem Kinn zerfetzt – eine große, klaffende Wunde – und seinen Unterkiefer ausgerenkt. Der arme Mann, mit blutgetränktem Verband, lag schmerzgepeinigt im Gras und konnte sich nicht rühren. Unzählige Fliegen wurden durch den Geruch des Blutes angezogen, und ich saß neben ihm und versuchte, sie zu verscheuchen. Es war schwierig, stundenlang dazusitzen und dicht über seinem Gesicht die Hand hin und her zu wedeln, aber ich durfte keine Sekunde lang aufhören. Tagelang saß ich bei ihm, Tag und Nacht, hielt die Fliegen fern und versuchte, ihm Mut zu machen. Von Zeit zu Zeit flößte ich ihm tröpfchenweise Eidotter ein, um ihn zu kräftigen. Oft gelangte die Nahrung, wenn er schluckte, nicht in die Speiseröhre, sondern lief durch das Loch in seinem Hals wieder heraus.

Da sie meine Müdigkeit sahen, boten mir meine Kollegen ihre Hilfe an und lösten mich gelegentlich für kurze Zeit ab.

Krankenschwestern genossen eine besondere Achtung unter den Partisanen. Auch tat ich ihnen leid, obwohl ich nicht klagte. Mir war bewußt, daß mir meine Arbeit trotz der Anstrengung nicht annähernd so viele Beschwerden verursachte wie die Qual, die mein Patient erlitt. Einmal bedeutete er mir sogar mit Gesten, ihm ein Gewehr zu geben; er wollte sich erschießen. Als er kräftiger wurde, konnte ihn Iwan Wassiljewitsch mit Tanjas und meiner Hilfe operieren. Die Operation war kompliziert. Der Unterkiefer wurde an die richtige Stelle zurückgeschoben und mit Draht in die richtige Form gebracht. Der Patient erholte sich und wurde wieder ein kampffähiger Partisan.

Da ich nur wenig Erfahrung hatte und weil mich die schrecklichen Erlebnisse der letzten Zeit bedrängten, bedeuteten das Assistieren bei einer Operation und das Wechseln der Verbände für mich eine ungeheure Nervenbelastung. Unter dieser seelischen Anspannung schweiften meine Gedanken ab, und ich verlor den Bezug zur Realität. Plötzlich sah ich vor mir entsetzliche Bilder: Mein Vater war am Verbluten, oder meine Mutter lag da mit einem Schuß in den Hals. Während der Operationen, bei denen ich mithalf, verwandelte sich das Blut in das Blut meiner Schwestern und Brüder, die sich unter Qualen wanden. Hatten die Schüsse bei ihnen die gleichen Körperteile verletzt? Hatten sie auch so viel geblutet? Eine Weile hielt ich die Augen geschlossen und ging in Gedanken zu den drei Gräben, in denen meine Familie ermordet worden war. Wer aus meiner Familie war zuerst gestorben? Sah meine Schwester, wie meine Mutter erschossen wurde, oder mußte meine Mutter mit ansehen, wie mein zwölfjähriger Bruder starb? Der jüngste Bruder, den ich so sehr liebte, hätte ein Jahr später seine Bar-Mizwa gefeiert. Diese und noch so viele andere Gedanken gingen mir unaufhörlich durch den Kopf.

Ein Schmerzensschrei des Patienten brachte mich dann in die Wirklichkeit zurück. Jetzt war ich wieder in der Gegenwart; da lag ein verwundeter Partisan, der meine Hilfe brauchte. Wieder in der Wirklichkeit des Partisanenlebens, kümmerte ich mich weiter um die Verletzten. Zum Glück blieb mir wenig Zeit zum Träumen; meine Arbeit lenkte mich ab.

In jenem Herbst 1942, meinem ersten Herbst bei den Partisanen, pflegte ich noch einen anderen Schwerverwundeten. Der »Doktor«, der zu diesem Zeitpunkt mein Chef war – ich glaube, er war vor dem Krieg nur Medizinstudent gewesen –, zeigte auf ihn und sagte: »Dieser Mann muß gewaschen werden.« »Genosse Doktor«, antwortete ich, »wie kann ich ihn waschen? Er hat Fieber. Es ist kalt und windig, und wir haben kein Dach über dem Kopf.« Es war Spätherbst; vor Tagen schon hatten die Bäume ihre Blätter verloren. »Macht nichts, wasch ihn nur!« Das war ein Befehl. Keine Widerrede war möglich. Ich mußte meinem Vorgesetzten gehorchen.

Als ich meinen Patienten wusch, fing er an zu zittern. Sein Fieber schnellte nach oben. Die ganze Nacht hindurch war er brennend heiß und phantasierte. In der Frühe wurde er ruhig. Als ich das Fieberthermometer unter seine Achsel schob, sagte er mir: »Ich möchte dir für alles danken, was du für mich getan hast. Ich weiß, wie nahe dir das alles geht. Ich werde dich nie vergessen.« Zehn Minuten später, als ich zurückkam, um das Thermometer zu holen, war er tot.

Ich hatte plötzlich Angst und rannte zum Doktor. Ich brachte es nicht fertig, zu dem toten Jungen zurückzukehren; ich konnte ihm nicht ins Gesicht sehen. Man beerdigte ihn mit dem Thermometer unter der Achsel. Ich hatte vergessen, es herauszuziehen, und hatte nun kein Thermometer mehr.

※ ※ ※

Neben meiner Verantwortung als Krankenschwester mußte ich als Soldatin auch immer zum Kampf bereit sein. Als ich erfuhr, daß die Partisanen einen neuen Überfall auf Lenin planten, meldete ich mich sofort freiwillig. Ich hoffte, in Lenin meinen Photoapparat und meine ganze Photoausrüstung wiederzufinden und sie herausholen zu können. So könnte ich wieder meine Arbeit als Photographin aufnehmen und das Leben der Partisanen in Bildern darstellen. Mindestens genauso wichtig war für mich die Hoffnung, die Bilder meiner Familie wiederzufinden, die ich in einer der Schachteln mit unentwickeltem Photopapier in unserem Haus versteckt hatte.
Wir verließen unseren Stützpunkt bei Sonnenuntergang. Viele Stunden lang gingen wir durch die Nacht und erreichten schließlich den Stadtrand, wo wir uns in kleine Gruppen aufteilten. Jede Gruppe sollte ein strategisch wichtiges Haus, das die Nazis besetzt hielten, angreifen. Es war noch dunkel. Wir vergewisserten uns, daß man uns nicht bemerkt hatte, und drangen in die Stadt vor. Dann kam der Befehl zum Angriff: Ein Schuß, eine Stimme, die »Feuer!« schrie. Unsere Gewehre donnerten in die Stille der Nacht hinein. Es gab Explosionen, eine Kakophonie von Schüssen, vermischt mit dem Geschrei Hunderter von Partisanen. Der Feind antwortete mit einem wilden Durcheinander von Schüssen. Nach einer Stunde, die eine Ewigkeit dauerte, zogen sich die Fein-

Fagel bei einer Schießübung, Anfang 1943.

de vorläufig zurück, und das Schießen ließ nach. Das gab uns eine kurze Gelegenheit, die Vorräte zu holen, die wir brauchten. Ich lief zu unserem alten Haus, um die Photoausrüstung zu holen; sie war nicht mehr da. Ich vermutete, daß Marischa, meine Assistentin, meinen ganzen Besitz »geerbt« hatte. Kurz entschlossen bat ich zwei meiner Freunde unter

den Partisanen, mich zum Haus ihrer Eltern zu begleiten. Hier verwandelte sich meine Unruhe in Erleichterung. Es war gar nicht nötig, in Marischas Haus einzudringen: Ihre Mutter hatte die ganze Photoausrüstung und meinen Apparat vor das Haus auf den Gehsteig gelegt. Sie muß wohl damit gerechnet haben, daß ich an dem Partisanenüberfall beteiligt sein könnte und die Ausrüstung bei ihr suchen würde. Marischas Mutter war bereit, mir wieder zu meinem Eigentum zu verhelfen, aber Marischa selbst war mit den Nazis weggelaufen – wieder eine Kollaborateurin.
Ich war froh, daß ich die Bilder meiner Familie, meinen Photoapparat und das ganze Zubehör gerettet hatte. Dazu gehörten auch die Chemikalien, die ich brauchte, um meinen Entwickler selbst zu mischen. Damals gab es noch keinen fertigen Entwickler zu kaufen. Die Formel kannte ich auswendig – alle sechs Bestandteile, ihr Mischverhältnis und die Reihenfolge, in der man sie mischen mußte. Diese Bestandteile waren meinem Gedächtnis eingeprägt: Eine Zeitlang hing mein Leben davon ab.
Als ich die Sachen vor dem Haus aufsammelte, kam eine mir unbekannte Frau auf mich zu. Sie gab mir den Leopardenfellmantel, den mir die Nazis abgenommen hatten. Obwohl ich sie nicht kannte, wußte sie offenkundig, wer ich war. Ich hatte diesen Mantel gekauft, als Lenin noch unter sowjetischer Herrschaft stand; aus Rußland war in dieser Zeit eine Sendung Leopardenfellmäntel eingetroffen. Der Mantel erschien mir damals, während des Angriffs, weniger wichtig als die Photoausrüstung, aber später, im Wald, war es dieser Mantel, der mich während des Winters warm hielt. Er war so leicht, so warm und überstand alle Strapazen.
Nach der Rückkehr an unseren Stützpunkt stand ich vor ei-

nem Problem: Wie konnte ich meine Photoausrüstung sicher im Wald aufbewahren? Wir waren ständig unterwegs, wurden von einem Einsatz zum nächsten weitergeschickt. Genauso oft kam es vor, daß unser Hauptquartier angegriffen wurde; dann mußten wir uns in kleine Gruppen aufteilen, in verschiedene Richtungen fliehen und neue Standorte für ein vorläufiges Lager suchen. Wenn sich der Feind dann zurückgezogen hatte, konnten wir endlich zu unserem Stützpunkt zurückkehren, um uns dort wieder mit unserer Brigade zu vereinigen.

Mir war klar, daß ich unmöglich meine ganze Ausrüstung überallhin mitnehmen konnte. Mein Gewehr, meine Pistole und eine Handgranate: das war allein schon schwer genug. Außerdem schleppte ich einen Arztkoffer mit, der sauberes Verbandzeug, Salzwasser, das als Desinfiziens für die Verwundeten gebraucht wurde, und andere Dinge enthielt. Es blieb mir nichts anderes übrig, als meine ganze Photoausrüstung in der Erde zu vergraben, sooft wir kurzfristig unseren Standort aufgeben mußten. Ansonsten bewahrte ich alles in einem der unterirdischen Bunker des Hauptquartiers auf.

Die anderen Partisanen halfen mir immer beim Transport der Ausrüstung. Sie legten Wert darauf, daß ich in den Ruhepausen zwischen den Gefechten photographieren konnte. Es wurde mir sogar befohlen. Mein Kommandeur, Mischa, drohte mir einmal: »Ich würde dir raten, eine gute Aufnahme zu machen, sonst wirst du es bereuen.« Manchmal mußte ich selbst mit aufs Bild. In solchen Fällen stellte ich den Apparat auf, stellte die Linse ein und bat jemand anderen, auf den Knopf zu drücken.

Im Laufe der zwei Jahre, die ich bei den Partisanen verbrachte, machte ich über hundert Aufnahmen. Unter den primitivsten Bedingungen entwickelte ich die Photographien. Es gab keine Dunkelkammer und kein Photolabor, aber ich schaffte es mit Hilfe von Decken, den Film auf dem Boden zu entwickeln. Es war nicht leicht: Während des Sommers lag ich im Gras, während des Winters im Schnee. Aber das Photographieren hatte ich schon als Kind gelernt, also fand ich immer eine Lösung. Alles, was ich brauchte, war meine Ruhe, einen schattigen Platz weit weg von allen Menschen, die mich hätten stören können.

* * *

Partisanenüberfälle auf Lenin fanden häufig statt. Wieder traf eine Gruppe Vorbereitungen für einen Angriff auf das Nazihauptquartier in meiner Stadt. Wieder meldete ich mich freiwillig. Ich hatte zwar meine Photoausrüstung wiederbekommen, aber bei der großen Zahl verwundeter Partisanen benötigte ich dringend Nachschub an Verbandmaterial und Medikamenten.
Nach dem üblichen Überraschungsangriff und dem vorübergehenden Rückzug der Nazis rannte ich in eines der Häuser, das die Feinde gerade verlassen hatten. Ich hielt kurz Umschau, und plötzlich fiel mein Blick auf einen Karton, voll mit wunderschönem weißem Verbandmull. Hocherfreut nahm ich mir die Schachtel, in der Meinung, daß wir nun für längere Zeit mit Verbandzeug eingedeckt sein würden. Als ich in unseren Stützpunkt zurückkehrte, mußte ich feststellen, daß der Mull für Gipsverbände bestimmt war. Man weichte sie im Wasser auf, nach dem Trocknen waren sie steinhart. Ich würde den Gips herauswaschen müssen, bevor ich sie benutzen konnte.

Im Lager wurde mir bewußt, daß es nicht leicht sein würde, den Gips herauszuwaschen. Ich brauchte Wasser. Der Fluß war eine halbe Stunde zu Fuß vom Stützpunkt entfernt und der Weg dorthin nicht ungefährlich. Ich holte Wasser und fing an, die Binden zu waschen. Durch das kräftige Schrubben rieb ich mir die Haut meiner Handflächen auf, das Fleisch wurde bloßgelegt. Als ich mit meiner Arbeit fertig war, hatten meine Hände offene Wunden, aber ich achtete nicht sehr darauf. Es war Zeit, die Verbände der Verwundeten zu wechseln. Sie hatten einen sauberen Verband, aber eine meiner Hände hatte sich entzündet.

Ein paar Nächte später konnte ich nicht schlafen. Pochende Schmerzen machten sich an der Hand bemerkbar, und mein ganzer Arm war geschwollen. Ich wußte, daß ich Fieber hatte: Meine Stirn war heiß, und ich hatte Schüttelfrost. Offenkundig war der Eiter aus den Wunden der Partisanen, die ich versorgte, in das bloßgelegte Fleisch meiner Handfläche eingedrungen und hatte den ganzen Arm infiziert. Gummihandschuhe gab es nicht. Ich hatte entsetzliche Schmerzen und war außer mir vor Angst. Was würde jetzt passieren? Sollte ich am Morgen meinen Vorgesetzten sagen, daß ich krank war? Das war keine gute Idee. Es war zu riskant. Ich erinnerte mich an einen jüdischen Partisanen, der ein paar Wochen zuvor eine schmerzhafte Wunde am Finger hatte. Er meinte, er könne den Abzug seines Gewehrs nicht bewegen, und weigerte sich, an einem Einsatz teilzunehmen. Die Vorgesetzten glaubten nicht, daß ihm etwas Ernsthaftes fehle, und dachten, er wolle seiner Pflicht nicht nachkommen. Sie erschossen ihn.

Voller Angst glaubte ich nun, daß ich sterbenskrank würde, ohne daß es jemandem auffiel. Ich hatte so vielen kranken

Menschen geholfen. Jetzt mußte ich mir selbst helfen. Ich hielt es nicht länger im nassen Gras aus, stand auf, lief auf und ab und blickte zum Himmel hinauf, um Trost zu finden. Ein voller Mond warf sein Licht zwischen die langen Schatten der hohen Bäume. Ich holte meinen Erste-Hilfe-Koffer und nahm ein scharfes Messer heraus, das ich mehrere Male mit Alkohol reinigte. Im Mondlicht konnte ich sehen, wo ich die entzündete Stelle aufschneiden mußte. Ich preßte die Lippen fest zusammen, aber meine Augen waren weit offen. Ich stach in den Eiterbeutel. Als der Eiter herausspritzte, gaben meine Knie nach. Ich mußte mich hinlegen, aber ich zwang mich, nicht zu weinen. Bald darauf übermannte mich der Schlaf. Ich schlief die ganze Nacht hindurch. Am Morgen ging es mir viel besser. Der Schmerz, das Fieber und die Geschwulst waren vergangen. Damals im Wald heilten Wunden sehr schnell.

Ich war immer müder als die anderen. Normalerweise, wenn wir einen Einsatz beendet hatten und eine Pause machten, um uns auszuruhen, legten sich alle zum Schlafen hin, bis auf die Wachen und mich. In dieser Zeit kümmerte ich mich um die Verwundeten, wechselte ihnen die Verbände und gab ihnen zu essen.

Einmal war ich während eines Einsatzes so müde, daß ich beim Gehen einschlief und mit der Hand gegen einen Holzpfosten stieß. Ich hatte mir weh getan, aber durfte den Schmerz nicht beachten, denn ich mußte die anderen in der Gruppe einholen. Erst nach ein paar Tagen hatte ich Gelegenheit, den Schmutz abzuwaschen. Als meine Hand sauber war, sah ich einen Splitter, so groß, daß ich bei seinem Anblick fast in Ohnmacht fiel. Ich mußte ihn herausziehen. Ich nahm eine Pinzette aus meinem Erste-Hilfe-Koffer, wusch sie in Alkohol und holte den Splitter heraus. Nach so vielen Jahren habe ich heute immer noch einen blauen Fleck auf der Hand. Er stammt von dem schwarzen Teer, mit dem der Pfosten gestrichen war. Zusammen mit dem Splitter war er in das Fleisch meiner Hand gedrungen. Jetzt ist mir bewußt, wie übermüdet ich damals gewesen sein muß, daß ich nicht den geringsten Schmerz spürte, als ich gegen den Pfosten lief.

Wenn mir so etwas zustieß, erzählte ich niemandem davon. Ich war ganz allein, und es gab niemand, auf den ich mich verlassen konnte. Obwohl ich erst neunzehn Jahre alt war, traf ich weiterhin diese Entscheidungen über Leben und Tod ganz selbständig. Ich fühlte mich so einsam, so verlassen. Manchmal war mir mein Schicksal gleichgültig, aber meistens dachte ich daran, daß ich vielleicht die einzige Überlebende meiner Familie war. Nur durch mich würde ihr Andenken weiterleben. Dieser Gedanke allein gab mir die Kraft, durchzuhalten.

Achtes Kapitel
MEINE BRÜDER ALS PARTISANEN

WIE SICH HERAUSSTELLTE, war ich nicht die einzige Überlebende unserer Familie. Am 14. August 1942, dem Tag, an dem die Liquidierung des Leniner Ghettos stattfand, erfuhren die Zwangsarbeiter in Gancewicz bei der Rückkehr von der Arbeit durch einen Nazioffizier, was in ihrer Heimatstadt geschehen war. Entsetzt hörten sie, daß die ganze jüdische Gemeinde – ihre Mütter, Väter, Brüder, Schwestern, Ehefrauen und Kinder – ermordet worden war.

In Gancewicz hatte man die Gefangenen dazu gezwungen, unter den schwersten Bedingungen Zwangsarbeit zu verrichten. Sie litten Hunger und Durst, waren schmutzig und verlaust; jeweils vierzig oder fünfzig von ihnen lebten zusammengepfercht in einem Raum. Viele hatten erwogen, in das Waldgebiet zu flüchten und sich den Partisanen anzuschließen, aber man hatte ihnen gedroht, ihre Familien im Ghetto zu töten, falls auch nur einer von ihnen fehle. Trotz der unmenschlichen Zustände wollten sie das Leben ihrer Familien nicht aufs Spiel setzen. Nun aber gab es nichts mehr, was sie in Gancewicz zurückhielt, sie hatten nichts mehr zu verlieren. Kurz darauf gelang den meisten der dreihundert Männer die Flucht in den Wald. Sie liefen nach Osten, auf das Partisanengebiet zu, und achteten nicht auf

die Schüsse hinter ihnen. Zu ihnen gehörten meine beiden älteren Brüder Moische und Kopel.
Die Nazis leiteten sofort eine Verfolgung und eine Suchaktion ein. Die zwanzig Gefangenen, die zur Zeit des Ausbruchs außerhalb des Lagers arbeiteten und sich nicht an der Flucht beteiligen konnten, wurden zur Vergeltung von den Nazis getötet.
Am Abend im Wald, als es dunkel wurde, sammelten sich die Flüchtenden, um sich zu orientieren. Sie bildeten kleinere Gruppen; auf diese Weise konnten sie sich über das Waldgebiet verstreuen und fielen dadurch weniger auf. Ihr Ziel war, Kontakt mit Partisaneneinheiten aufzunehmen und sich ihnen anzuschließen. Unter ihnen war ein angesehener Mann namens Dworin, der eine Gruppe zusammenstellen wollte. Vor dem Krieg war Dworin ein wohlhabender und einflußreicher Geschäftsmann gewesen. Er war klug, besaß praktische Intelligenz und große Lebenserfahrung. Außerdem kannte er sich durch seine früheren Geschäftsreisen in der Umgebung sehr gut aus. Seine Geschäftsverbindungen hatten ihm bei den großen und kleinen Bauern der Gegend Achtung und Wertschätzung eingetragen.
Dworin bat meinen Bruder Kopel, sich ihm anzuschließen. Kopel fühlte sich zunächst geschmeichelt, weil Dworin ihn ausgesucht hatte. Dann erinnerte er sich an einen Traum, den er ein paar Tage zuvor gehabt hatte. In diesem Traum war ihm der Rat erteilt worden, Dworin zu meiden. Es war seltsam, aber er mußte an diesen Traum denken und beschloß, sich Dworins Gruppe nicht anzuschließen. Statt dessen blieb Kopel bei meinem älteren Bruder Moische. Wie sich herausstellte, war dieser Traum eine Warnung, denn Dworins Leute wurden später gefangengenommen und gehenkt.

Unter den Flüchtenden waren fünf Brüder, die in Lenin unsere Nachbarn gewesen waren. Sie hatten eine besonders enge Bindung zueinander und waren während der Flucht aus Gancewicz die ganze Zeit beisammengeblieben. Auch ihre Gruppe wurde am gleichen Tag gefaßt. Die Nazis zwangen die Brüder, einander der Reihe nach aufzuhängen. Viele der Flüchtenden wurden an jenem Tag wieder gefangengenommen, aber die Mehrheit konnte entkommen. Meine beiden Brüder gehörten zu den Überlebenden.
Wie bei allen Juden, die sich im Waldgebiet versteckt hielten, war ihr Leben ständig in Gefahr. Meine Brüder mußten es mit einer äußerst feindlichen Umgebung aufnehmen; sie hatten weder Essen noch warme Kleidung, keine Schußwaffen, und Moische besaß keine militärische Erfahrung. Immer wieder bemühten sie sich um Aufnahme in Partisanengruppen. Nach sechs Wochen ständiger Zurückweisung kamen sie endlich in zwei verschiedenen Einheiten unter. Sie mußten sich trennen, denn einzeln wurde man bereitwilliger akzeptiert.
Ich hatte von dem Massenausbruch in Gancewicz gehört und versuchte verzweifelt zu erfahren, ob meine Brüder am Leben waren und irgendwo bei den Partisanen Unterschlupf gefunden hatten. Besonders um Kopel machte ich mir Sorgen – nicht nur wegen seiner schlechten Gesundheit, sondern auch wegen seiner Religiosität. Für die sowjetischen Partisanen war eine religiöse Bindung kaum eine Empfehlung.
Im November 1942 fand ich heraus, daß eine Partisanengruppe aus meiner Einheit zu einem Sondereinsatz eingeteilt worden war. Ich bat Tanja, die mitgehen sollte, sich überall nach meinen Brüdern zu erkundigen. Wir wußten, daß das

eine Suche nach der Nadel im Heuhaufen war, aber sie versprach, mir zu helfen.

Bei ihrer Rückkehr brachte Tanja eine gute Nachricht mit. Sie hatte jeden Partisanen, dem sie begegnete, nach meinen Brüdern gefragt. Schließlich traf sie auf die Brigade Woroschilow – und mein Bruder Kopel war einer der Wachtposten! Sie konnte ihm berichten, daß ich am Leben war und zu ihrer Brigade gehörte. Tanja brachte mir einen Brief von Kopel, der bestätigte, daß er noch lebte und gesund war.

Ich war so dankbar, daß Kopel lebte. Ich sehnte mich so danach, ihn zu sehen, mit ihm zu reden und ihm zu erzählen, was unserer Familie geschehen war, wie man sie ermordet hatte, ihm alles mitzuteilen, was die Nazis der ganzen Stadt angetan hatten. Ich wollte mit ihm gemeinsam trauern. Ich konnte es nicht länger für mich behalten; ich mußte das Wissen über unser tragisches Geschick mit jemandem teilen.

Ich brauchte nicht lange zu warten. Eine weitere Gruppe wurde zum Einsatz in den östlichen Teil des Waldgebiets geschickt, und ich durfte dabeisein. Bevor ich aufbrach, fragte ich meinen Kommandeur, ob er meinen Bruder in unsere Brigade aufnehmen würde. Er sagte: »Wenn dein Bruder so ein guter Arbeiter und so ein tapferer Partisan ist wie du, kannst du ihn ruhig mitbringen.« Ich war glücklich und dankbar. Damals hatten wir unter anderem den Auftrag, eine kleine Brücke zu sprengen, die ungefähr dreißig Kilometer vom Stützpunkt meines Bruders entfernt lag. Als wir den Auftrag erledigt hatten, ging ich los, um meinen Bruder zu suchen.

Ich hätte allein gehen können, denn sein Stützpunkt lag ganz in der Nähe. Ich besaß ein Gewehr, eine Pistole, und ich trug immer eine Handgranate am Gürtel, damit ich mich in die

Luft sprengen konnte, um nicht lebend gefangengenommen zu werden. Jüdische Partisanen wurden grundsätzlich, nachdem sie unter der Folter verhört worden waren, öffentlich gehenkt. Deswegen war jeder jüdische Partisan darauf bedacht, den Nazis nicht lebend in die Hände zu fallen. Es war besser, sich mit einer Handgranate selbst zu töten.
Als Jüdin und als Frau mußte ich doppelt vorsichtig sein – sogar meinen eigenen Partisanenkameraden gegenüber. Die bloße Tatsache, daß ich allein unterwegs war, würde den Antisemiten in unserer Gruppe Gelegenheit geben, mich der Spionage zu bezichtigen. Um diesen Verdacht nicht aufkommen zu lassen, bat ich einen Kameraden, mich zu begleiten. Wir wollten in der Morgendämmerung aufbrechen.
Ich wollte mich gerade schlafen legen, als mich ein anderer Partisan zur Seite zog. Er flüsterte mir zu, daß mein Begleiter vorhabe, mich im Wald zu ermorden. Ich war entsetzlich aufgeregt. Wieder stand ich vor einer Entscheidung um Leben und Tod. Soweit ich wußte, konnte man meinem Begleiter vertrauen. Mein Instinkt sagte mir, daß ich mich auf ihn verlassen durfte. Ich kannte ihn genauso gut wie seinen Anschuldiger. Vielleicht war es dieser, der log. Wenn ich nicht am nächsten Tag mit ihm ginge, würde ich meinen Bruder nicht treffen können. Und sollte er mich wirklich umbringen wollen – auch ich hatte ein Gewehr.
Ich entschloß mich, mit ihm zu gehen. Wir brachen in der Morgendämmerung auf. Auf dem Weg waren meine Augen immer auf seine Hände gerichtet. Ich wachte über jede Bewegung. War es wirklich wahr, daß er mich töten wollte? Oder hatte der andere Partisan einen grausamen Scherz mit mir treiben wollen? Der Weg durch den Wald war weit, weil wir zur Sicherheit Umwege gehen mußten. Als wir endlich

*Ein Lager jüdischer Zivilisten, 1943.
Kopel (dritter von links) brachte den Familien
Lebensmittel.*

bei der Einheit meines Bruders anlangten, war es fast dunkel. Und ich hatte die Gewißheit, daß es sich entweder um einen grausamen Scherz oder um eine Täuschung gehandelt hatte: Mit meinem Begleiter war ich sicher.

Als ich schließlich Kopel gegenüberstand, konnten wir unsere Freude gar nicht fassen. Wir waren beide am Leben, und wir waren wieder beisammen; ich war nicht mehr allein. Unsere Augen füllten sich mit Tränen der Dankbarkeit, und wir fielen uns in die Arme.

Ich fragte den Kommandeur meines Bruders, ob er Kopel erlauben würde, zu meiner Einheit zu gehen, damit wir zusammenbleiben könnten, und berichtete ihm, daß mein Kommandeur seine Erlaubnis erteilt habe. »Sag deinem Kommandeur, daß ich diesen einen jüdischen Jungen nicht einmal gegen zehn russische Partisanen eintauschen würde«, erwiderte er. »Ich lasse ihn nicht gehen.« Mein Bruder sagte mir: »Lassen wir es dabei. Es ist vielleicht sicherer, wenn wir getrennt bleiben. Vielleicht überlebt einer von uns.«

Vor dem Krieg war mein Bruder ein frommer Rabbi gewesen. Aber was ihm jetzt zustatten kam, war seine militärische Ausbildung bei der polnischen Armee. Kopel war ein ausgezeichneter Schütze, und er meldete sich immer freiwillig für Überfälle und ähnlich gefährliche Operationen. Oft wurde er als erster zum Kundschaften ausgeschickt, und oft war er der vorderste im Kampf. Seine Kameraden achteten ihn sehr – wie er es auch verdiente. Nicht nur, wenn es ihm befohlen wurde, ließ er sich als Kundschafter einsetzen, sondern er meldete sich anstelle anderer Kameraden freiwillig dazu. Weil er Kaschrut, die jüdischen Speisegesetze, streng beachtete, nutzte er diese Einsätze, um Milch, Käse, Butter, Joghurt und andere erlaubte Speisen zu ergattern. Es war erstaunlich, daß er es während seiner ganzen Partisanenzeit fertigbrachte, koscher zu leben.

Seine wichtigste Aufgabe sah er darin, den jüdischen Familien in den versteckten Zivilistenlagern zu helfen, denn sie lebten unter sehr gefährlichen Bedingungen. Kopel brachte ihnen Lebensmittel und Kleider und beschützte sie auf jede nur mögliche Weise. Er war nicht kräftig, auch nicht groß, aber er kannte keine Angst, und ohne an sich zu denken, setzte er oft sein Leben aufs Spiel.

Wir setzten uns zusammen hin, und ich fing an, Kopel vom Ghetto und den Erschießungen zu erzählen. Bevor wir dieses so lang ersehnte Wiedersehen auskosten konnten, bevor wir uns gegenseitig trösten konnten, wurden wir durch einen plötzlichen Alarm unterbrochen. Ein Angriff der Nazis. Kopel sah mich an. »Wer weiß, ob wir uns jemals wiedersehen. Leb wohl, viel Glück, und möge Gott dir beistehen. Sei tapfer! Sei stark und mutig in diesen schweren Zeiten!« Mit diesen Worten gingen wir auseinander.

Kopel lief in die eine Richtung, um seinen Platz im Graben einzunehmen und sich gegen den Feind zu verteidigen. Ich ging mit meinem Begleiter in die andere Richtung, zu unserer eigenen Gruppe zurück. Ich betete, mein Bruder möge den Angriff überleben.

Neuntes Kapitel
RAIKA

DIE PARTISANEN SETZTEN ihre Überfälle auf Lenin in der Hoffnung fort, daß die Nazis die Stadt schließlich aufgeben würden. Aber Lenin war strategisch wichtig, und die Nazis kehrten jedesmal zurück. Trotz der bitteren Erinnerungen nahm ich an diesen Überfällen teil, das erste Mal, um meine kostbaren Photographien und meine Photoausrüstung zu holen, und später, um dringend benötigtes Verbandmaterial und Medikamente zu beschaffen. Bei meiner letzten Rückkehr nach Lenin war es mir bestimmt, mein eigenes Haus niederzubrennen. Aber in der Zwischenzeit nahm ich, sooft es nötig war, an den Überfällen teil.
Nach einem dieser Angriffe hatte sich unsere Einheit gerade versammelt, um den Rückzug anzutreten. Plötzlich kam die Frau des Popen, die ich flüchtig aus der Zeit vor der Nazibesetzung kannte, auf mich zugelaufen. Sie erzählte mir, daß sie ein achtjähriges jüdisches Mädchen bei sich versteckt halte. Kurz vor der Liquidierung des Ghettos hatte das kleine Mädchen an ihre Tür geklopft. In der Hand hielt sie einen Brief ihrer Mutter, in dem die Frau des Popen angefleht wurde, die Tochter zu retten. Die Frau des Popen nahm sie auf, aber jetzt hatte sie Angst, das Mädchen noch länger bei sich zu behalten. Ihr Mann war der russisch-orthodoxe Priester, der Nachfolger jenes älteren Popen, dessen fünfzigjäh-

riges Jubiläum die ganze Stadt gefeiert hatte. Während der sowjetischen Besetzung hatte man ihren Mann nach Sibirien verschleppt; jetzt wurden die Nachbarn allmählich mißtrauisch, weil sie mehr Lebensmittel kaufte, als sie für sich benötigte. Es war ihr zu gefährlich geworden. Sie sagte, sie habe Angst vor den Nazis. Wenn sie herausfänden, daß sie eine Jüdin versteckt hielt, würden sie das Kind und auch sie selbst töten. Da sie wußte, daß ich Jüdin war, bat sie mich flehentlich, das kleine Mädchen mitzunehmen.
Das jüdische Mädchen zu retten, hielt ich für meine Pflicht, aber ich brauchte die Erlaubnis meines Kommandeurs. Als ich meine Bitte vorbrachte, wurde der Kommandeur zornig. »Du weißt ganz genau, daß wir bei den Partisanen keine Kinder brauchen können! Sie wird es nicht überleben. Und sie wird uns andere in Gefahr bringen.« Ich wußte, daß er recht hatte, aber mein Gewissen ließ es nicht zu, ein jüdisches Kind im Stich zu lassen. Ich brauchte nur an meinen kleinen Bruder, an meine Nichte und an meinen Neffen zu denken. Ich war bereit, die volle Verantwortung für dieses Kind auf mich zu nehmen, auch wenn es für mich bedeutete, daß ich Entbehrungen erleiden und mein eigenes Leben in Gefahr bringen würde.
Ich flehte den Kommandeur an und versprach, daß ich mich genauso um sie kümmern würde wie um die verwundeten Partisanen. Ich würde die Verantwortung für sie übernehmen, auf sie aufpassen und für sie sorgen. Mein Mut und meine Hartnäckigkeit müssen ihn überzeugt haben; schließlich stimmte er zu.
Ich war glücklich, daß ich ein Menschenleben retten konnte. In Wirklichkeit rettete ich zwei Menschen das Leben. Da sie wußte, daß man sie mit dem jüdischen Mädchen gesehen

hatte, ging die Frau des Popen unmittelbar danach von Lenin weg, um in einer anderen Stadt untertauchen zu können. Ihr Fluchtversuch gelang.

Einen Monat später, im Dezember 1942, wurden alle nichtjüdischen weißrussischen Bewohner Lenins, etwa fünftausend Menschen, zusammengetrieben und in eine große Kaserne gebracht. Die Frau des Popen hätte sicher zu ihnen gehört, wenn sie nicht rechtzeitig geflohen wäre. Die Nazis umstellten das Gebäude mit schwerer Artillerie und schossen es in Brand. Wer zu entkommen versuchte, wurde sofort erschossen. Das war das Ende Lenins.

Nachdem die letzten Bewohner Lenins ermordet worden waren, wurden alle Häuser niedergebrannt. Die Einwohner, die sich hatten retten können und nach dem Krieg zurückkehrten, kannten den Ort nicht wieder. Er war von Gestrüpp überwuchert, sie fanden weder Straßen noch Häuser – nur Leere, Totenstille und Gräber. Das einzige, was noch von Leben zeugte, war das Unkraut. Von unserer schönen Stadt und den großartigen Leuten, die darin gelebt hatten, war keine Spur geblieben.

Aber damals, als wir auf dem Rückweg zum Stützpunkt waren, wußte ich nicht, was Lenin bevorstand; ich dachte nur an die Herausforderung, die ich auf mich genommen hatte. Das Mädchen hieß Raika Kliger. Von nun an war sie ständig bei mir. Ich sorgte für sie, außer wenn man mich zu einem anderen Einsatzort wegschickte und Raika im Lager bleiben mußte. Es war nicht leicht, ein Kind am Leben der Partisanen teilhaben zu lassen. Sie war eigensinnig und machte viel Ärger. Andererseits stellte ich wohl auch zu hohe Ansprüche an sie: Ich war ja selbst noch nicht reif genug, um die Rolle einer Mutter zu spielen. Manchmal war es eher

*Fagel und Raika (Bildmitte)
mit einer Gruppe verwundeter Partisanen.*

Verpflichtung als Liebe, was mich an sie band. Aber wenn ich wieder vor der Entscheidung stünde, würde ich es abermals tun.
Während ich die Verwundeten versorgte, spielte Raika in der Nähe im Wald. Wie alle Kinder ihres Alters lief sie herum und beschäftigte sich mit Phantasiespielen. Manchmal rannte sie aus Übermut hinter die Linie der Wachtposten, was aus gutem Grund verboten war. Bei allen Partisanenstützpunkten wurden Posten aufgestellt, die die Umgebung im Auge behalten und vor Naziüberfällen warnen sollten. Wenn sie Eindringlinge sahen, gaben sie Alarm, worauf wir schnell unsere Verteidigungsstellungen einnahmen. Es war also allen untersagt, sich außerhalb der Linie der Posten zu begeben. Aber ein achtjähriges Mädchen begriff weder die Bestimmungen noch die Gefahr.

Viele Partisanen waren Raika gegenüber mißtrauisch. Sie glaubten, das Kind sei ein Spitzel. Manche redeten sie sogar mit »Spitzel« an, anstatt sie bei ihrem Namen zu nennen. Und aus einer lächerlichen Logik heraus nahmen sie an, daß ich, wenn Raika ein Spitzel war, selbst auch ein Spitzel sein müsse. Nach dieser Logik hätten wir auch beide erschossen werden müssen.

Doch ich hatte auch Freunde unter den Partisanen, die zu mir hielten. So oft hatte ich mein Leben aufs Spiel gesetzt, im Kampf und bei der Pflege der Verwundeten; meine Loyalität mußte doch allen jenen offenkundig sein, die bereit waren, sie zu sehen. Wieder war es mein Mentor Iwan Wassiljewitsch, der Arzt, der mir zu Hilfe kam. Als ihm das Gerücht zu Ohren kam, daß bestimmte Leute Raika und mich erschießen wollten, ging er zum Kommandanten unserer Brigade und verbürgte sich für uns, indem er schwor, daß wir keine Spione seien. Wieder glaubte man ihm. Der Makel, Verräter zu sein, war von uns genommen, wenigstens für den Augenblick.

Alles war schwierig, seit ich für Raika zu sorgen hatte. Einmal, als wir unseren Standort wechselten, waren wir auf dem Weg durch gefährliches Gelände. Raika war damals schon mehrere Monate bei mir. Wir kamen an einigen Bauernhäusern vorbei; nach einem mühevollen Fußmarsch durch den Wald hatten wir eine Rast nötig. Es war ein glutheißer Sommertag. Wir wußten, daß die Nazis in der Nähe waren, und durften keines der Häuser betreten.

Als wir aufbrechen wollten, bemerkte ich, daß Raika fehlte. Ich erkundigte mich, ob jemand sie gesehen hatte. Niemandem war sie aufgefallen. Ohne sie konnten wir unseren Marsch nicht fortsetzen. Dabei ging es den Partisanen nicht

um Raikas Wohlbefinden; das war ihnen gleichgültig. Sie fürchteten aber, sie könnte in die Hände der Feinde geraten und den Nazis wichtige Informationen über uns verraten: wie viele Kämpfer zu unserer Einheit gehörten, in welche Richtung wir unterwegs waren. Informationen dieser Art würden den Nazis die Möglichkeit verschaffen, uns zu umzingeln, anzugreifen und alle zu töten.
Es war Mittag. Raika war immer noch nicht aufgetaucht. Die Sonne stand hoch am Himmel, und es war sehr heiß. Alle waren wir in Schweiß gebadet, müde und durstig. Es war riskant, zu lange in diesem Gebiet zu bleiben. Der Kommandant war wütend. Natürlich wußten alle, daß ich für Raika verantwortlich war. Ich war außer mir vor Angst und suchte überall nach meinem Schützling.
Als wir schon fast aufgeben wollten, tauchte Raika plötzlich auf. Ich bemerkte sie schon von weitem, als sie auf uns zulief. Sie hatte große Angst und glaubte, sie hätte uns verloren; deswegen hatte sie die weite Strecke in größter Eile zurückgelegt. Als sie uns erreichte, fiel sie, von Krämpfen geschüttelt, bewußtlos zu Boden. Ihr Gesicht war ganz rot. Ich wußte mir nicht zu helfen. Iwan beruhigte mich und sagte, es sei nur die Hitze, ich solle sie ruhig auf dem Boden liegen lassen; bald würde sie zu sich kommen und wieder gesund sein. Besorgt und voller Ungeduld wartete ich.
Als sie endlich die Augen öffnete, fragte ich sie, wo sie gewesen sei. Mit unschuldigem Blick antwortete sie mir: »Ich ging in ein Haus, weil ich Milch trinken wollte.« Ich sagte ihr: »Du weißt ganz genau, daß du überhaupt nicht weggehen darfst. Du mußt bei der Gruppe bleiben. Man hätte dich umbringen können, und du hättest die ganze Gruppe in Gefahr gebracht. Und das alles für einen Schluck Milch. Tu das

nie wieder!« Sie versprach es, aber trotzdem stellte sie immer wieder etwas Neues an.

Aber es war nicht immer Raikas kindlicher Ungehorsam, durch den wir in eine schwierige Lage gerieten. Eines Tages war ich wieder mit meinen Verwundeten beschäftigt, und Raika spielte etwa hundert Meter von mir entfernt. Plötzlich lief sie schreiend auf mich zu. Sie fiel mir weinend in die Arme und deutete auf einen der Partisanen. Sie sagte mir, dieser Partisan hätte sein Gewehr auf die Stelle gerichtet, wo sie gespielt hatte. Ich kannte diesen jungen Mann. Er hatte erfahren, daß Raika eine Armbanduhr besaß, ein Geburtstagsgeschenk ihrer Mutter. Wegen einer Uhr hätte dieser Mann ein Kind umgebracht. Es war offenkundig, daß er beabsichtigt hatte, sie zu erschießen.

Ich nahm die Uhr von Raikas Handgelenk und warf sie ins Gebüsch. Das arme Kind fing zu weinen an. Wie konnte sie auf diese Uhr verzichten, ihr einziges Andenken an ihre Mutter? Aber ich gab nicht nach. Ich wußte, daß sie ohne die Uhr sicherer war. Es geschah zu ihrem Besten, damit sie am Leben blieb. Natürlich konnte sie das nicht verstehen, und lange Zeit war sie untröstlich.

Einmal war ich sieben Tage lang von Raika getrennt, während ich mit einer Partisanengruppe auf einem Sondereinsatz unterwegs war. Raika mitzunehmen wäre zu gefährlich gewesen, also blieb sie im Lager zurück. Während meiner Abwesenheit wurde der Rest unserer Einheit an einen sichereren Ort verlegt. Sie nahmen Raika mit, aber es gab niemand, der sich besonders um sie kümmerte. Zusammen mit verwundeten Partisanen und einigen älteren Mädchen, die für das Kochen zuständig waren, wurde Raika auf einen Pferdewagen gesetzt.

Es war ein kalter Herbsttag. Eines der älteren Mädchen nahm Raika den Mantel weg. Niemand beachtete sie, niemand fühlte sich verantwortlich. Als ich nach sieben Tagen zurückkam, erkannte ich Raika kaum wieder. Sie zitterte vor Kälte, hatte abgenommen, ihr Gesicht war ganz bleich. Und was mich am meisten erschreckte: Sie war vollkommen verlaust.
Sauberkeit war eine meiner höchsten Prioritäten; sie war unerläßlich, wenn man nicht an Typhus erkranken wollte, der unter den Partisanen grassierte. Typhus wird durch Läuse übertragen. Jeden Tag, wenn ich das Verbandzeug zum Sterilisieren und zur Wiederverwendung auskochte, legte ich auch meine Unterwäsche und alle meine Kleider ins kochende Wasser. Auf diese Weise stellte ich sicher, daß ich sauber blieb. Obwohl ich ständig mit Kranken zu tun hatte, erkrankte ich nie an Typhus. Vorher hatte Raika immer neben mir geschlafen, aber jetzt konnte ich sie nicht in meine Nähe lassen.
Alles, was Raika am Körper trug, war mit Läusen übersät. Tausende saßen ihr im Haar, sogar ihre Augenbrauen waren voller Läuse. Ich zog ihr alle Kleider aus und warf sie ins Lagerfeuer. Dann wusch ich sie von oben bis unten. Ich hatte keine Wahl – ich mußte ihr die schönen blonden Locken abschneiden. Nach kurzer Zeit hatte sie alles überstanden. Gott sei Dank bekam sie auch keinen Typhus.
Meine Kleider kochte ich heimlich aus. Niemand sonst konnte sich so einen Luxus erlauben. Ich dachte, daß es niemand sah, daß keiner auf das achtete, was ich tat. Aber der folgende Vorfall zeigte, daß ich mich täuschte. Es war in den frühen Morgenstunden, und ich schlief noch. Ein Partisan kam zu mir und weckte mich mit der Nachricht: »Du

mußt sofort ins Hauptquartier! Höchste Alarmstufe! Mach schnell!« Ich hatte Angst. Was könnte das für ein Notfall sein? Wie jede Nacht hatte ich alle meine Kleider ausgezogen, um sie zu waschen, und trug außer meiner Unterwäsche nichts am Leib. Auf diese Weise hatte ich am nächsten Tag immer saubere, trockene Kleider. Beim Schlafen deckte ich mich mit meiner Schaffelljacke zu. Da ich keine Zeit hatte, mich vollständig anzuziehen, streifte ich meine Dreiviertel-jacke über die Unterwäsche, schnallte mir den Gürtel mit Pistole und Handgranate um und rannte mit meinem Gewehr zum Hauptquartier.

So sah ich aus, als ob ich vollständig angezogen wäre. Ich stand stramm vor dem Kommandanten der Brigade. Er sah mich prüfend von oben bis unten an und sagte: »Du wirst kontrolliert. Ein Partisan muß immer darauf gefaßt sein, daß der Feind angreift. Mir wurde berichtet, daß du ohne Kleider schläfst. Das stimmt offensichtlich nicht. Du kannst zurückgehen.« Ohne Kleider zu schlafen war gegen die Bestimmungen. Ich atmete auf, machte kehrt und verschwand wieder im Wald. In Zukunft, das wußte ich jetzt, würde ich noch besser aufpassen müssen. Immer und überall wurde ich beobachtet.

* * *

Eines Wintertags kam eine kleine Gruppe von Partisanen einer anderen Brigade zu uns zu Besuch; sie wollten eine Woche bleiben.

In dieser Gruppe befand sich ein jüdischer Arzt namens Blumowitsch. Er brachte uns gute Nachrichten aus dem obersten Hauptquartier der Partisanen. Ein Flugzeug sollte in

Kürze einen bewachten Landestreifen außerhalb des Bereichs, der vom Feind kontrolliert wurde, anfliegen und alle unsere Verwundeten nach Moskau in Sicherheit bringen. Es war das erste Mal, daß uns dieses Glück widerfuhr, und ich freute mich sehr.
In der Zwischenzeit wollte ich dafür sorgen, daß man Dr. Blumowitsch gut behandelte. Ich tischte ihm die besseren Speisen auf, wie sie auch die Verwundeten erhielten, und er war von meiner Freundlichkeit sehr angetan. Wir wurden gute Freunde. Bei unseren Gesprächen berichtete er viele Einzelheiten über Juden, die sich im Kampf gegen den Feind ausgezeichnet hatten, und er erzählte von vielen, die dafür mit ihrem Leben bezahlt hatten. Zu dieser Zeit waren die Juden besser bewaffnet als zur Anfangszeit und konnten eher darauf vertrauen, daß die Lager der Zivilisten in den Wäldern nicht behelligt wurden.
Einer seiner Berichte handelte von einer anderen Jüdin, die auch Krankenschwester gewesen war und mit ihm zusammengearbeitet hatte. Auch sie hatte sich an allen großen Partisanenoperationen beteiligt und war furchtlos gewesen, wenn es darum ging, Angriffe auf Eisenbahnlinien zu unternehmen. Einmal befand sich diese junge Frau in einer Gruppe unterwegs zu einem Abschnitt der Eisenbahnstrecke von Brest nach Pinsk, der in die Luft gesprengt werden sollte. Die Gruppe geriet in einen feindlichen Hinterhalt. Die Lage war höchst gefährlich, und man entschloß sich zum Rückzug. Diese junge Jüdin brachte als einzige den Mut auf und schrie: »Feiglinge! Wo lauft ihr hin? Los! Vorwärts!« Darauf stürzten sich die Partisanen auf den Feind. Die Nazis liefen auseinander und flohen. Leider wurde diese tapfere junge Frau bei einem späteren Angriff getötet.

Als Dr. Blumowitsch uns verließ, sagten wir einander: »Nächstes Jahr in Jerusalem.« Jeder von uns mag sich damals gefragt haben, ob wir das Jahr überleben würden, geschweige denn den ganzen Krieg. Dr. Blumowitsch hat tatsächlich überlebt. Nach dem Krieg ging er nach Israel, wo er seinen Namen in Atzmon änderte. Später wurde er der oberste Militärarzt der israelischen Armee und diente auch während des Sechs-Tage-Krieges. Ich traf ihn in Israel wieder, wo ich sein Gast war und mit ihm die Erinnerung an die Partisanenzeit auffrischen konnte.

Bald nach dem Besuch der Partisanengruppe erhielt ich den Auftrag, die Verwundeten zu begleiten, die nach Moskau ausgeflogen werden sollten. Gut bewaffnete Partisanen wurden zu unserem Schutz abkommandiert; sie sollten auch die Landebahn des Flugzeugs absichern.

Ich sah darin eine seltene Gelegenheit für Raika. Ich bat den Kommandanten um Erlaubnis, Raika mitzunehmen. Auch sie könne nach Moskau in Sicherheit gebracht werden. Jetzt, nachdem wir mehr als ein Jahr zusammengewesen waren, ließ ich sie ungern gehen. Aber ich wußte, daß die Partisanen ihre Gegenwart nur widerwillig duldeten. Nun endlich bestand die Chance, sie zu retten. Der Kommandant willigte ein und meinte, es wäre eine Erleichterung für uns alle, wenn sie uns verließe, und es sei eine gute Gelegenheit, sie loszuwerden.

Im Dezember 1943 kam der Winter früh; es war sehr kalt. Wir schleppten uns in einem scheinbar endlosen Treck dahin, obwohl die Entfernung nur ungefähr dreißig Kilometer betrug. Trotzdem benötigten wir für diese Strecke fast drei Wochen. Da wir nicht auf der Landstraße oder auf einem normalen Weg gehen konnten, mußten wir große

Umwege nehmen. Tag und Nacht ging es weiter, ohne Unterlaß.
Unterwegs gerieten wir mehrere Male in ein Gefecht mit dem Feind. Wenn es uns sicher erschien, hielten wir an und ruhten uns eine Weile aus – wie immer in abgelegenem Sumpfland. Aber Sümpfe machten uns eigentlich nichts aus. Mochte es dort zu schlammig sein, so fanden wir ein paar Meter weiter bestimmt einen gefrorenen Fleck, der trocken war. Wir zerbrachen uns nicht den Kopf. Schlamm, Wasser, Sumpf, Schmutz, Eis – uns war alles egal, sobald wir uns auf den Boden fallen lassen konnten, um eine Zeitlang auszuruhen oder zu schlafen. Unserer Karawane gingen Kundschafter voraus, die uns berichteten, ob die Straßen sicher seien oder ob Feinde in der Nähe stünden.
Schließlich kamen wir wohlbehalten am verabredeten Ort an, wo das Flugzeug landen sollte. Fast zwei Wochen warteten wir dort, ein Flugzeug war nicht in Sicht. In der Zwischenzeit hatte ich herausgefunden, daß ein Onkel von Raika einer Partisanengruppe angehörte, die sich in der Nähe aufhielt. Ich schickte ihm eine Nachricht und bat ihn zu kommen. Er war sehr glücklich, als er erfuhr, daß Raika lebte und daß wenigstens ein Mitglied seiner Familie nicht ermordet worden war. Ich bat ihn, Raika zu sich zu nehmen, da das Flugzeug nach Moskau ein Phantasiegebilde zu sein schien. Aber der Onkel sah sich außerstande: Sein Stützpunkt liege in einem viel zu gefährlichen Gebiet. Ich sah das ein und sicherte ihm zu, weiterhin für das Kind zu sorgen. Raikas Onkel ging daraufhin zu seiner Gruppe zurück.
Sechs Wochen vergingen. Einige der Verwundeten waren schon genesen. Ich erhielt den Befehl, zu unserem Stützpunkt zurückzukehren, der in letzter Zeit wieder angegrif-

fen worden war, und das hieß, es gab wieder neue Verwundete, ich wurde dort gebraucht. Mir fiel es schwer, Raika allein zu lassen, aber ich hatte einen Befehl erhalten und mußte gehorchen. Ich küßte Raika zum Abschied, wünschte ihr Glück und machte mich auf den Weg zurück zum Stützpunkt.

Da das Flugzeug weiterhin ausblieb, beschloß Raika, nachdem ich sie zurückgelassen hatte, ganz allein ihren Onkel zu suchen. Allein ging sie dreißig Kilometer durch die Wälder. Aber als sie den Stützpunkt des Onkels erreichte, mußte sie erfahren, daß er kurz zuvor gefallen war. Er war achtzehn Jahre alt. Es blieb ihr nichts anderes übrig, als zurückzukehren. Mehrere Wochen später kam das Flugzeug doch noch. Die Verwundeten und Raika mit ihnen wurden nach Moskau in Sicherheit gebracht. Raika hat wohl dort den Krieg überlebt. Ich habe sie nie wiedergesehen oder von ihr gehört.

Zehntes Kapitel
FREUND UND FEIND UNTER DEN PARTISANEN

Wir Brigademitglieder gehörten alle zusammen. Wir lernten, zusammen zu leben, zusammen zu essen, zusammen zu kämpfen und zusammen zu überleben. Es war auch unbedingt nötig, miteinander auszukommen. Einen Tag, geschweige denn Jahre, durchzustehen, das fiel manchmal schwer. Die meisten von uns verband eine starke Freundschaft, wir hielten zusammen, übten Loyalität und waren bereit, einander zu helfen. Im Wald fanden ganz verschiedenartige Menschen zueinander. Die Kälte, der Hunger und die seelischen Strapazen zwangen Fremde dazu, zu einer Art Familie zusammenzuwachsen. Da es für uns alle um Leben und Tod ging, waren wir auch Waffenbrüder. Das Band der gemeinsamen Gefahr, in der wir ständig lebten, hielt uns zusammen. Eine besonders enge Bindung empfanden jedoch jene zueinander, die ähnliche Greuel unter den Nazis erlebt hatten.

Jana war meine beste Freundin unter den Partisanen. Sie war Jüdin und stammte aus Verhältnissen, die meinen ähnlich waren. Wir sahen uns nur selten, weil sie, obwohl in der gleichen Brigade, einer anderen Einheit angehörte und oft zu Kampfeinsätzen abkommandiert war. Aber das Wissen, daß sie da war, gab mir Trost.

Jana wurde in Drogiczin, einer Stadt bei Pinsk, geboren und war die einzige Überlebende ihrer Familie. Dort hatten die Nazis die jüdische Bevölkerung nach der gleichen grausamen Methode umgebracht wie in unserer Stadt. Sie mußten sich zur Erschießung vor langen Gräben aufstellen; dann warf man Erde auf die Leichen. In Janas Stadt jedoch gab es Partisanenalarm, bevor die Nazis die Gräben zuschaufeln konnten. Sie flüchteten und ließen die Gräben offen und unbewacht. Manche Opfer waren zwar verwundet, lebten aber noch. Viele der Verwundeten hätten vielleicht überlebt, aber ihnen fehlte die Kraft, sich unter den Toten herauszuwinden, die über ihnen lagen.

Jana hatte einen Schuß durch den Hals. Nach einiger Zeit erlangte sie wieder das Bewußtsein, obwohl sie als Folge des Schocks nicht sofort merkte, daß sie, anders als die Leichen um sie herum, noch am Leben war. Es gelang ihr, aus dem Graben herauszuklettern. Nackt, weil die Nazis ihre Opfer gezwungen hatten, sich vor dem Erschießen zu entkleiden, schleppte sie sich zu den Häusern der Kleinbauern in der Nähe. Sie klopfte an die Tür. Keiner ließ sie ein. Vor ihr schlug man die Tür zu und sperrte sie hinaus.

Sie war so verzweifelt, daß sie zu den Gräben zurückging. Was sollte sie sonst noch tun? In ihrer Hoffnungslosigkeit legte sie sich auf die Leichen und wartete auf den Tod. Die Zeit verging. Schließlich wurde ihr bewußt, daß sie trotz des hohen Blutverlusts nicht im Sterben lag. Jana hatte Angst, daß die Nazis bei Tageslicht zurückkehren würden. Alle Körper, die da im Graben lagen, ob lebendig oder tot, würden dann mit Erde zugeschüttet werden. Um sich herum hörte sie noch ab und zu schwache Hilferufe. Vergeblich versuchte sie, die Verwundeten unter den Lei-

Fagel mit drei anderen jüdischen Partisanen.

chen hervorzuziehen, der Blutverlust hatte sie zu sehr geschwächt.
Erneut quälte sie sich aus dem Graben heraus. Sie schaffte es, sich in ein paar Lumpen zu wickeln, die am Zaun eines Bauernhauses hingen. Dann torkelte sie auf den Wald zu. Sie war dem Tod nahe, als ein paar Tage später eine Gruppe Partisanen unseres Bataillons auf sie stieß.
Da ich die Verwundeten versorgte, wurde sie zu mir gebracht. Ich pflegte sie gesund, und schließlich war sie so weit

genesen, daß sie sich den Kämpfern anschließen konnte. Sie sagte zu mir: »Mein Leben fand ein Ende, als meine Familie ermordet wurde. Ich überlebte wie durch ein Wunder. Jeder zusätzliche Tag meines Lebens gehört nicht mir – er gehört meiner Familie. Ich muß sie rächen.«

Jana blieb in meiner Brigade. Sie wurde eine hervorragende Kämpferin, furchtlos und tapfer, ein Beispiel für andere Partisanen. Sie war eine der vielen Frauen, die sich freiwillig zu Kampfeinsätzen meldeten und einen wertvollen Beitrag zu unserer Verteidigung leisteten. Obwohl die Frauen nur etwa zwei bis drei Prozent der sowjetischen Partisanen ausmachten, waren sie als Kundschafterinnen und Agentinnen unverzichtbar. Frauen gerieten im allgemeinen seltener in den Verdacht, Spione zu sein, als Männer. Viele Frauen, die sich freiwillig den Partisanen anschlossen, waren ausgebildete Krankenschwestern oder Funkerinnen, und unter den Ärzten war der Frauenanteil besonders hoch. In manchen Fällen wurden die Frauen, genauso wie die Männer, ständig den Kampfgruppen zugeteilt. Sie waren die Heldinnen der Partisanenbewegung, und Jana gehörte zu ihnen. Bei jedem Einsatz, und war er noch so gefährlich, war Jana dabei, kämpfte gegen den Feind und blieb trotzdem am Leben. Obwohl sie heute weit weg von mir wohnt, sind wir miteinander in Verbindung geblieben und denken gemeinsam an unsere Zeit bei den Partisanen zurück.

* * *

Das Leben unter den Partisanen bedeutete eine ständige Prüfung des Charakters. Janas Individualität, ihr Mut und ihre seelische Kraft machten es mir leicht, mich ihr besonders verbunden zu fühlen. Bei den extremen Bedingungen, unter denen wir lebten, war es nicht immer vorteilhaft, eine ausgeprägte Persönlichkeit zu haben. Die individuellen Eigenschaften eines Mitglieds der Gruppe konnten oft ernsthafte Folgen zeitigen.

Sergej hielt sich für bedeutender als alle anderen, weil er und der Kommandant unserer Brigade zu den ersten gehört hatten, die aus einem Gefangenenlager der Nazis ausbrachen und eine Partisanengruppe gründeten. Mit acht Mann hatten sie begonnen, inzwischen war die Brigade auf dreitausend angewachsen. Als Sergej wegen einer Beinverletzung nicht gehen konnte, bildete er sich ein, daß seine Bedürfnisse vorrangig behandelt werden sollten. Das beste Essen, das für die Verwundeten vorgesehen war, wollte er für sich. Meistens setzte er sich durch.

Eines Tages, als wir ein paar Eier ergattert hatten – sie waren eine rare Delikatesse für uns –, teilte Tanja den Verwundeten das Essen aus. Die Eier gab sie einem Partisanen, der eine schwerere Verwundung hatte als Sergej. Dieser inszenierte daraufhin einen Wutanfall: Er schrie und fluchte. Die russische Sprache wurde zwar von den Partisanen oft und gern durch Flüche bereichert; wahrscheinlich half es ihnen, die unablässige Anspannung abzubauen.

Aber in diesem Fall blieb es nicht beim Fluchen. Sergej zog seine Pistole und gab, zu Tanjas Verblüffung, einen Schuß auf sie ab. Zum Glück traf er nicht; der Schuß ging um wenige Zentimeter daneben. Männer wie Sergej waren imstande, andere Menschen wegen ein paar Eiern zu töten.

Grischa war Sergejs bester Freund. Er war zusammen mit Sergej aus dem Gefangenenlager der Nazis ausgebrochen und gehörte zu jenen acht Partisanen, die die Einheit ge-

gründet hatten. Ganz anders als Sergej hatte Grischa einen bescheidenen, ruhigen Charakter. Auch Grischa hatte eine Beinverletzung, aber er erholte sich schnell. Und im Gegensatz zu Sergej verlangte Grischa niemals eine Sonderbehandlung für sich.
Ich kannte Grischa nicht gut, aber irgendwie fühlte ich mich neben ihm sicher. Sooft wir in einer Gruppe beisammen waren, suchte ich Grischas Nähe. Ich konnte mir nicht erklären, warum sich Grischa anscheinend unwohl dabei fühlte. Er sagte dann immer: »Was machst du hier? Kannst du dich nicht irgendwo anders hinsetzen? Mußt du dich immer an mich hängen?«
Diese Bemerkungen machten mich traurig; ich konnte nicht verstehen, weshalb Grischa immer darauf bedacht war, mir aus dem Weg zu gehen und meine Gegenwart zu meiden. Die anderen jungen Männer waren gern in meiner Gesellschaft; sie forderten mich oft auf, mich zu ihnen zu setzen und mit ihnen zu plaudern.
Erst vierzig Jahre später erfuhr ich den Grund dieser scheinbaren Ablehnung. Meine Freundin Jana sagte mir, daß Grischa Jude sei. Keiner hatte das gewußt, er hatte es aus Angst verschwiegen. Grischa glaubte, es sei viel sicherer, als junger Russe zu gelten, schließlich war Sergej sein bester Freund. Aus diesem Grund wollte er mich nicht in seiner Nähe haben. Niemand sollte den Verdacht hegen, daß ihn mit mir, einer Jüdin, etwas verbinde.
Ich kann Grischas Beweggründe verstehen. Wenn ich mit Partisanen zusammen war, die nichts von meiner jüdischen Herkunft wußten, gab ich mich oft als russisches Mädchen aus. Da die Partisanen selbst alles andere als immun gegen den Antisemitismus waren, hielt ich dies für den leichtesten

und sichersten Ausweg. Ich sprach fließend Russisch, ohne Akzent, also schöpfte niemand Verdacht.
Einmal erhielt ich den Befehl, Aufnahmen von bestimmten strategisch wichtigen Orten und von einigen Personen zu machen. Unsere Führung benötigte diese Aufnahmen für ihre Dokumentation. Mein Kommandeur gab mir zwei Partisanen als Begleitschutz und Helfer mit. Wir waren zu Pferd. Zufällig wußten beide Partisanen nicht, daß ich Jüdin war. Mitten im Wald, weit weg von unserem Stützpunkt, kamen wir an einem jüdischen Mädchen vorbei, das in Lumpen gekleidet war. Mir tat diese schmächtige, blasse, verängstigte junge Frau, die erschöpft und unterernährt aussah, sehr leid. Wahrscheinlich mußte sie sich mit ihrer Familie im Wald verstecken, weil die Partisanen sie nicht aufnehmen wollten. Ich war sicher, daß es in der Nähe ein Lager von Zivilisten gab, in dem sich noch mehr Juden versteckt hielten.
Einer meiner Begleiter sagte: »Sieh mal an! Ein jüdisches Mädchen! Oh, wie ich sie hasse! Ich hasse alle Juden. Am liebsten würde ich sie alle umbringen.« Dann wandte er sich an mich und sagte: »Dir gegenüber habe ich andere Gefühle. Du bist Russin. Es ist eine Freude, mit dir zusammenzusein, mit dir zu reden.« Ja, mich sah er anders, weil er glaubte, daß ich Russin sei. Auch meine Gefühle ihm gegenüber wandelten sich. Er war mir als Beschützer zugeteilt. Welche Hilfe konnte ich von ihm erwarten, wenn er meine wirkliche Identität herausfand? Ich schwieg und reagierte nicht. Als wir unser Ziel erreichten, fand er wahrscheinlich heraus, wer ich war. Ich habe ihn nie wiedergesehen.
Trotz der Verbundenheit, die wir in unserem gemeinsamen Kampf empfanden, verursachte der Antisemitismus weiterhin Spannungen. Vier Monate zuvor hatte eine Partisanen-

Der Partisan rechts im Bild hatte Fagel gegenüber nie einen Hehl aus seiner Abneigung gegen Juden gemacht; er wußte nicht, daß sie Jüdin war.

gruppe einen Zug in die Luft gesprengt, der auf dem Weg nach Deutschland war. Es war Winter. In den Viehwaggons entdeckten sie zweihundert Kühe, die die Nazis beschlagnahmt hatten. Die Gruppe kehrte mit allen Kühen zu unserem Stützpunkt zurück. Den Kommandeuren wurde bald klar, daß die Kühe versorgt und gemolken werden mußten. Der Kommandant befahl allen Frauen der Brigade, Juden wie Nichtjuden, die Kühe zu melken. Natürlich mußten das die Frauen tun: Melken galt als Frauenarbeit! Trotzdem taten wir es bereitwillig, denn wir wußten, wie wichtig es war, uns den Partisanen unentbehrlich zu machen. Ich war auch aus einem anderen Grund aufgeregt, denn ich hatte tatsäch-

lich Erfahrung im Melken. Als ich zwölf Jahre alt war, erkrankte unsere Mutter und war zu schwach, unsere Kuh zu melken, also wurde es meine Aufgabe. Mein Vater schaute zu und lobte mich.
Drei Tage lang ging alles gut. Dann kam das Gerücht auf, daß die Jüdinnen keine Ahnung davon hätten, wie Kühe richtig zu melken seien, und ausgeschlossen werden sollten. Ich regte mich auf; die Anschuldigung stimmte einfach nicht. Ich war mir sicher, daß ich diese Arbeit genauso gut wie die Russinnen verrichtete; außerdem hatten wir gut zusammengearbeitet.
Solche Anschuldigungen machten mir angst. Unsere Stellung als Frauen und Jüdinnen war immer prekär. Jeder Hinweis, daß Jüdinnen den Partisanen keinen Nutzen brächten, setzte unser Leben aufs Spiel. Wenn man uns nicht brauchte, konnten wir ausgestoßen werden. Dieser seelische Druck nahm mir fast das Selbstvertrauen. Vor Verzweiflung und Angst fing ich an zu weinen.
Mein Freund Iwan Wassiljewitsch sah mich weinen und fragte nach dem Grund. Ich sagte ihm: »Ich kann sehr wohl Kühe melken, aber man hat mich weggeschickt. Jetzt mache ich mir Sorgen.« Lachend versuchte er mich zu überzeugen, daß man mich deswegen nicht hinauswerfen würde. »Denk dir nichts dabei, du kannst hundert andere Dinge; Dinge, die kein anderer kann. Wir brauchen dich hier. Und außerdem kannst du froh sein, daß sie dich die Kühe nicht melken lassen.« Er beruhigte mich, und ich überwand meine Angst. Ich begriff, daß alles nur wieder ein Anlaß gewesen war, Antisemitismus zu demonstrieren.
Obwohl er sich manchmal offen äußerte, manchmal nur unterschwellig blieb, belastete mich der Antisemitismus immer.

Weil ich Jüdin war, mußte ich doppelt so hart arbeiten, um die gleiche Wertschätzung wie die nichtjüdischen Mädchen zu erfahren. Wenn ich Tag und Nacht arbeitete, hieß es: »Du bist nicht wie eine Jüdin. Du bist genauso wie ein russisches Mädchen.« Das war als Kompliment gedacht. Meine Antwort war jedesmal gleich: »Ja, aber ich bin eine Jüdin.« Meine Arbeit als Krankenschwester, als Photographin und vor allem als Soldatin gab mir Grund genug, den Kopf hochzuhalten, stolz auf mich und meine Herkunft zu sein.

Eine Weile später erfuhren wir von einem Spähtrupp, daß die Nazis eine Blockade unseres Gebiets vorbereiteten. Also mußten wir einen sichereren Ort finden. Den Stützpunkt mußten wir schnell und unbemerkt räumen. Was aber sollten wir mit den Kühen anfangen? Wir konnten sie nicht mitnehmen, und wir wollten sie nicht dem Feind überlassen. Wir beschlossen, die Kühe zu schlachten und sie im Boden zu vergraben. Es war Winter; das Fleisch würde lange Zeit gefroren und damit frisch bleiben. Also fingen ein paar hundert Partisanen an, Gräben auszuheben. An einem einzigen Tag wurden sie fertig. Das Fleisch wurde vergraben, und wir waren bereit, unseren Stützpunkt bis zur Aufhebung der Blockade zu verlassen.

Leider dauerte die Blockade viel länger als erwartet. Erst fünf Wochen später konnten wir schließlich zurückkehren. Inzwischen war der Schnee geschmolzen, und das ganze Fleisch, das wir im Boden vergraben hatten, war verdorben. Wir waren schrecklich enttäuscht. Die nie enden wollende Suche nach Nahrung ging wieder von vorne los. Wir alle hatten Hunger, denn während der Blockade gab es kaum jemals Gelegenheit, eine richtige Mahlzeit einzunehmen. Nicht einmal genug Brot oder Wasser hatten wir, von

Fleisch ganz zu schweigen. So sah unser Leben aus; wir hatten keine Wahl, wir mußten uns anpassen.

※ ※ ※

Während unsere Enttäuschung über den Verlust des wertvollen Fleischvorrats durch eine Laune der Natur verursacht wurde, erwies sich die menschliche Natur als noch weit tückischer. Eines Nachts wurde ich wach, aufgeschreckt von einer Vorahnung, daß etwas Schreckliches passieren würde. Ich konnte nicht wieder einschlafen. Ein paar Minuten später sah ich einen betrunkenen Offizier, der sich kaum auf den Beinen halten konnte, auf mich zutorkeln. Fast wäre er hingefallen. Im Mondlicht sah ich deutlich sein gerötetes Gesicht und seine blutunterlaufenen Augen. Als er über mir stand, brummte er: »Diese Jüdin, sie mag die russischen Männer nicht. Sie will einen Juden. Sie mag mich nicht. Ich mach sie kaputt.« Er griff nach seiner Pistole. Ich kannte diesen Offizier und hätte eigentlich voraussagen können, daß so etwas geschehen würde. Dieser Mann, meistens betrunken, war dauernd hinter mir her, und ich achtete immer darauf, ihm aus dem Weg zu gehen. Bei einem jüdischen Mädchen, dachte er, könne er sich alles erlauben. Einmal hatte er versucht, mich zu umarmen, aber ich konnte ihm entkommen. Damals hatte er zu mir gesagt: »Ich krieg dich schon noch.« Ich saß auf dem Boden und preßte meinen Oberkörper fest gegen den Baum, unter dem ich geschlafen hatte. Der Offizier drückte auf den Abzug, aber es passierte nichts. Ich hatte Glück, denn er und seine Offiziersfreunde hatten die ganze Nacht im Hauptquartier gesessen und Wodka getrunken. Er hatte schon viele Gläser geleert, als er schließlich aufstand und lautstark verkündete: »Jetzt muß ich gehen. Ich werde sie erschießen.« Wieder war es mein Freund Iwan Wassiljewitsch, dem ich meine Rettung verdankte. Obwohl er selbst nicht trank, hatte er an dem Saufgelage teilgenommen. Als der Trunkenbold seine Ankündigung machte, nahm ihm Iwan heimlich die Pistole weg, entlud sie und steckte sie in das Halfter zurück. Der Offizier war so betrunken, daß er überhaupt nichts merkte. Hin und her schwankend steuerte er auf die Stelle im Wald zu, wo ich schlief. Iwan und zwei andere folgten ihm und konnten ihn schließlich von mir wegziehen, aber erst, nachdem er auf mich gezielt und abgedrückt hatte.

Wenn ich am Leben bleiben wollte, mußte ich einen großen Bogen um solche Männer machen. Mir waren die Bestimmungen unserer Brigade, die das Verhalten zwischen den Geschlechtern regelten, wohlbekannt. In unserer Brigade waren sexuelle Beziehungen verboten. Ich weiß nicht, wie die Regeln in anderen Partisanengruppen aussahen, aber bei uns wurde Geschlechtsverkehr mit dem Tod bestraft. Dennoch gab es vereinzelt junge Männer, die heimlich in den Dörfern nach Frauen suchten und nicht an die Risiken dachten, die sie eingingen. Wir waren von Feinden und Verrätern umgeben, und die Nazis wußten, daß unsere Männer in den Dörfern der Umgebung auf Mädchensuche gingen. Deshalb nutzten sie die Situation aus, indem sie viele junge Mädchen durch Injektionen mit Geschlechtskrankheiten infizierten. Unsere jungen Männer steckten sich an und wurden sehr krank.

Meistens aber war Sex kein wichtiges Thema bei uns. Wir behandelten einander als gleichwertig und dachten nicht in den Kategorien von Mann und Frau, Junge und Mädchen.

*Fagel war oft die einzige Frau
in einer Partisanengruppe.*

Für Frauen gab es keine besonderen Privilegien; wir waren alle Partisanen und wußten, daß im Krieg der Tod niemanden verschone. Bei Kampfeinsätzen wurde bestimmt kein Unterschied zwischen Männern und Frauen gemacht. Alle Gedanken waren darauf konzentriert, den Feind zu besiegen. Wir waren alle in gleicher Weise dem Ziel verpflichtet, den Feind zu vernichten, bevor er uns vernichten konnte. Die Gleichheit in solchen Situationen, in denen es um Leben und Tod ging, nährte ein einzigartiges Einverständnis unter uns und riß die Schranken zwischen den Geschlechtern nieder. Bei vielen Einsätzen wurde ich einer Gruppe zugeteilt, in der ich die einzige Frau war. Unter allen diesen Männern, manchmal vierzig oder fünfzig, die einzige Frau zu sein, war für mich normalerweise kein Problem. Ich glaubte – und so war es mir recht –, daß ich bei unseren Einsätzen als Soldatin und Kollegin betrachtet wurde, nicht als Frau.

Gelegentlich kam es aber doch vor, daß ich mich als einzige Frau unter allen diesen Männern genierte. Einmal, als wir wegen Angriffen der Nazis zu einem neuen Stützpunkt zogen, stießen wir auf eine zusammengefallene, verlassene Hütte. Das Dach, die Fenster und die Türen fehlten, aber die vier Wände standen noch. Für unsere Gruppe war das immerhin eine Erleichterung, denn die Temperatur lag weit unter dem Gefrierpunkt. Drinnen würden wir wenigstens vor dem kalten Wind geschützt sein. Unsere ganze Gruppe drängte in die Hütte hinein. Ich war die einzige Frau unter fünfzig Männern. Die Männer lagen eng zusammengepreßt auf dem Boden und schliefen sofort ein. Ich war zu schüchtern, mich mitten unter die Männer zu legen. Statt dessen suchte ich mir eine Ecke, in der noch Platz war, und drückte mich so eng wie möglich gegen die zwei Wände, um einen Zwischenraum zwischen mir und den Männern zu lassen.

Das war ein großer Fehler. Nach einer Weile, als sich die Hütte durch die vielen menschlichen Körper erwärmt hatte, erwachten alle Wanzen, die in den Wänden geschlafen hatten, zu neuem Leben. Da ich der Ecke am nächsten lag und mich zwei Wände gleichzeitig berührten, wurde ich ihr bevorzugtes Opfer. Vor Wanzen hatte ich panische Angst; ich sagte immer, daß für mich eine Wanze und eine Kugel gleich schlimm seien. Obwohl ich sie im Dunkeln nicht sehen konnte, spürte ich, wie sie auf meinem Körper herumkrabbelten.

Vor lauter Aufregung konnte ich nicht mehr schlafen. In meiner Verzweiflung rannte ich hinaus in die Kälte. Trotz der Temperatur von minus vierzig Grad zog ich mich ganz

aus und schüttelte mit aller Kraft jedes einzelne Kleidungsstück aus. Dann fing ich an, mich von oben bis unten mit Schnee abzureiben.
Plötzlich hörte ich eine laute Stimme: »Parole!« – das Kennwort. In meinem panischen Bemühen, mich zu säubern, hatte ich nicht an die Parole gedacht. Immer wenn wir eine Pause einlegten, stellten wir Wachtposten auf, die uns bei einem feindlichen Angriff warnen sollten. Ich konnte nicht antworten; in meiner Aufregung hatte ich das Kennwort vergessen. Zum Glück erkannte mich der Wachtposten und schoß nicht. Er hätte mich genausogut für einen Feind halten und abdrücken können. Ich zog mich an, ging wieder zurück in die Hütte und setzte mich hin. Mich noch einmal hinzulegen, wagte ich nicht. Die ganze Nacht saß ich da, weit weg von der Ecke, und tat kein Auge zu.
Meine Schamhaftigkeit war in diesem Fall ein Fehler. Mich mitten unter die anderen zu zwängen, wäre klüger gewesen. Wenigstens hätte ich eine ruhige Nacht verbracht.

※ ※ ※

Nur während der seltenen ruhigen Momente – wenn wir nicht von einem Ort zum anderen zogen und es keine Gefechte gab – erwachten plötzlich die bittersüßen Spannungen zwischen den Geschlechtern. Dann, besonders nach einem erfolgreichen Kampf, änderte sich die Stimmung. Bei diesen Gelegenheiten wurde ich als Frau wahrgenommen. Von allen Seiten erhielt ich dann Komplimente: »so jung, so hübsch, so nett, so schön.«
In diesen Augenblicken hatte ich Gelegenheit, an die persönliche Seite meines Lebens zu denken, die damals gar nicht

existierte. Ich hatte auf schmerzhafte Weise meine Jugend verloren. Eigentlich hätte es mir leichtfallen können, mich in einen der vielen hübschen jungen Burschen zu verlieben. Aber statt einem Geliebten in den Armen zu liegen, umarmte ich ein Gewehr.

Mir wäre es wie ein Verbrechen erschienen, wenn ich mich verliebt, wenn ich mich vergnügt, getanzt und gesungen hätte. Vor dem Krieg, als junges Mädchen, tanzte ich gern – und ich tanzte viel. Das alles war für mich vorbei. Ich stand mit meiner Trauer allein da, eine Waise mit ihren Erinnerungen. Meine Familie war gefoltert und getötet worden. Ich durfte es mir nicht erlauben, mich zu vergnügen oder glücklich zu sein. Damals glaubte ich, daß ich nur überlebt hatte, um für Freiheit und Rache zu kämpfen. Zu kämpfen und den Verwundeten zu helfen – das, glaubte ich, war meine Bestimmung. Es war meine Pflicht, zu trauern, solange ich lebte.

Elftes Kapitel
GEFÄHRLICHE AUFTRÄGE

EIN PARTISAN MUSSTE tapfer, unbeirrt und stark sein, er durfte keine Schwäche zeigen. Wir mußten unglaubliche Risiken eingehen, dort Mut zeigen, wo die Chancen schlecht standen, mußten auch in Gefahrensituationen, in denen man versucht war, die Nerven zu verlieren, ruhig und zuversichtlich bleiben und nach einer Niederlage schnell wieder Tritt fassen. Auf alle möglichen schwierigen Bedingungen mußten wir uns einstellen, auf grausame Kampfhandlungen und gefährliche Operationen. Hätten wir das nicht gekonnt, wären wir vernichtet worden. Manchmal war es notwendig, einen komplizierten Einsatzplan auszuarbeiten, in dem jede kleine Bewegung und jede Entscheidung vorher festgelegt wurde, damit nichts Unerwartetes geschah. Aber trotz aller Tapferkeit, Intelligenz und Stärke richteten sich die Ereignisse nicht immer nach unseren Plänen. Was dann tatsächlich kam, war manchmal das Ergebnis einer zufälligen Vorahnung, einer glücklichen Fügung, oder es geschah, weil das Schicksal es so wollte.
Im Frühling 1943 wurde ich zusammen mit einem Partisanen namens Nikolaj hinausgeschickt, um einer anderen Einheit unserer Brigade wichtige Botschaften zu überbringen. Diese Einheit lag in einer sehr gefährdeten Gegend, die von Nazis und ihren Kollaborateuren, den örtlichen Polizisten,

kontrolliert wurde. Der Kommandant entschied, daß es für uns sicherer wäre, mit einem Kahn in diese Gegend vorzudringen.

Der Tag vor unserem Aufbruch war friedlich und schön. Als wir unsere Verpflegung zusammenpackten, hätte man meinen können, wir bereiteten ein Picknick vor. Wir nahmen uns sogar die Zeit, uns photographieren zu lassen. Obwohl dieser Auftrag gefährlich war, wiegten wir uns in der Vorstellung, einer Idylle entgegenzusehen.

Bei Sonnenuntergang verließen wir unser Lager in dem vorbereiteten Kahn. Unser Weg führte nicht über einen See oder einen Fluß entlang, sondern einen schmalen, tiefen Kanal hinunter. Riesige Bäume, dichtes Buschwerk und hohes Gras ragten fast bis zum Himmel hinauf, so daß der Kanal mit dem schwarzen, schlammigen Wasser wie ein Tunnel wirkte. Kurz nach unserem Aufbruch wurde es dunkel. Starker Regen setzte ein. Der kleine Kahn füllte sich mit Wasser. Nikolaj ruderte, während ich das Wasser mit einem Holzbrett herausschöpfte. Der Regen hörte nicht auf. Von Zeit zu Zeit mußte Nikolaj das Paddel hinlegen und mir beim Schöpfen helfen. Wir litten zwar unter der Nässe, und der Kahn war nahe daran zu sinken, aber es wäre noch gefährlicher gewesen, an Land zu gehen, wo wir den Nazis leicht in die Hände hätten fallen können. Wir machten weiter; keiner von uns äußerte ein Wort der Klage. Der Regen hielt die ganze Nacht hindurch an. Als wir uns endlich unserem Ziel näherten, waren wir erschöpft. Wir trösteten uns mit dem Gedanken, daß wir eigentlich Glück gehabt hatten. Wenn es nicht so gestürmt hätte, wäre der Feind durch das Glucksen des Kahns und das Knacken der Äste über unseren Köpfen vielleicht auf uns aufmerksam geworden.

Fagel und Nikolaj brechen zu ihrer tragischen Mission auf, Frühling 1943.

Nikolaj war ein ritterlicher Mann. Ich tat ihm leid, weil ich pitschnaß war und vor Kälte zitterte. Als wir die Stelle erreicht hatten, an der wir anlegen wollten, sagte er zu mir: »Du wartest im Kahn. Ich steige zuerst aus und ziehe das

Boot ans Ufer, damit du nicht bis zur Hüfte durch das Wasser waten mußt. Dann kannst du direkt am Ufer aussteigen.« Sobald Nikolaj den Kahn verlassen hatte, löste er eine Mine aus und wurde augenblicklich in Stücke gerissen. Das Gras war so dicht und hoch, daß ich seine Leiche nicht finden konnte. Nach dieser schrecklichen Nacht im Kahn hatten wir geglaubt, alles sei überstanden. Nun war Nikolaj tot.

Ich war verzweifelt – ich hatte Angst, ich fror, ich war erschöpft. Das Wasser troff aus meinen Kleidern. Zwar hatte es inzwischen aufgehört zu regnen, aber ich war noch immer vollkommen durchnäßt. Was sollte ich tun? Die Kleidung wechseln konnte ich nicht: ich hatte nur, was ich am Leib trug. Abzuwarten, bis meine Kleider trockneten, wäre zu gefährlich gewesen. Ich zog sie nach und nach aus und wrang sie aus, so gut es ging. Frierend zog ich mir dann die noch feuchten Sachen wieder über.

Ich war allein im tiefen Wald, von Feinden umgeben. Wohin sollte ich gehen? Welche Richtung sollte ich einschlagen? Der Boden war in mehreren Schichten von Gestrüpp überwuchert; die meisten Bäume ragten unendlich weit in die Höhe. Auch wenn ich nur ein kurzes Stück in den Wald hineinging, würde ich in tiefste Dunkelheit geraten, selbst jetzt in der Morgendämmerung. Außerdem war der Wald voll von wilden Tieren.

Ich sah zum Himmel hinauf. Die Baumwipfel glänzten in wunderschönen Farben. Die Sonnenstrahlen trafen auf einen Punkt und ließen einen schmalen Pfad erkennen. Ich sah in die andere Richtung und bemerkte einen zweiten Pfad. Zwei Pfade standen mir zur Auswahl, jeder führte in eine andere Richtung. Welchen sollte ich nehmen? Welcher würde mich ans Ziel bringen? Wenn ich den falschen wählte, könnte ich

leicht auf Nazis stoßen oder auf eine der vielen uns feindlich gesinnten Banden, die sich im Wald aufhielten. Falls man mich fing, würden sie mich foltern, mich zwingen wollen, meine Einheit zu verraten, und mich aufhängen. Ich wußte nicht ein noch aus.
In einem solchen Augenblick war es wichtig, nicht den Glauben und die Zuversicht zu verlieren. Ein sechster Sinn sagte mir, ich sollte nicht links oder rechts, sondern geradeaus gehen. Nach dem Regen, der die ganze Nacht gedauert hatte, war der Boden naß und weich, man konnte gut darauf gehen. Der Pfad, den ich gewählt hatte, schlängelte sich weiter, aber wohin führte er? War das der richtige Weg? Ich wußte es nicht. Ich ging weiter und weiter, die Wildnis schien kein Ende zu nehmen. Den ganzen Tag hatte ich nichts zu essen gehabt. Wie lange würde es noch dauern, bis ich den Stützpunkt erreichte – den richtigen, wie ich hoffte? Die Sonne stand hoch und leuchtete durch die Bäume herunter.
Plötzlich hörte ich Geräusche. Als ich mich näherte, merkte ich, daß es Stimmen waren, russische Stimmen. Ja, ja! Das war mir vertraut! Das waren Partisanen! Ich war am richtigen Ort. Es waren meine Partisanen.
Als ich in meinen tropfnassen Kleidern auf die Partisanengruppe zuging, sahen sie mich an, als käme ich aus einer anderen Welt. Ich war so glücklich, daß ich vergessen hatte, wie naß und schmutzig ich aussah. Ich hatte den richtigen Weg gefunden! Ich konnte die mir anvertraute Botschaft überbringen.

※ ※ ※

Oft wurde ich von Vorahnungen heimgesucht, am häufigsten vor dem Aufbruch zu einem Einsatz, der gefährlich und unwägbar war.
Manchmal hieß es: »Das ist ein gefährlicher Auftrag. Die Chance, mit dem Leben davonzukommen, ist gering. Du riskierst dein Leben.« Dennoch fühlte ich mich irgendwie sicher und meldete mich freiwillig. Andere sagten, ich sei verrückt, ich aber wußte auf irgendeine Weise, daß ich am Leben bleiben würde. Mitunter war es auch andersherum: Alle sagten, eine Unternehmung sei sicher, es sei nichts zu befürchten, aber mein Instinkt warnte mich davor, und ich nahm nicht teil. Oft waren es diese Einsätze, die mit einem Mißerfolg endeten und bei denen fast alle Beteiligten ums Leben kamen. Ich kann mir diese Vorahnungen nicht erklären. Sie waren instinktiv, aber sie ermöglichten mein Überleben.
Eines Morgens gab es im Lager ein emsiges Kommen und Gehen. Die Männer bewegten sich leise und verstohlen. Das Wetter war kalt und windig, der März ging zu Ende. Aber das unwirtliche Wetter störte unsere Vorbereitungen nicht. Immer wieder wurden die Kommandeure zum Hauptquartier befohlen. Es war offenkundig, daß sie eine Operation planten. Als mir das klar wurde, zögerte ich nicht, sondern lief gleich zum Hauptquartier und bat um Erlaubnis, teilnehmen zu können.
Alle anwesenden Offiziere wollten meine Bitte ablehnen. »Du hast schon genug durchgemacht. Du meldest dich dauernd freiwillig – zu oft«, sagten sie. »Diesmal hat die Gruppe eine sehr gefährliche Aktion vor – ein Himmelfahrtskommando. Wir rechnen mit vielen Opfern. Wer weiß, wie viele lebend zurückkommen.« Dann fügten sie hinzu: »Es ist viel

sicherer für dich, wenn du hier bleibst. Hier ist es ruhig und sicher.«
Aber wie immer ließ ich nicht locker: »Bitte, laßt mich gehen. Ich will jede Gelegenheit nutzen, gegen den Feind zu kämpfen.« Wieder erschien meine ganze Familie vor meinen Augen und sagte: »Nimm Rache, strafe die Mörder.« Ich konnte nicht untätig zurückbleiben. Ich war fest entschlossen mitzugehen. Schließlich gaben die Offiziere nach. Wieder einmal durfte ich dank meiner Hartnäckigkeit teilnehmen. Der Kommandant sagte: »Schon gut, mach dich fertig!«
Ich wußte, was das hieß: »sich fertigmachen«. Es gab nichts, was ich packen oder mitnehmen konnte, außer meinem Gewehr, einer Pistole und einer Handgranate. »Mach dich fertig!« hieß: »Putz das Gewehr!« Erleichtert setzte ich mich auf den kalten Boden unter einem Baum. Aus meiner Bluse schnitt ich mir ein Stück Stoff, und dann machte ich mich daran, das Gewehr zu zerlegen und gründlich zu reinigen, wobei ich darauf achten mußte, daß es nachher funktionstüchtig war. Die Gewehre mußten jeden Tag gereinigt werden. Sie lagen die ganze Nacht im Freien auf dem feuchten Boden unter unseren Köpfen; darum konnten sie leicht rosten.
In der Abenddämmerung, nach dem Essen, verließen wir den sicheren Hafen. Die grünen Baumwipfel flüsterten einander ihr Bedauern über unseren Abschied zu. Schatten, die nichts Gutes zu verheißen schienen, breiteten sich unter unseren Füßen aus. Stundenlang gingen wir im Dunkeln weiter, nicht den Wegen oder Straßen folgend, sondern mitten durch den Wald, wo es wegen der hohen Bäume noch dunkler war. Wir konnten kaum den Himmel sehen.

Es fiel mir immer noch schwer, das Tempo der Gruppe mitzuhalten. Die meisten waren gut ausgebildete Sowjetsoldaten, die endlos lange, anstrengende Märsche unter schwersten Bedingungen gewohnt waren. Diese Soldaten besaßen einen geradezu unheimlichen Orientierungssinn. Ich hatte keine solche Erfahrung und glaubte, man müsse ein Genie sein, um sich im Wald zurechtzufinden. Bei Tag war es etwas leichter, aber nachts, in der pechschwarzen Dunkelheit, konnte ich überhaupt nichts sehen. Die Partisanen gingen im Gänsemarsch durch die Dunkelheit, auf dem schmalen Waldpfad bewegten sie sich wie Schatten und wurden von der Dunkelheit verschluckt. Ich gab mir große Mühe, meinen Vordermann nicht aus den Augen zu verlieren. Wenn ich ihn verlor, würde ich mich bestimmt verlaufen.
Aber ich war jung und gesund und sehr beharrlich. In jener Nacht war ich dankbar für das Glück, dabeisein zu dürfen. Damals wußte ich nicht, warum. Auch wenn der Marsch mühsam war, ermutigte mich eine innere Stimme: »Gut, gut, mach nur weiter.«
Wir kamen an einen Fluß, den wir überqueren mußten. Früher hatte es in der Nähe eine Brücke gegeben, aber sie war zerstört worden. Nach einer anderen Brücke zu suchen, wäre zu gefährlich gewesen, denn unsere Feinde standen in der Nähe. Unser Anführer sagte, daß dies die einzig sichere Stelle für eine Überquerung des Flusses sei. Aber wie? Es war Ende März, immer noch sehr kalt, der Fluß war nur halb zugefroren. In der Flußmitte lag eine feste Eisschicht, aber an den Rändern, in Ufernähe, war das Eis aufgetaut. Wir mußten eine Möglichkeit finden, zur festen Eisdecke zu gelangen und von da aus zum anderen Ufer zu kommen.
Wir hielten am Ufer an. Die Männer wußten, was zu tun

war, und machten sich an die Arbeit. Sie hackten viele schwere Äste von den Bäumen und breiteten sie vom Ufer bis zur Flußmitte aus, wo das Eis noch hielt. Auf diese Weise bildeten die Äste einen Pfad. Wir durften nur einzeln hinüber, damit das Eis nicht brach. Wegen der Dunkelheit konnten wir nicht riskieren, aufrecht zu gehen. Wir mußten uns hinlegen und über die Zweige hinwegrollen, wobei wir uns an einem Seil festhielten. Das Unternehmen erforderte ein paar Stunden, aber vor Tagesanbruch befanden sich alle sicher am anderen Ufer.

Wir gingen weiter auf unser Ziel zu. Zwei Tage und Nächte später hatten wir unseren Auftrag erfüllt. Das Zischen und Krachen der Kugeln ließ langsam nach. Als wir uns wieder sammelten, merkten wir, wie gefährlich dieses Unternehmen gewesen war: Fünf aus unserer Gruppe fehlten. Fünf Opfer. Wir hatten fünf gute Kämpfer und Freunde verloren. Es ging uns nahe, aber der Krieg war nun einmal so. Wer wußte, wieviel länger wir anderen noch zu leben hatten? Wie viele von uns würden morgen schon tot sein?

Die Sonne ging gerade unter, als wir zu unserem Stützpunkt zurückkehrten. Ein schreckliches Bild bot sich uns. Sicherlich hatten wir Informanten, aber es gab natürlich auch Verräter, die für die Nazis arbeiteten. Irgend jemand hatte die Nazis informiert, daß unsere Einsatzgruppe, mit den besten Waffen ausgerüstet, das Lager verlassen hatte und daß sie in unserem nur notdürftig besetzten Stützpunkt auf so gut wie keinen Widerstand stoßen würden.

Die Nazis hatten sofort angegriffen und alle im Lager zurückgebliebenen Partisanen getötet. Sie hatten sie gefangengenommen und gefoltert, indem sie ihnen bei lebendigem Leib das Fleisch in Stücken heruntergeschnitten. Diese un-

menschliche Brutalität war typisch für die Behandlung der gefangenen Partisanen durch die Nazis.
Wieder hatte mich mein Instinkt gerettet, und ich war am Leben geblieben. Irgend etwas hatte mich gedrängt, diesen scheinbar sicheren Hafen zu verlassen, um an einem gefährlichen Einsatz teilzunehmen. Obwohl mich alle gewarnt hatten, ich hätte eine falsche oder tollkühne Entscheidung getroffen, hatte ich meinem Gefühl vertraut. Jeder weitere Tag, den ich erleben durfte, war ein Geschenk Gottes. Vielleicht hatte ich einfach nur Glück. Vielleicht aber spürte ich im Unterbewußtsein, was ich tun mußte, um zu überleben.

※ ※ ※

Eine unserer wichtigsten Operationen – und gleichzeitig eine der schwierigsten – war das Sprengen feindlicher Eisenbahnzüge. Die nach Osten, an die russische Front fahrenden Züge transportierten Munition, militärische Ausrüstung, Lebensmittel und Soldaten. Die westwärts, nach Deutschland fahrenden Züge waren mit Nutztieren, vor allem Rindern und Pferden, mit Getreide und mit Beute beladen, die die Nazis bei den Bauern und anderen Zivilisten gemacht hatten. Nach jeder Eroberung veranstalteten die Nazis Plünderungen, wobei ihr Augenmerk besonders dem Eigentum der Juden galt.
Wieder hatten wir uns an einem Ort versammelt und warteten auf den Befehl zum Angriff. Partisanen müssen selten lange warten. Bald hieß es »Aufstehen!« Sofort kamen wir dem Befehl nach und waren bereit, unseren nächsten Auftrag auszuführen. Der Kommandeur dieses Einsatzes beschrieb knapp, was zu tun war: Wir mußten Eisenbahngleise in die

Ein von den Partisanen gesprengter Zug der Nazis.

Luft sprengen. Die Eisenbahnlinie war eine Hauptstrecke für den Nachschub; die Züge fuhren durch Weißrußland nach Osten und brachten militärische Ausrüstung und Munition an die Front. Der für die Sprengung bestimmte Ort lag ungefähr dreißig Kilometer von unserem Stützpunkt entfernt – nicht weit im Vergleich zu anderen Operationen. Wir mußten die Stelle nach Einbruch der Dunkelheit erreichen. Die Aktion selbst würde etwa eine Stunde dauern; wir würden genug Zeit haben, noch vor der Morgendämmerung zu unserem Stützpunkt zurückzukehren.
Unternehmungen bei Nacht waren wir gewohnt. Die Dunkelheit schützte uns. In ihrem Schutz stießen wir auf Waldpfaden und über gepflügte Äcker bis an die Ränder der Dörfer vor. Wir redeten nicht viel. Wir hatten eine Aufgabe erhalten, und wir wußten, was zu tun war. Nur kurze Pau-

sen wurden eingelegt. Man drehte sich eine dicke Zigarette, zündete das Streichholz unter der Jacke an. Ein paar ruhige Minuten lang saßen wir im Kreis und zogen an der Zigarette. Ich sehe es immer noch vor mir: die Stille, die brennende Zigarette, die im Kreis herumgeht, der glühende Stummel zwischen Zeigefinger und Daumen. Jeder Mund sog eine Lunge voll Rauch ein. Eine Runde, noch eine. Der bittere Tabak brannte, bis das Ende der Rolle aus Zeitungspapier erreicht war. Das Kommando: »Aufstehen!« Sofort erhoben wir uns und setzten unseren Weg fort.

Auf der Suche nach Saboteuren kontrollierten bewaffnete Einheiten der Nazis und ihrer Kollaborateure ständig die Eisenbahnstrecken. Ihre Zwangsarbeiter mußten die Bäume zu beiden Seiten der Strecke fällen. Dadurch wurde es gefährlich, fast unmöglich, sich den Gleisen unbemerkt zu nähern. Alle fünfhundert Meter hatte man Wachhäuser aufgestellt, die mit Leuchtkugeln, Leuchtraketen, Reflektoren und Lampen ausgerüstet waren, um die ganze Länge der Strecke beleuchten zu können. Auch abgerichtete Hunde wurden von den Nazis eingesetzt.

Aber das alles hielt uns nicht davon ab, ihnen die Züge in die Luft zu jagen. Wenn die Operation erfolgreich verlief, konnten die Partisanen unbehelligt zu ihrem Stützpunkt zurückkehren. Wenn sie nicht zurückkamen, bedeutete das, daß das Gelände vermint gewesen war und alle Partisanen getötet worden waren. Diese Risiken mußten wir auf uns nehmen. Ob wir Erfolg hatten oder nicht, entscheidend war, daß wir immer wieder angriffen.

Es war in einer Herbstnacht. Unsere Gruppe trat aus dem Schutz des Waldes hervor, unmittelbar vor uns lagen die Gleise. Wir wußten, daß sie gut bewacht waren, aber wir mußten sie überqueren. Es ging ein Wind, und die Bäume flüsterten uns zu, als wollten sie uns helfen, unbemerkt auf die andere Seite zu gelangen. Dunkle Wolken bedeckten den Himmel, was uns weiteren Schutz bot. Unser Anführer mahnte uns, die Schneise leise zu überqueren und einzeln hinüberzulaufen. Sobald einer den Wald auf der anderen Seite sicher erreicht hatte, war der nächste an der Reihe. Wir durften nicht den geringsten Laut von uns geben. Der Feind war ganz in der Nähe.

Insgesamt waren wir zwanzig, siebzehn Männer und drei Frauen. Vierzehn hatten es schon geschafft. Da stolperte der fünfzehnte. Mit lautem Scheppern fiel ihm das Gewehr auf die eisernen Schienen. Im gleichen Augenblick wurde die Nacht zum Tag. Mit Leuchtkugeln und Leuchtraketen erhellten die Nazis den Himmel. In Todesangst lagen wir flach und bewegungslos auf dem Boden. Mehrere Stunden lang rührten wir uns nicht. Unsere Gruppe war zu klein, um es mit Hunderten von Nazis aufzunehmen. Trotzdem hielten wir unsere Gewehre im Anschlag. Die Zeit schleppte sich hin, aber keiner von uns wagte auch nur die geringste Bewegung. Wir hatten gelernt, die Nase zu reiben, wenn wir niesen mußten, um jedes Geräusch zu vermeiden. Schließlich wurde alles wieder ruhig. Die Leuchtraketen hörten auf, tiefe Nacht breitete sich aus. Wahrscheinlich dachten die Nazis, ein wildes Tier hätte den Lärm ausgelöst. Wir zogen weiter.

Als unsere Gruppe glücklich zum Stützpunkt zurückkehrte, trafen uns erstaunte Blicke. Man hatte angenommen, daß ich beim Überqueren der Gleise getötet worden war. Andere Gruppen, die nach uns kamen, hatten meinen Hut gefunden und mich schon als vermißt gemeldet. Natürlich waren sie glücklich, mich lebend wiederzusehen. Den Verlust meines Hutes hatte ich übrigens gar nicht bemerkt.

* * *

Das Polizeirevier der Nazis lag in einem alleinstehenden großen Haus am Stadtrand von Mikaszewicz. Die Polizisten waren einheimische Verräter; wir nannten sie immer die »Hunde der Deutschen«. Diese fünfundvierzig Kollaborateure machten uns viel zu schaffen, unternahmen immer wieder Überfälle auf uns. Jetzt war die Zeit gekommen, ihr Hauptquartier zu zerstören und sie auszuschalten.
Für den Angriff auf die Kollaborateure wurde eine Gruppe von zehn Partisanen ausgewählt. Auch ich wurde dazu abkommandiert. Ich hatte die Aufgabe, am Stadtrand zu warten, um bei der Versorgung der Verwundeten zu helfen, falls das notwendig würde. Ein Angriff von zehn Partisanen auf fünfundvierzig Polizisten, das war ein riskantes Unterfangen; wir hatten nur geringe Chancen, unsere Operation mit Erfolg durchzuführen. Entscheidend würde sein, daß wir nach einem ausgeklügelten Plan vorgingen. Nach verschiedenen Überlegungen entschieden wir uns für eine Finte. Wir waren zu dem Schluß gekommen, daß diese jungen Einheimischen nicht besonders intelligent sein konnten, wenn sie sich den Nazis freiwillig zur Verfügung stellten. Also bestanden gute Aussichten, sie an der Nase herumführen zu können, wenn wir ihre Unkenntnis der deutschen Sprache ausnutzten. Darauf baute unser Plan.
Neun Partisanen verkleideten sich als Nazioffiziere – mit Stiefeln, Mänteln, Mützen, Gürteln und sogar Schals, nichts fehlte. Der zehnte Partisan ging als Zivilist, er sollte den

Dolmetscher spielen. Die Ironie war, daß auch dieser »Dolmetscher« kein Deutsch konnte.
Mitten in der Nacht gingen alle zehn verkleideten Partisanen geradewegs ins Polizeirevier der Nazis hinein. Der »Dolmetscher« streckte seinen Arm zum Gruß aus und rief den Polizisten laut »Heil Hitler!« zu. Dann sagte er auf Russisch, das die Polizisten verstanden, daß neun Nazioffiziere unangemeldet gekommen seien, um ihre Waffen und ihre Kampfbereitschaft zu überprüfen. Alles geschehe auf Befehl des Gebietskommissars. Da die Kollaborateure kein Deutsch konnten, stellten sie nur wenige Fragen. Ihre Antwort beschränkte sich auf »Heil Hitler!«.
Dann sagte der Dolmetscher: »Die Wehrmacht hat eine Inspektion eurer Waffen angeordnet. Legt alle eure Gewehre und Pistolen auf die Tische. Die Offiziere werden sie überprüfen.«
»Jawohl!« antworteten die Kollaborateure, setzten ihre Gewehre ab und zogen die Pistolen aus den Halftern. Als nächstes wurde ihnen befohlen, die Patronen herauszunehmen, damit die Nazis sehen konnten, ob die Waffen gereinigt seien. Bald lagen alle Waffen ungeladen auf dem Tisch. Dann kam der russische Befehl *Ruki nawerch!* – Hände hoch! Die Kollaborateure wurden alle erschossen, kein einziger Partisan verlor sein Leben. Auf diese Weise siegten zehn Partisanen über fünfundvierzig Verräter.

※ ※ ※

Alles, was ich durchmachen mußte, um zu überleben, haben andere Juden auch durchlitten. Es gibt Leidensberichte, die viel schlimmer sind als mein eigener. Immerhin habe ich alle meine gefährlichen Einsätze überlebt, während Tausende jüdischer Männer und Frauen gefallen sind, ihr Leben im Kampf um die Freiheit verloren haben. Diese Helden wurden in den Wäldern begraben, ohne Denkmäler, ohne Grabsteine, namenlos. Keiner wird jemals wissen, was sie durchgemacht haben und wo sie liegen. Die Wälder Weißrußlands sind voller Toter. Der Boden ist mit jüdischem Blut getränkt.

Diese jungen Menschen starben, als ob sie nie gelebt hätten. Zunächst war die Erde noch locker über den frischen Gräbern, aber schon ein paar Wochen später war sie mit einer Grasnarbe, mit Wald- und Wiesenblumen bedeckt, als ob nichts gewesen wäre. Nur die hohen Bäume mit ihren langen, dunklen Schatten flüsterten dem Wind zu: »Laß es die Welt wissen, verbreite überall die Botschaft! Erzähle der Welt, was hier geschieht!« Ihr Tod in der Folter, ihr Leiden, ihr Mut dürfen nicht vergessen werden.

Ich erinnere mich noch gut an die Tapferkeit eines jüdischen Jungen, dessen Tod ich miterlebte. Ich sehe ihn noch dort auf dem feuchten Boden liegen. Dieser junge Partisan, etwa achtzehn Jahre alt, war von einer Kugel getroffen worden, die in seinem Bauch explodierte. Er hatte nur noch wenige Minuten zu leben, und er wußte es. Obwohl er schreckliche Schmerzen litt, klagte er nicht. Er bat mich, den kleinen zwölfjährigen jüdischen Jungen zu holen, der in der sogenannten »Küche« im Wald arbeitete. Ich lief hinüber zur Küche und rief den kleinen David zu dem Sterbenden. David folgte mir und sah dem Verwundeten in die Augen. Mit schwacher, kaum hörbarer Stimme sagte der sterbende Partisan: »David, ich will, daß du mein Gewehr bekommst. Nimm es, kämpfe du weiter! Nimm Rache für unser Volk!

Führe weiter, was ich nicht vollenden konnte!« Er hielt inne, bevor er hinzufügte: »Ich wünsche dir Glück. Ich verlasse diese Welt und gehe zu meiner Familie.« Mit diesen Worten schloß er die Augen. Er war einer von Tausenden, die ihr Leben im Kampf verloren und in der Erde Weißrußlands begraben wurden. Von jenem Tag an gehörte der kleine David zu den Widerstandskämpfern und trug ein Gewehr mit sich, genau wie die Erwachsenen, wie die erfahrenen Soldaten. Er erfüllte die letzte Bitte des Sterbenden. Natürlich hatte auch David seine Gründe, zu kämpfen. Auch er war eine Waise, der einzige Überlebende seiner Familie. Er erinnerte mich an meinen kleinen Bruder Boruch, der, wenn er gelebt hätte, wahrscheinlich auch einer der tapferen jungen Kämpfer bei den Partisanen geworden wäre.

Zwölftes Kapitel
BITTERE JAHRESZEITEN

Der Winter 1943 war außergewöhnlich kalt. Eisige Temperaturen, wie wir sie noch nie erlebt hatten, und ein schneidender Ostwind ließen schwere Schneefälle aus den tief hängenden Wolken ahnen. Für die Partisanen war es eine äußerst schwierige Zeit. Die Nazis griffen uns täglich an, und wir waren gezwungen, ständig unseren Standort zu wechseln.

Jedesmal wenn unser Stützpunkt angegriffen wurde oder wenn es Gerüchte gab, daß uns eine Umzingelung durch den Feind bevorstehe, bildeten wir kleine Gruppen und zerstreuten uns in verschiedene Richtungen. Jede Gruppe sammelte sich dann in einem vorläufigen Stützpunkt, bis sich die Lage wieder beruhigte. Dann gingen wir gewöhnlich wieder zu unserem ursprünglichen Hauptquartier zurück, wo wir uns, wie ausgemacht, mit dem Rest unserer Brigade vereinigten.

So verlief unser Leben in diesem langen Winter. Unsere tägliche Routine in jener Zeit ist mir lebhaft in Erinnerung geblieben. Solange wir von einem Ort zum anderen zogen, hatten wir keine Zeit, Unterstände im Schnee oder im Boden zu graben. Sonst hatten uns diese Unterstände besonders im Winter etwas Wärme und Trost gespendet, während wir schliefen. Jetzt schliefen wir draußen im Schnee. Manchmal waren wir am Morgen beim Aufwachen am Boden festgefroren. Kaum hatten wir mit dem Bau eines dürftigen Schutzes aus Ästen begonnen, kam gewöhnlich schon der Befehl, weiterzuziehen.

Obwohl uns im Januar die Nachricht von der Niederlage der Nazis bei Stalingrad sehr ermutigt hatte, sah es im Februar 1943 so aus, als würde die Sowjetarmee das mit so viel Mühe und Verlusten gewonnene Gebiet an der Ostfront wieder verlieren. Bis Mitte März schien es, als ob die Truppen der Nazis dabei wären, die ganzen von den Sowjets gewonnenen Gebiete wieder zurückzuerobern. Konnte denn keine Macht der Welt gegen die Nazis bestehen? Den Gegensatz zwischen unserem Los und dem unserer Feinde empfanden wir schmerzvoll. Wir mußten in den Wäldern tagelang ohne Essen auskommen und hatten keine Möglichkeit, unsere Kleider zu wechseln. Nur durch Überfälle konnten wir uns mit frischer Kleidung versorgen. Wir hatten kein Dach über dem Kopf, keine Decken, um uns gegen die Kälte zu schützen. Wie oft legten wir uns in der Kälte hungrig auf den nassen, unebenen Boden zum Schlafen hin. Während der zwei Jahre, in denen ich bei den Partisanen war, habe ich nie in einem Bett geschlafen.

Ebenso schlecht war unsere Lage, was die sonstige Versorgung betraf. Immer gab es zu wenig Waffen. Einige unserer Gewehre waren alt und rostig. Wir hatten keine Motorfahrzeuge, keine Panzer oder gepanzerte Fahrzeuge, und von Flugzeugen konnten wir nur träumen. Es gab kaum Ärzte und keine Lazarette, aber stets dringenden Bedarf an Medikamenten und Verbandzeug.

Voller Neid dachten wir an die Situation unserer Feinde. Sie waren bestens ausgerüstet, hatten gute Waffen und einen endlosen Nachschub an Munition. Ihre Feuerwaffen waren von bester Qualität, ebenso ihre Fahrzeuge, ihre Panzer und ihre Flugzeuge. Sie waren eine starke Armee, und sie waren entschlossen, uns zu vernichten, da wir eine zunehmende Bedrohung für sie darstellten. Sie hatten Ärzte für ihre Verwundeten und litten keinen Mangel an Medikamenten. Sie hatten zu essen, waren mit warmer Kleidung versorgt und trugen feste Stiefel. Wenn wir nachts auf dem kalten Boden lagen, dachten wir an unsere Feinde, wie sie in trockenen, warmen Häusern auf Kissen in ihren Betten schliefen. Den Verbrechern dieses Mordapparats fehlte es an nichts.

Mochten wir jedoch noch so armselig ausgerüstet sein, unsere Hauptwaffe, der persönliche Mut, war überreichlich vorhanden. Wir kämpften verbissen und mit überraschendem Erfolg, da wir wußten, daß es Folter und Tod bedeutete, wenn wir uns ergaben. Nur so und nicht anders konnten wir überleben. Wir mußten gewinnen. Insbesondere die jüdischen Partisanen zeigten große innere Stärke, aber viele bezahlten ihren uneingeschränkten Kampfeswillen mit dem Leben.

Und es gab Zeiten, besonders in jenem schrecklichen Winter, da hatten wir diese Lebensweise satt. Wie hätten wir uns nicht danach sehnen sollen, frei zu sein, wie normale Leute, wie Menschen zu leben? Hatten wir nicht schon genug gelitten, genug erschöpfende, schlaflose Nächte gehabt?

* * *

Kurz vor Ende dieses scheinbar endlosen Winters 1943 fanden wir ein Lager, das uns relativ sicher und dauerhaft er-

*Fagel mit Iwan Wassiljewitsch
auf einer Behelfsbrücke über das Moor,
Frühjahr 1943.*

schien. Fünf Wochen lang konnten wir endlich einmal an einem Ort bleiben. Der Boden war gefroren und mit Schnee bedeckt; deswegen konnten wir nicht erkennen, wie er unter der Schneedecke beschaffen war.
Schließlich ließ dieser strenge Winter endlich nach. Allmählich schmolz der Schnee, jeden Tag ein wenig mehr. Die Temperatur schwebte schon manchmal über dem Gefrierpunkt. Endlich konnten wir uns auf warmes Wetter und

Sonnenschein freuen. Bald würden wir einen neuen Stützpunkt suchen müssen.

Die Nacht war warm gewesen. Als wir aufwachten, war der Schnee schon weggetaut, und wir lagen auf dem nassen, nackten Boden. Jetzt, wo der Schnee verschwunden war, sahen wir zum ersten Mal, wo wir uns befanden. Wir hatten unser Lager auf einer Insel aufgeschlagen, die von undurchdringlichem Schlamm und Sumpfland umschlossen war. Das Tauwetter brachte ans Licht, daß so tückisch wie Treibsand war, was wir für festen Boden gehalten hatten. Jetzt waren wir in wirklicher Gefahr. Wenn der Feind herausfand, daß wir hier festsaßen, konnte er uns mühelos umzingeln und alle töten. Sollten sie uns entdecken, konnten wir unsere Stellung nicht lange halten, ebensowenig hätten wir entkommen oder uns verteidigen können. Im Nu hätten wir keine Munition mehr gehabt.

Wir durften keine Zeit verlieren. Wir mußten einen Ausweg finden. Es galt, eine provisorische Brücke von der Insel zum festen Boden jenseits des Sumpfes zu bauen, über eine Entfernung von mehr als hundert Metern. Wir fällten Bäume und legten sie, einen nach dem anderen, als Planken hin. Über diese Behelfsbrücke verließen wir die Insel. Es war nicht leicht, da wir weder Sägen noch Äxte hatten. Aber wir machten uns an die Arbeit und wurden rechtzeitig fertig, bevor irgendwelche Denunzianten die Möglichkeit fanden, die Nazis über unsere Zwangslage zu informieren.

* * *

Da der jüdische Kalender nicht dem weltlichen entspricht, wußte ich während meiner Partisanenjahre nie, auf welchen

Tag die jüdischen Feste fielen. Weder das jüdische Neujahr noch Jom Kippur, das Passahfest oder die anderen Feiertage konnte ich begehen. Die einzige Ausnahme bildete das Passahfest im Jahre 1943. Mein Bruder Kopel hatte mir, als ich ihn im Herbst zuvor wiedersah, noch kurz vor dem Abschied das genaue Datum genannt. Das war das einzige Mal, daß ich während meiner zwei Jahre unter den Partisanen einen jüdischen Feiertag begehen konnte.

Mein Passahfest 1943 verlief ganz gewiß nicht so, wie ich es zu Hause kennengelernt hatte. Es gab kein Festessen, keine Gebete in der Synagoge und, was das Schmerzlichste war, keine Familie, mit der ich es feiern konnte. Das Leben hatte sich drastisch verändert; ich konnte keines der gewohnten Rituale ausführen. Als einzige Möglichkeit, des Festes zu gedenken, kam mir in den Sinn, daß ich auf Brot und Suppe verzichten könnte.

Suppe und Brot waren unsere Hauptnahrung. Nur in den ruhigen Zeiten hatte unser Koch Gelegenheit, uns etwas anspruchsvollere Speisen zuzubereiten. Eine wichtige Regel, die es beim Passahfest zu beachten gilt, ist der Verzicht auf Brot. Schweinefleisch zu essen, ist den Juden zu jeder Zeit verboten. Die Suppe im Lager wurde aber normalerweise aus Mehl und Schweinefleisch gekocht. Obwohl ich während meiner Partisanenzeit gezwungen war, Schweinefleisch zu essen, erlegte ich mir die Verpflichtung auf, an den acht Passahtagen darauf zu verzichten. Das bedeutete, daß ich nicht gemeinsam mit den anderen essen konnte.

Das gemeinsame Essen war unter den Partisanen ein Gemeinschaftsritual. Wir aßen alle zusammen; zu zehnt oder zu zwölft saßen wir um eine große Suppenschüssel auf dem Boden. Jeder griff nach seinem Löffel, der sicherheitshalber

stets im Stiefel aufbewahrt wurde. Dann tauchten wir die Löffel der Reihe nach in die Suppenschüssel. Wir besaßen kein eigenes Eßgeschirr: alle aßen aus der einen Schüssel.
Nach dem Essen gab es die »Nachspeise«: eine gemeinsame Zigarette. Einer der Kameraden angelte ein Stück Zeitungspapier aus der Tasche, ein anderer kramte nach einem bißchen Tabak, dann wurde die Zigarette gedreht, und jeder nahm einen Zug. Die Zigarette ging mehrere Male im Kreis herum, bis nichts mehr davon übrig war. Eine Zigarette mußte für zehn bis zwölf Leute reichen. Das war der Augenblick, in dem wir uns zusammengehörig fühlten, unsere gemeinsame Zeit der Stille.
Jetzt war Passah. Ich konnte nicht an der Mahlzeit teilnehmen, und ich konnte niemandem den Grund nennen. Unter den sowjetischen Partisanen hatte ich mich wie ein Kommunist zu verhalten, nicht wie der Anhänger einer Religion. Außerdem war meine Glaubenszugehörigkeit nicht jedem bekannt. Ich sollte sein wie alle anderen; alle waren wir Genossen. Daher beschloß ich zu verheimlichen, daß es mir um die Passahvorschriften ging.
In jener Woche ging ich täglich in die Küche und holte mir ein paar Kartoffeln, die ich in der heißen Asche des Lagerfeuers buk. Acht Tage lang lebte ich von gebackenen Kartoffeln. Das fiel mir nicht schwer. Aber die Männer machten sich Sorgen, weil ich mich nicht am gemeinsamen Essen beteiligte. Sie hatten Angst, mir fehle etwas. Warum aß ich denn nichts? Sie wußten nichts von den Kartoffeln. Ich erfand alle möglichen Ausreden, und es gelang mir, acht volle Tage lang die Passahvorschriften auf meine ganz besondere Art einzuhalten. Aber eines stand fest: Ich war froh, die Passahzeit hinter mir zu haben. Zweifellos hätte ich es viel leich-

ter gehabt, wenn mir, genauso wie bei allen anderen jüdischen Feiertagen, der Zeitpunkt dieses Passahfestes unbekannt geblieben wäre.

✳ ✳ ✳

Eines Tages ging ich zufällig allein, abseits von der Gruppe, im Wald spazieren. Es war Frühling und hatte geregnet. Das Wasser schimmerte auf dem Gras, und der Boden war weich, das junge Laub noch blaßgrün. Die Blätter und Blumen öffneten sich und zeigten wunderschöne Farben. Überall ein frischer Duft. Plötzlich kam mir die Erinnerung, wie sehr mich die Natur immer bewegt hatte, wie ich immer den Photoapparat bei mir getragen und nach schönen Motiven Ausschau gehalten hatte, die ich photographierte und dann abmalte. Alles war so herrlich! Ich holte tief Atem. Es war wie ein Traum, als ob ich in eine Zeit vor dem Krieg zurückversetzt worden wäre.
Die Welt war noch immer schön, aber meine Familie und so viele andere konnten diese Schönheit nicht mehr bewundern. Wie konnte ich mich noch daran erfreuen? Die Träume, die ich früher hatte, jugendliche Träume, wo waren sie jetzt? Sie waren ertrunken in Strömen unschuldigen Bluts. Es gab keinen sicheren Ort mehr, an dem ich von einem Leben in Frieden und Ruhe träumen konnte. Mein Leben war erfüllt von Gewalt, Brutalität und Schrecken. Als ich darüber nachdachte, mußte ich eine Weile innehalten, um meiner Gefühle Herr zu werden.

✳ ✳ ✳

Unsere Schwierigkeiten setzten sich bis weit in den Sommer des Jahres 1943 fort. Wieder konnten wir nur kurz an einem Ort bleiben. Immer waren wir in Bewegung, hatten wenig zu essen, wenig Wasser, viel zuwenig Schlaf und wurden ständig vom Feind angegriffen.

Nach einer verregneten Sommernacht waren wir ganz durchnäßt, hatten keine trockenen Kleider zum Wechseln und konnten uns nirgendwo vor Wind und Regen schützen. Unsere Kleider ließen wir am Leib von Wind und Sonne trocknen. Und wenn es tagelang geregnet hatte, drang die kalte Nässe aus unseren Kleidern in den ganzen Körper ein. Andererseits litten wir während der Hitzeperiode oft Durst. Besonders wenn wir unterwegs zu einem neuen Stützpunkt waren – müde, erhitzt, mit trockenem Hals –, durften wir nicht anhalten, um Wasser zu suchen, damit uns der Feind nicht orten konnte. Es gab nur wenige Seen, und nur selten stießen wir auf Flüsse. Wasser war ein kostbares Gut, noch wichtiger als Nahrung. Manchmal fanden wir kleine Pfützen schmutzigen Regenwassers, in denen es von Insekten und Würmern wimmelte. Es machte nichts – wir hatten so großen Durst, daß wir alles tranken. Bei dieser Gelegenheit war ein Hut von Nutzen. Ich füllte meinen Hut mit diesem verschmutzten Wasser, breitete dann ein Stück Mull aus meiner Erste-Hilfe-Ausrüstung über den Rand und trank das Wasser durch dieses behelfsmäßige Sieb. Ich hatte keine Ahnung, was ich dabei alles verschluckte, aber in diesem Augenblick war es mir auch gleichgültig. Nachdem ich getrunken hatte, fühlte ich mich erfrischt, erstarkt und imstande, den Marsch fortzusetzen.

Manchmal fragte ich mich, welche Jahreszeit für uns weniger beschwerlich war: der Sommer oder der Winter. Im Winter bestand der Vorteil darin, daß der Boden gefroren war und wir die Wege abkürzen konnten. Umwege um Flüsse, Sümpfe oder Moore herum waren nicht nötig. Ein Pferdeschlitten war bedeutend leiser als ein Pferdewagen, dessen Geklapper man auf den unebenen sommerlichen Straßen meilenweit hören konnte. Im Winter bedeckten Schneestürme unsere Fußspuren, im Frühjahr wurden sie vom Regen weggewaschen. Aber wenn der Regen aufhörte, waren die ungepflasterten Straßen so schlammig, daß das Gehen schwerfiel. Der Schlamm klebte an unseren Stiefeln, die mit jedem Schritt immer tiefer in die Erde sanken; nur mühsam setzten wir einen Fuß vor den anderen. Bei schönem Wetter, wenn der Boden fest war, mußten wir oft rückwärts gehen, damit uns der Feind, wenn er unsere Spuren sah, in der falschen Richtung vermutete.

※ ※ ※

Allmählich änderte sich die Situation im Waldgebiet. Im Herbst 1943 war die Partisanenbewegung schon sehr stark geworden. Es gab nun Hunderte von Einheiten mit Tausenden von gut geschulten Partisanen. Ausgebildete Soldaten aus der Sowjetunion waren mit dem Fallschirm abgesetzt worden, um unsere Brigaden auszubilden und uns zu helfen. Die Menschen, die in der Umgebung der Wälder wohnten, änderten ihre Loyalität und wechselten auf unsere Seite über. Langsam glaubten sie daran, daß die Nazis den Krieg verlieren könnten. Obwohl wir uns offiziell immer noch hinter den deutschen Linien befanden, konnten sich die Nazis nur in verstärkten Kolonnen in den Wald hineinwagen. Der Wald galt jetzt als das Herrschaftsgebiet der Partisanen.

Keiner von uns konnte das damals mit Sicherheit wissen, aber der Krieg hatte tatsächlich seinen Wendepunkt erreicht. Im Mai 1943 hatten die Alliierten die Nazis in Tunesien besiegt. Den ganzen Sommer 1943 hindurch waren Deutschland und Italien schweren Bombenangriffen der Alliierten ausgesetzt. Im Juli wurde Mussolini gefangengenommen; im August fiel Sizilien an die Alliierten, und im Oktober erklärte Italien Deutschland den Krieg. Was uns unmittelbarer betraf, war der trotz hoher Verluste erfolgreiche sowjetische Vormarsch an der Ostfront. Unsere eigenen Operationen hatten immer stärkere Auswirkungen auf den Feind, und unsere Kampfmoral stieg von Tag zu Tag.

Eines Tages im Herbst 1943 stieß unsere Abteilung auf ein ganzes Rudel Pferde – fast so viele, wie es in unserer Gruppe Partisanen gab. Mir persönlich schien der Nutzen nicht besonders groß. Manche Männer kannten sich mit Pferden aus, konnten ihre Eigenheiten und Macken beurteilen und wußten, daß es sowohl fügsame gab als auch andere, die niemand in ihre Nähe ließen. Ich aber hatte nicht die geringste Ahnung von den Feinheiten einer Pferdepersönlichkeit.

Die Männer hielten das für eine gute Gelegenheit, mir einen Streich zu spielen, sich auf meine Kosten zu amüsieren. Sie riefen mich zu sich und boten mir ein angeblich großartiges Pferd an. Ich kletterte in den Sattel, ohne zu wissen, daß gerade dieses Pferd besonders wild war. Sobald ich aufgesessen war, galoppierte es auf einen Baum zu und wollte mich abwerfen. Ich hielt mich fest, so gut ich konnte, und hatte schreckliche Angst. Währenddessen lachten sich die Männer halb tot.

Wie durch ein Wunder erschien Iwan Wassiljewitsch aus dem Nichts. Er rannte auf das Pferd zu, bekam die Zügel zu fassen und brachte es zum Stehen. Erleichtert sprang ich ab. Es tat gut, einen Freund in der Nähe zu wissen. Ich suchte mir ein anderes Pferd, ein ruhigeres, auf dem ich ohne Gefahr reiten konnte.

※ ※ ※

Trotz der Kameradschaft meiner Mitpartisanen, die manchmal derbe Scherze einschloß, gab es Zeiten, in denen ich mich sehr einsam fühlte. Ein bestimmter Tag wird mir immer in Erinnerung bleiben. Ich stand im Wald unter hohen dichten Bäumen mit weit ausladenden Ästen, die einander so dicht überlagerten, daß ich kaum die grauen schweren Wolken am Himmel erblicken konnte. Sooft ich nach oben durch die Äste blickte, kam es mir vor, als senke sich der Himmel immer tiefer herab. Schließlich fing es an zu regnen. Bald schüttete es wie aus Eimern, und ein Sturm kam auf. Anfangs schützten mich die Bäume vor dem Regen, aber nach einiger Zeit wurden die Äste so schwer, daß sie das aufgefangene Wasser nach unten leiteten.
Ich setzte mich unter einem Baum auf den durchnäßten Boden hin und drückte mich schutzsuchend an den Stamm. Ich hielt mir die Hände vor das Gesicht und wollte das Ende abwarten. Ich konnte nichts anderes tun, nirgends konnte ich mich verstecken, nirgendwohin konnte ich laufen, es gab nichts, womit ich mich schützen konnte. Ich war im Wald und heimatlos. Nach langen Stunden hellte sich der Himmel allmählich auf. Es nieselte noch, aber der starke Regen hatte aufgehört. Ich war völlig durchnäßt. Die nassen Kleider und der kalte Wind kühlten meinen Körper aus. Als ich aufstand, spürte ich erst, wie kalt mir wirk-

lich war. Das Wasser lief mir am ganzen Körper herunter.
Ich mußte an das Glück der Leute denken, die ein Dach über dem Kopf, ein warmes Haus, ein Bett ihr eigen nennen oder eine warme Mahlzeit und eine Tasse heißen Tee genießen konnten. Mir war das nicht vergönnt. So einen Luxus gab es für mich nicht; ich durfte nicht einmal daran denken. Ich wußte nur, daß ich durchnäßt war und keine trockenen Kleider zum Wechseln hatte. Wieder sah ich zum Himmel hinauf. Kam die Sonne vielleicht doch hinter den Wolken hervor? Das einzige, was mir jetzt nützen könnte, war die Sonne, die mich wärmen und meine Kleider trocknen würde. Aber wo war sie? Immer noch von dunklen Wolken bedeckt, es nieselte weiterhin. Keine Aussicht, bald trocken zu werden. Ich spürte, wie sich mir der Hals zuzog, und ich begann, vor Kälte zu zittern. Es gab keinen trockenen Ort im Wald, niemand, dem ich mein Leid klagen konnte. Ich durfte kein Aufhebens daraus machen. Jedem mußte ich ein fröhliches Gesicht zeigen. Alles, was schön gewesen war – ein normales Leben –, gehörte der Vergangenheit an. Jetzt war alles in Trümmern oder abgebrannt; alle waren ermordet. Mein Leben bestand aus Sümpfen, Wasser, Eis und Kälte; mein Los war ein Gewehr, und winters und sommers ein Bett auf dem harten Boden. Ich durfte nicht krank werden – es gab keine ärztliche Versorgung. Das Wasser, das ich trank, war voller Insekten – aber mir passierte nichts. Ich war härter als Stahl.

※ ※ ※

Fagel mit ihrer Einheit. Links von ihr der Natschalnik Schtaba, der Stabschef.

Die Nachricht hatte sich schnell in unserem Stützpunkt verbreitet: Elf Spione waren uns lebend in die Hände gefallen. Das war eine Sensation. Alle überlegten sich: Wer waren sie? Wo kamen sie her? Waren sie alle wirklich Spione? Keiner wußte es, und keiner traute sich, die Frage zu stellen. Wir stellten nie viele Fragen.

In der Frühe wurde ich ins Hauptquartier gerufen. Der Kommandant wollte mich sprechen. Zu dritt saßen sie da und warteten: der Kommandant, der Natschalnik Schtaba, unser »Stabschef«, und der Kommissar. Der Kommissar sagte: »Faina, hast du starke Nerven?«

»Ja, Genosse Kommissar, habe ich.« Natürlich mußte meine

Antwort so lauten. Ich durfte nicht sagen, daß ich schwach sei, schließlich wußte ich nicht, warum er diese Frage stellte. Daraufhin sagte der Natschalnik Schtaba: »Gut! Du wirst zustechen.« Mir drehte sich der Magen um. Ohne meine Gefühle zu zeigen, antwortete ich wie ein Soldat: »Ja, Genosse Stabschef.« Ich sah den Kommandanten an, und er sagte: »Du bist eine gute Partisanin. Du arbeitest schwer, du photographierst, du pflegst die Verwundeten, du meldest dich freiwillig zu Einsätzen. Wir möchten dich ehren. Du wirst zu den Partisanen gehören, die die elf Spione erstechen werden. Sei morgen früh um sechs Uhr dort drüben an dieser Stelle.« Er zeigte auf die Stelle, etwa achtzig Meter entfernt, an der die hohen Bäume standen. Das sollte der Hinrichtungsort sein.

Schaudernd entfernte ich mich. Was sollte ich tun? Ich konnte nicht kaltblütig töten. Im Kampf zu stehen, als Soldat zu kämpfen, das war das eine. Aber was hier geschehen sollte, war für mich etwas anderes. Einige Partisanen empfanden das Töten als Vergnügen, zumindest aber als ihre selbstverständliche Aufgabe. Für mich galt das nicht; ich war kein Killertyp. Ich war nicht imstande, Grausamkeit und tierische Brutalität mit ihresgleichen zu vergelten. Eher lag mir die Arbeit als Krankenschwester, die Pflege der Verwundeten.

Dieses Dilemma konnte ich meinen Vorgesetzten nicht klarmachen. Dann hatte ich einen Einfall: Ich würde etwas verspätet erscheinen. Wie ich wußte, gab es genug andere, die begierig auf die »Ehre« warteten, Spione zu erstechen.

Also traf ich dann etwa fünfzehn Minuten später als befohlen ein. Ich hörte die Verzweiflungsschreie der elf Spione, auf die man bereits eingestochen hatte. Sie bewegten sich noch. Als man mich bemerkte, kamen ein paar Partisanen auf mich zu und entschuldigten sich dafür, daß sie meine Arbeit selbst übernommen hatten. Sie hatten es nicht mehr erwarten können.

Sobald es mir möglich war, ging ich fort und versteckte mich in einem Unterstand. Als ich allein war, brach ich in Tränen aus – ein unpassendes Verhalten für eine kampfgewohnte Partisanin. Meine alten Wunden, noch nicht verheilt, waren wieder aufgebrochen, der ganze Schmerz kehrte zurück. Ich sah nicht diese elf toten Spione, sondern meine Mutter in ihrem Todeskampf, meinen Vater in einer Blutlache, meine Schwestern und meine Brüder, von Kugeln durchbohrt. Ich krümmte mich vor Angst.

Ich weiß nicht, wie lange ich so dalag, bis ich hörte, wie mich eine vertraute Stimme rief. Es war Iwan Wassiljewitsch. Er tröstete mich, und ich hörte auf zu weinen. Er versprach, niemandem zu erzählen, daß ich geweint hatte. Ich schämte mich meiner Tränen; das gehörte sich nicht für eine Partisanin.

※ ※ ※

Ich diente bei den Partisanen mit einem Gewehr in der Hand, legte mich mit einem Gewehr unter dem Kopf schlafen. Wer so etwas nicht erlebt hat, versteht nicht, wie ich es tun konnte. Manchmal habe ich die stumme Frage gespürt: »Du siehst nicht wie ein Killer aus. Wie konntest du denn bloß Partisanin werden?« Ich bin auch kein Killer. Ich habe mich nie als dergleichen gesehen. Eine Partisanin ist kein Killer. Eine Partisanin kämpft für Frieden und Gerechtigkeit.

Die Untaten der Nazis, die ich erlebte, ließen mich nach Gerechtigkeit hungern. Einmal war ich selbst Zeugin der unmenschlichen Folter, die die Nazis anwendeten. Wir waren am Rande eines Dorfes angekommen. Bevor wir hineingingen, hatten wir einen Kundschafter vorausgeschickt. Er berichtete uns, daß ungefähr zwanzig Nazis soeben das Dorf verlassen hatten. Also beschlossen wir, im Dorf nach Essen zu suchen. Als wir das erste Haus erreichten, erwartete uns ein entsetzlicher Anblick. Eine junge Frau, nicht viel älter als zwanzig, lag halbnackt unter einem Baum vor ihrem Haus. Man hatte ihr die Zunge herausgeschnitten und die Brüste abgeschnitten. Neben ihr lag ein toter Säugling. Überall waren Blutlachen. Irgendwie war die Frau noch am Leben, und sie deutete mit schwachen Gesten an, daß wir ihr helfen sollten. Sie wollte leben …
Ein solches Bild bleibt für immer im Gedächtnis. Ich sehnte mich nach Gerechtigkeit, ich wollte mich an den Nazis rächen. Ich wollte den Feind aufspüren und ihn zerschlagen. Gleichzeitig wollte ich in Frieden leben, weit weg von dieser tierischen Brutalität. Ich hatte keine Wahl: Ich mußte zäher und stärker werden, ich mußte mehr Tatkraft und größeren Eifer aufbringen, damit der Krieg zu Ende ging.

Dreizehntes Kapitel
DIE GROSSE BLOCKADE

Winter 1944. Wieder brachte uns ein kalter Wintertag Stürme, Schneetreiben, Wind und Frost aus Rußland. Das hielt uns nicht von unserer Offensive ab; im Gegenteil, wir kämpften mit großem Eifer. Unsere Gruppe hatte den Auftrag, eine Nazigarnison im Osten anzugreifen und lebenswichtiges Material herauszuholen. Ich meldete mich freiwillig. Wieder waren mir Verbandszeug und Medikamente ausgegangen; ich brauchte saubere Mullbinden für die verwundeten Partisanen. Wenn es die Umstände erlaubten, reinigte ich gewöhnlich jeden zweiten Tag die Wunden und wechselte die Verbände.
Ich hatte vor, meine Lederstiefel zu tragen, die in gutem Zustand waren, aber jeder sagte: »Laß die Stiefel hier und trage lieber die Walenki. Sie sind besser gegen Erfrierungen.« Walenki waren Filzstiefel, viel wärmer als Stiefel aus Leder. Ich folgte dem Rat und zog die Walenki an.
Der Weg zu unserem Ziel führte durch viele Dörfer. Wir hielten die Gegend für sicher. Sie war ruhig; wir hörten keinen Schuß. Aber als wir bei Nacht eines der Dörfer betraten, waren die Bewohner über unseren Wagemut erstaunt. »Was macht ihr hier? Hier sind überall die Nazis, zu Tausenden, sie kommen in diese Richtung. Ihr habt Glück, daß ihr noch am Leben seid. Jetzt sind sie in dem Dorf, das ihr eben ver-

lassen habt. Sie werden jeden Augenblick hier sein.« Als wir das hörten, zogen wir sofort weiter. Mit einer so großen Zahl von Feinden konnten wir es nicht aufnehmen. Wir gingen weiter zum nächsten Dorf. Auch das war voller Nazis. Mittlerweile waren wir hungrig und müde, und es war sehr kalt, aber wir hatten keine Zeit, zu essen, und ganz gewiß keine Zeit, uns auszuruhen. In jedem Dorf standen wir vor der gleichen Situation. Dauernd zogen wir von einem Dorf zum anderen.
Schließlich fanden wir heraus, daß die Nazis einen massiven Angriff auf die Partisanen in unserer Nachbarschaft vorbereitet hatten, da deren zunehmende Stärke eine immer größere Bedrohung für sie bedeutete. Die Nazitruppen rückten auf einer Länge von fünf Kilometern Schulter an Schulter vor. Sie hatten sich entschlossen, den Partisanen ein für allemal den Garaus zu machen. Man sagte uns, daß zur Blockade fünfundsiebzigtausend Nazis und Kollaborateure versammelt worden waren. Sie zerstörten alles, was auf ihrem Weg lag, zündeten Dörfer und Bauernhöfe an und töteten unschuldige Menschen. Während dieser Operation machten sie achtundzwanzig Dörfer dem Erdboden gleich und töteten Tausende von Zivilisten, Bauern und Landarbeitern, meistens Weißrussen. Die Dörfer und Bauernhöfe verwandelten sich in Friedhöfe.
Die Propaganda der Nazis verkündete auf riesigen Plakaten, daß sie viele tausend Partisanen getötet hätten. Das entsprach nicht der Wahrheit. In Wirklichkeit entstammten die Opfer, die sie umbrachten, der örtlichen Zivilbevölkerung. Die Partisanen entkamen rechtzeitig, indem sie in alle Richtungen flohen. Unsere Gruppe wußte nicht genau, was vor sich ging. Wir hatten unseren Stützpunkt erst ein paar Stun-

den vor Beginn des Angriffs verlassen. Wir gingen immer weiter; es war uns gar nicht bewußt, daß wir dem Feind immer nur ein paar Schritte voraus waren. Wir zogen aus einem Dorf hinaus, während die Nazis zum anderen Ende hereinmarschierten. Wir hatten einfach Glück, es war ein Wunder. Aber eines wußten wir: Wir mußten weiterziehen. In der ersten Nacht legten wir ungefähr vierzig Kilometer zurück. Nach jener Nacht zogen wir tagein, tagaus ständig von einem Ort zum nächsten. Schon bei Tag war es kalt, in den Nächten aber sank die Temperatur bis zwanzig, dreißig Grad unter Null ab. Von Zeit zu Zeit hörten wir in der Ferne die Wölfe heulen.

Der Großangriff der Nazis zwang die meisten Partisaneneinheiten, ihre Stützpunkte zu verlassen, und verstreute sie in den Wäldern ganz Weißrußlands. Auf dem Rückweg zu unserem Stützpunkt trafen wir viele kleinere Gruppen, aber keine von unserer Brigade. Alles war chaotisch und beängstigend. Es gab viele Banditen, viele feindliche Gruppen in den Wäldern, die zusammen mit den Nazis die sowjetischen Partisanen bekämpften. Wir wußten nie, wer oder wo der Feind war. Es kam vor, daß Partisanengruppen, die nicht wußten, wen sie vor sich hatten, aufeinander schossen. Oft schoß man drauflos, ohne Fragen zu stellen. Wenn ein Partisan oder ein Russe zufällig eine Naziuniform trug, wurde er für einen Nazi gehalten und erschossen. Nach einem Angriff gab es keine Kontrolle, keine Verständigung untereinander und natürlich weder Telephon noch Kuriere oder andere Formen gegenseitiger Information.

Der Weg zu unserem Stützpunkt war lang: Wir mußten Eisenbahngleise, Flüsse, Landstraßen überqueren und Dörfer passieren, die von den Nazis und ihren Kollaborateuren schwer bewacht wurden. Glücklicherweise war der Boden vorläufig noch gefroren. Wir mußten keinen Umweg um die Sümpfe herum machen, und wir konnten Abkürzungen wählen.

Bisher hatte unsere Gruppe Glück gehabt. Wir trafen auf eine andere Gruppe, die weniger vom Glück begünstigt war. Diese Einheit, bestehend aus fünfundsechzig Partisanen, die alle unter schweren Erfrierungen litten, werde ich nie vergessen. Sie boten ein erschreckendes Bild. Vom Feind umringt, waren sie gezwungen gewesen, bei Temperaturen von dreißig bis vierzig Grad unter Null flach und bewegungslos auf dem gefrorenen Boden liegen zu bleiben. Sobald ein Partisan den Kopf hob, wurde er von einem Schuß getroffen. Irgendwie brachten sie es fertig, ihre Position zu halten und sich zu behaupten. Aufzugeben hätte Folter und den Tod durch Erhängen bedeutet. Drei Tage und drei eisige Nächte hindurch hielten sie stand. Schließlich kam ihnen eine andere Partisanengruppe zu Hilfe. Als die fünfundsechzig Männer befreit wurden, hatten alle schwere Erfrierungen erlitten. Einigen waren die Ohren erfroren, anderen die Hände, die Finger, die Beine, die Zehen und die Nasen.

Als wir auf sie stießen, war ihr Zustand zum Verzweifeln. Ihre Körper verrotteten buchstäblich. Mit jedem Tag hatten sich die Erfrierungserscheinungen weiter ausgebreitet. Es war wie Fäulnis in einem Apfel, die an einer kleinen Stelle beginnt und sich dann Tag um Tag ausbreitet, bis der ganze Apfel verfault ist. Der Gestank war entsetzlich, ganz anders als frisches Blut, das aus einer Schußwunde hervorbricht. Als sie mich um Hilfe baten, tat ich natürlich alles, was ich zu tun vermochte. Einigen konnte ich überhaupt nicht mehr helfen: zu weit war der Wundbrand schon fortgeschritten, und in ihrem Zustand hätten sie eine Amputation nicht überlebt.

Der Anblick der Leidenden, denen ich nicht helfen konnte – der Sterbenden, der Menschen, die dabei waren, ihre Arme, Beine, Gesichter oder Ohren zu verlieren –, war erschütternd. Obwohl ich an meiner Hilflosigkeit verzweifelte, durfte ich es ihnen nicht zeigen. Ich mußte einen fröhlichen Eindruck machen, ihnen aufmunternd zulächeln, ihnen versichern, daß sie gesund würden. Ich litt mit jedem einzelnen von ihnen. Nur zu gut konnte ich mich in ihre Lage versetzen.

Während der zwei Wochen, in denen meine Gruppe bei ihnen blieb, pflegte ich sie und half ihnen auf jede erdenkliche Weise. Dann erhielten wir den Befehl zum Aufbruch. Meine Patienten verstanden, daß einem Befehl Folge geleistet werden mußte. Sie protestierten nicht, sie beklagten sich nicht, aber sie weinten. Die Tränen liefen ihnen über das Gesicht. Wer kann sich die Qual, den Schmerz vorstellen, die sie durchleiden mußten?

Wir gingen gerade durch ein Dorf, als ein Bauernmädchen weinend auf uns zulief und mich mit »Frau Doktor« anredete. Ich weiß nicht, wie es kam, daß die Dorfbewohner so schnell über uns Bescheid wußten. Das Mädchen erzählte uns, daß die Nazis auf ihren Vater geschossen hätten, er aber noch lebe. Sie bat um meine Hilfe. Der Hof lag in der Nähe, also ging ich mit ihr hin. Ich hatte nichts bei mir, keine Medikamente; alle unsere Vorräte waren für die Partisanen aufgebraucht worden, die wir eben verlassen hatten. Ich ließ die Tochter Wasser aufkochen, schnitt einen Streifen Stoff aus einem Bettuch und sterilisierte ihn. Dann fügte ich etwas Salz hinzu – das war das häufigste Heilmittel, wenn nichts

Besseres zur Verfügung stand. Mit dem gesalzenen, sterilisierten Wasser wusch ich dann die Wunde, bedeckte sie mit einem Stück sterilisierten Mull und verband sie mit Streifen aus dem Bettuch. Es war das einzige, was ich tun konnte. Als ich fertig war, ging ich wieder zu meiner Gruppe zurück.
Immer weiter zogen wir durch das Waldgebiet, das sich in diesem Teil Polesiens über weite Entfernungen erstreckte. Die Bäume waren hoch und standen dicht beisammen. Sie hielten die Sonne ab, so daß auch um die Mittagszeit nur düsteres, graues Licht durchschimmerte. Die Dämmerung dauerte viele Stunden. Den Partisanen im Wald war die Dunkelheit ein Freund, im Dunkeln fühlten wir uns sicherer. Erst wenn sich die Erde ihren dunklen Mantel umgelegt hatte, wagten wir es, den dichten Wald zu verlassen. Ich wußte schon lange nicht mehr, wie angenehm das Leben zu Hause in einer Stadt mit Häusern und Straßen war. Ich hatte vergessen, wie es war, wenn man unbesorgt auf dem Gehsteig spazieren, in einem warmen Bett liegen, am Morgen aufstehen und sich am Abend schlafen legen konnte. Nun marschierten wir die meiste Zeit während der Nacht; bei Tag ruhten wir uns aus und schliefen. Die Wölfe waren unsere Freunde. Früher hatte ich Angst vor ihnen gehabt, jetzt aber nicht mehr. Jetzt wußte ich, daß die Wölfe menschliche Betriebsamkeit scheuen. Wenn Wölfe in der Nähe waren, bedeutete das, daß wir keine Nazis antreffen würden.
Ich mußte an einen unglaublichen Vorfall denken, der sich ein paar Monate zuvor ereignet hatte. Die Nacht war bitter kalt gewesen, der Schnee und das Eis knirschten unter unseren Füßen. Wir froren, aber ohne zu klagen marschierten wie schweigend weiter. Mit jedem müden Schritt versanken wir in dem endlosen Schnee. Plötzlich sahen wir Lichter in

der Ferne schimmern. Voller Hoffnung blickten wir uns an. Vielleicht war das ein Bauernhaus; vielleicht gab es keine Nazis da. Wir würden in ein Haus hineingehen und uns aufwärmen können, wenigstens für kurze Zeit. Wir hätten alles dafür gegeben, uns in einem Haus aufhalten, unsere Hände und Füße wärmen zu können. Besonders unsere Hände froren, das Metall der Gewehre war eiskalt. Wir schöpften neue Kraft und schritten schneller aus. Der Lichtschimmer wurde heller. Unsere Stimmung hob sich; unsere Hoffnung wuchs. Wir marschierten immer weiter, aber irgendwie kamen wir der Quelle des Lichts nicht näher. Tatsächlich zog sie sich immer weiter zurück. Schließlich verschwand der Lichtschimmer ganz. Erst dann wurde uns klar, was wir gesehen hatten: die Augen der Wölfe. Wie bei Katzen leuchten die Augen der Wölfe in der Nacht. Unsere Träume von einem warmen Haus zerstoben mit dem kalten Wind. Trotzdem konnten wir uns mit dem Wissen trösten: Wenn Wölfe da waren, gab es keinen Feind in der Nähe. Wir konnten ohne Gefahr weiterziehen.

* * *

Solange die Blockade dauerte, konnten wir uns nicht auf den Straßen oder auf festen Wegen bewegen; uns blieb nur der schmale Pfad durch die Sümpfe, in die sich die Nazis nicht hineinwagten. Sie hatten keine Lust, bis zur Hüfte im Schlamm zu waten, wir aber mußten es zu unserer Sicherheit immer wieder tun. Wir waren ständig darauf bedacht, den Anschluß an unsere Brigade aufrechtzuerhalten, damit man uns nicht für Deserteure hielt. Es war gegen die Regel, sich anderen Gruppen anzuschließen. Wir mußten uns immer darum kümmern, unseren eigenen Kommandanten und unsere eigene Brigade zu finden. Das war auch diesmal unsere Aufgabe.

Sobald das Tauwetter einsetzte, wurden meine Walenki untauglich. Bei Tag waren sie völlig durchnäßt und dadurch sehr schwer. Bei Nacht fiel die Temperatur unter den Gefrierpunkt. Alles, was während des Tages aufgetaut war, verwandelte sich in Eis. Da ich auf dem Boden schlief, froren mir die Walenki an den Füßen fest. Sie hingen als schwere Eisklumpen an mir, während ich die Füße gegeneinanderklopfte. Sie weiterhin zu tragen, war bald nicht mehr möglich. Schließlich warf ich sie weg und umwickelte meine Füße mit Lumpen. Als Sohle band ich Holz daran, weil die Lumpen ohne Holzverstärkung nicht lange hielten. Bei unseren Tag- und Nachtmärschen, die manchmal ohne Pause über zehn oder zwanzig Kilometer führten, bereiteten mir diese Behelfsschuhe Qualen.

Wieder vergingen ungefähr zwei Wochen, in denen unsere Gruppe auf dem nassen Boden schlafen mußte. Wir zogen weiter. Die Tage wurden wärmer, aber die Nächte waren noch kalt. Wir hatten nie einen besonderen Schlafplatz; überall dort, wo wir anhielten, um uns auszuruhen, legten wir uns zum Schlafen nieder. Je nasser der Boden und je tiefer der Wald, desto sicherer waren wir. Nässe, Schmutz und Schlamm waren mir inzwischen gleichgültig geworden.

Sechs Wochen mühten wir uns ab, bis wir endlich auf andere Abteilungen unserer Brigade stießen. Unsere Einheiten hatten sich inzwischen schon wieder am früheren Standort eingerichtet, im tiefsten Wald und Sumpfland, fünfundzwanzig Kilometer von den Regimentern der Nazis entfernt. Es war ein langer und beschwerlicher Weg gewesen, der uns zu unserem Stützpunkt zurückgeführt hatte; immer neue Wunder hatten uns vor dem Tod bewahrt.

Der bitterkalte Winter war zu Ende. Direkt südlich von uns hatte die sowjetische Offensive zwischen Januar und April 1944 die Nazis aus der Ukraine vertrieben. Bis Mitte Mai war das Gebiet südlich des Pripjet und im Westen bis Tarnopol von sowjetischen Truppen eingenommen worden. Das Tauwetter brachte die sowjetische Offensive zu einem kurzen, vorläufigen Halt.

Es war Frühling 1944. Der Schnee war geschmolzen. Der steinhart gefrorene Boden begann aufzutauen, und jeden Tag wurde es ein wenig wärmer. Wir atmeten die frische Luft und den süßen Duft des Frühlings ein. Die Erde überzog sich mit einem grünen Teppich, die Bäume und Büsche zeigten grüne Blätter. Es war ein so angenehmer Anblick, endlich das helle Grün des Frühlings überall im Wald und die Blumen in ihren lieblichen Farben zu sehen. Die Vögel sangen, und manchmal sah man ein paar von ihnen auf dem frischen Grab eines Partisanen versammelt, als ob sie ihm, der im Kampf sein Leben gelassen hatte, ein Loblied singen wollten.

Ja, alles war schön, aber die Schönheit hatte einen Makel. Irgend etwas war aus dem Lot geraten, und die Wirklichkeit holte mich wieder ein. Tod und Gefahr lauerten immer noch um mich herum. Daran war ich gewöhnt, aber in den sechs Wochen unserer Abwesenheit hatte sich dennoch etwas verändert. In meiner eigenen Brigade spürte ich nicht mehr die Freundlichkeit und gegenseitige Zuneigung, die sonst geherrscht hatten. Ich merkte langsam, daß es jetzt nur noch wenige jüdische Partisanen in unseren Reihen gab. Was war geschehen? Wo waren sie alle? Warum spürte ich seltsame

Blicke? Ich selbst hatte mich während der sechswöchigen Abwesenheit nicht verändert. Ich hatte das Gefühl, daß ich in dieser schrecklichen Zeit viel Gutes getan hatte. Während unseres Hinundherziehens hatte ich so vielen Verwundeten geholfen. Die vom Wundbrand heimgesuchten Partisanen hatten geweint, als ich sie verlassen mußte. Warum also jetzt diese kalten Grüße? Ich mußte es herausfinden. Nach einigen Tagen fragte ich einen jungen Juden, der mir über den Weg lief: »Was ist passiert? Was ist hier los? Wo sind die jüdischen Männer und Frauen?«

Er wich meinen Augen aus. »Die meisten jüdischen Partisanen wurden entlassen, von ihren Einheiten weggeschickt, direkt in die Klauen der Nazis, weil sie keine Gewehre hatten.« Die Anordnung war aus dem Hauptquartier der Partisanen ergangen. Die Vorgesetzten wollten den Feind nicht glauben lassen, daß es so viele Partisanen ohne Gewehre gab. Ein armselig bewaffneter Gegner würde mit größerer Entschiedenheit angegriffen werden. Die einfachste Lösung war wohl, die Juden zu vertreiben. Wie immer waren die Juden nicht erwünscht, sobald man ihrer nicht mehr bedurfte.

In meiner Brigade gab es einen »älteren« Juden. Er war zwar nicht alt im eigentlichen Sinne, vielleicht höchstens fünfzig, aber im Verhältnis zu meiner Jugend erschien er mir damals alt; für mich war er einfach nur »der Alte«. Als er herausfand, daß unsere eigenen Partisanen die Juden aus ihren Reihen vertrieben hatten, wollte er etwas dagegen unternehmen. Einige unserer früheren jüdischen Kameraden hatten überlebt und hielten sich völlig wehrlos im Waldgebiet versteckt. Eines Tages rief mich »der Alte« zur Seite. Er hatte eine Idee, wie man die Partisanen dazu bringen könnte, die Juden wieder aufzunehmen, oder, wenn es zum Schlimmsten käme, wie man es den Ausgestoßenen ermöglichen könnte, sich wenigstens zu verteidigen. Er wollte meine Meinung dazu hören. Ich fragte ihn nach den Einzelheiten seines Vorhabens. Ich wußte, daß wir nicht in der Lage waren, viel auszurichten. Er wollte einen Brief nach Amerika schicken, um die jüdischen Verbände zu bitten, den im Wald versteckten Juden Gewehre zukommen zu lassen. Auf diese Weise wären die sowjetischen Partisanen nicht länger gezwungen, sie zu unterstützen oder bei sich aufzunehmen, und die Juden hätten die gleiche Chance wie die Russen, sich zu verteidigen und den Feind zu bekämpfen.

Ich war sehr beeindruckt. Ich fühlte mich geehrt, daß dieser ältere Mann mir seine Hoffnungen mitteilte, daß er meine Meinung hören wollte. Ich dachte eine Weile nach, dann sagte ich knapp und entschieden: »Nein! Tu es nicht! Es ist zu riskant.« Ich kannte mich bei den Russen sehr gut aus. Die beste Überlebenschance bestand darin, zu schweigen und nicht zu reden. Ich warnte ihn, aber er hörte nicht auf meinen Rat. Er erzählte einigen der Nichtjuden von seiner Idee mit dem Brief. Da es im Wald keine Postämter gab, hätte man den Brief durch einen Boten hinausschicken müssen. Er sagte ihnen genau, was er schreiben wollte. Am nächsten Tag wurde er erstochen.

Dieser gute Mensch hatte vielen schutzlosen, hungernden Juden das Leben retten wollen. Die Rechtfertigung für das Attentat auf ihn war, daß ein Brief nach Amerika mit der Bitte um Waffen von den Feinden abgefangen werden könnte. Sie hätten daraus schließen können, daß die Partisanen schwach und schlecht bewaffnet seien. Daraufhin hätten die Nazis ihre Aggressivität verstärkt, und die Kämpfe wären noch heftiger geworden.

Derlei Vorfälle ereigneten sich immer wieder. Einige wenige habe ich hier beschrieben, viel mehr werden für immer unerwähnt bleiben. Das Leben, das ich führen mußte, und alles, was ich durchmachte, lassen sich in dieser Fülle nicht zu Papier bringen.

※ ※ ※

Dieser Frühlingstag des Jahres 1944 schien in unserem Hauptquartier ganz friedlich und normal zu verlaufen. Dann plötzlich, um die Mittagszeit, tauchte ein Kampfflugzeug der Nazis im Tiefflug über uns auf. Wir suchten Zuflucht unter den nächstgelegenen Büschen. Ich warf mich zu Boden, bedeckte den Kopf mit den Armen und blieb dort, versteinert vor Angst, liegen. Als ich schließlich in die Höhe sah, schien es, als ob der Tieffflieger direkt über mir schwebte und jede Kugel meinen Kopf zertrümmern könnte. Die Kugeln funkelten wie Regentropfen, sie schlugen wie Hagelkörner um mich herum ein. Das Flugzeug flog so tief über uns hinweg, daß ich die Gesichter der Nazis sah, die ihre Maschinengewehre auf den Boden gerichtet hatten und uns mit Kugeln überschütteten. Wir lagen hilflos da.
Es wäre sinnlos gewesen, das Feuer zu erwidern, weil wir weder Fliegerabwehrgeschosse hatten noch andere Waffen, die schwer genug waren, einen Tieffflieger abzuschießen. Mit unseren Gewehren konnten wir nichts ausrichten. Es blieb nur die Möglichkeit, uns zu verstecken. Die Feinde hatten genau gewußt, wo unser Hauptquartier lag. Ihre Informanten, die Nazikollaborateure, hatten ihnen den genauen Weg zu unserem Standort gesagt.
Die Luft schwirrte vor Kugeln. Voller Angst wagte ich keine

Bewegung. Welche der Kugeln würde mich treffen? Wie lange würde ich noch am Leben bleiben – noch eine Minute, noch eine Sekunde? Ich hielt den Atem an, blieb regungslos. Würde ich gleich tot sein oder nur verwundet? Nein! Lieber gleich tot, als gefoltert zu werden. Jede Sekunde schien ein ganzes Leben zu dauern. Plötzlich war es vorbei. Der Himmel hellte sich auf; der Tiefflieger war weg. Ich atmete tief durch. Überall auf dem Boden lagen tote und verwundete Partisanen. Aus allen Richtungen hörte ich Stimmen um Hilfe rufen. Meine Angst wich. Ich dachte nur noch daran, Verbandzeug zu holen. Schon war ich unterwegs, rannte von einem Verwundeten zum nächsten und versorgte sie. Ich lebte, und meine Arbeit wartete auf mich.

※ ※ ※

Trotz der Spannungen, die von innen und außen kamen, genossen wir Augenblicke des Friedens. Wenn alles ruhig war, saßen diejenigen von uns, die noch übriggeblieben waren, um ein Lagerfeuer, dessen Flamme unsere Gesichter erhellte. Jeder hielt ein Gewehr in der Hand, das geladen, frisch gereinigt und zur Verteidigung bereit war. Irgend jemand fing dann an, ein Partisanenlied zu singen, und wir anderen stimmten ein. Ein Lied hieß: »Oh, wie schön wird es sein, wenn der Krieg vorbei ist«. Ein anderes Lied beschrieb das Martyrium eines jungen Partisanen, eines Reiters, der die Liebe eines hübschen jungen Mädchens gewonnen hatte.
Auch ich sang mit, aber in Gedanken war ich nicht bei dem Lied. Wenn der Krieg vorbei war, würde ich dann einen Platz haben, wo ich hingehörte? Wer würde mich am Bahnhof abholen? Wer würde die Befreiung mit mir feiern? Für

mich würde es keine Paraden bei der Heimkehr geben, es würde nicht einmal Zeit sein, die Toten zu betrauern. Wenn ich wirklich überlebte, wohin würde ich zurückkehren? Mein Zuhause und meine Stadt waren dem Erdboden gleichgemacht, ihre Bewohner getötet worden. Meine Lage war eine andere als die der Kameraden, die mit mir dasaßen. Ich war eine Frau, eine Jüdin. Als wir um das Lagerfeuer saßen, sagte ich nichts. Ich sang nur mit. Wenn ich mit ihnen zusammen war, tat ich, als wäre ich genau wie sie. Ich versetzte mich nicht in die Zukunft. Wenn ich angefangen hätte, an die Zukunft zu denken, hätte es mir das Herz gebrochen.

Vierzehntes Kapitel
DIE BEFREIUNG

Mit jedem Tag rückte jetzt die Front näher an das Partisanengebiet heran. Manchmal hörten wir die dumpfen Einschläge der schweren Artillerie. Wir wußten, daß sie von der sowjetischen Armee kamen, denn die Partisanen besaßen keine schweren Waffen. Unsere Waffen konnte man auf den Schultern tragen. Es war offensichtlich, daß die Nazis demnächst aus unserem Gebiet vertrieben würden und daß der Partisanenkrieg zu Ende ging.
Nach dem vorläufigen Halt wegen des Tauwetters im Frühjahr wurde die sowjetische Offensive in der zweiten Junihälfte wiederaufgenommen. Der Vormarsch war unerbittlich, obwohl die Nazis heftigen Widerstand leisteten. Am 2. Juli 1944 erreichten die erste und die dritte weißrussische Front der Sowjetarmee Minsk. Die erste weißrussische Front schnitt die Eisenbahnlinie zwischen Minsk und Baranowicz ab. Am 3. Juli wurde Minsk befreit. Die Frontlinie verlief nun westlich von uns. Unser Hauptquartier und das Gebiet, das uns umgab, waren nun endlich frei von den Truppen der Nazis. Die Sowjets gaben an, 400 000 Nazis getötet und 158 000 Mann gefangengenommen zu haben. Der Sieg war überwältigend. Die Streitkräfte der Partisanen hatten in unserem Gebiet vom Juni 1941 bis Juli 1944 gekämpft: drei lange, bittere Jahre des Kampfes und des Leids.

Unsere Brigade marschierte in Pinsk ein; wir waren es, die die Stadt befreiten. Am Tag der Befreiung wurde mir von der Sowjetregierung eine Medaille für den heldenhaften Kampf als Partisanin während des Krieges verliehen. Unsere Brigade wurde aufgelöst, und wir gingen auseinander. Jetzt hatten wir die Freiheit, die Wälder zu verlassen und wieder wie Menschen zu leben.

Nun begann die Zeit, in der ich mir ständig ernste Fragen über mein künftiges Leben stellte. Obwohl die Situation für Juden immer noch gefährlich war, mußte ich mein Gewehr, meine Pistole und die Handgranate – meine ständigen Begleiter während der letzten zwei Jahre – abgeben. Ich spürte einen Identitätsverlust. Was würde ich mit meiner neugewonnenen Freiheit anfangen? Wie sollte ich diese Freiheit nutzen? Wohin sollte ich gehen? Im Wald bei den Partisanen hatte ich mir nur selten Gedanken über die Zukunft gemacht. Wir hatten nie Ruhe oder Zeit zum Nachdenken gehabt. Der tägliche Kampf, Überfälle, Angriffe, die Pflege der Verwundeten, die Märsche von einem Ort zum anderen, das Überleben im kalten Winter ohne ein Dach über dem Kopf – all das hatte meine ganze Aufmerksamkeit in Anspruch genommen. Mein Leben hatte sich nur um das Überleben und den Gedanken an Rache gedreht. Der Widerstand war ein Akt der Verzweiflung gewesen, weil die Überlebenschance gering war. Ich hatte nicht die Zuversicht gehabt, daß ich am Ende des Krieges noch leben würde.

Für mich hatte also das Kämpfen aufgehört; ich lebte und war plötzlich frei. Dennoch war der Tiefpunkt meines Lebens gekommen; ich sah keine Zukunft für mich. Meine russischen Partisanenfreunde feierten die Befreiung mit Singen und Tanzen. Jeder ließ den anderen an seinem Glück teilha-

ben; sie erzählten einander Geschichten von ihren Eltern, Brüdern und Schwestern. Sie sprachen von dem festlichen Empfang, der sie bei der Heimkehr erwartete, von den Siegesparaden, auf die sie sich freuten. Alle meine nichtjüdischen Kameraden hatten ein Zuhause, eine Familie, ein Land, in das sie zurückkehren konnten. Ich hatte nichts: keine Eltern, keine Familie, kein Zuhause, keine Heimatstadt und kein Vaterland. Wohin sollte ich gehen? In unserer Stadt waren Juden und Christen gleichermaßen auf brutale Weise umgebracht worden. Die Stadt existierte nicht mehr. Als ich aus den Tiefen der Wälder und Sümpfe zurückkehrte, warteten keine Blumensträuße auf mich, kein bißchen Liebe, kein freundlicher Blick der Nachbarn, keine liebevollen Eltern, die mich umarmt hätten. Für mich war der Tag des Sieges ein Tag der Rechenschaft. Nie in meinem Leben war ich so einsam, so traurig; nie hatte ich solches Verlangen nach den Eltern, der Familie und jenen Freunden gespürt, die ich niemals wiedersehen würde. Ich trauerte unermeßlich um mein Volk, das erbarmungslos ermordet worden war.
Allein ging ich durch die Straßen von Pinsk, ganz mit meinen Gedanken beschäftigt. Mein Kopf war voller Fragen. Welche Entscheidungen sollte ich treffen? Der Krieg war bei weitem noch nicht zu Ende; in vielen Ländern wurde noch gekämpft. Nach der Befreiung unseres Gebiets traten die meisten jüdischen Partisanen in die Sowjetarmee ein, um den Kampf in Italien, Frankreich und auf dem Balkan fortzusetzen. Für viele gingen Kampf und Leiden weiter. Die Todeslager arbeiteten fieberhaft weiter. Paris wurde erst Ende August 1944, mehr als einen Monat später, befreit. Und durch den Balkan kam der sowjetische Vormarsch nur langsam voran. Den ganzen Herbst 1944 hindurch kämpften die so-

wjetischen Streitkräfte und auch Titos Partisanen in Jugoslawien noch verzweifelt weiter. Auf dem Weg nach Berlin waren noch viele Schlachten zu schlagen, Schlachten, in denen man sein Leben verlieren konnte.

Um meine Entscheidung über die Zukunft hinauszuschieben, erwog auch ich, wieder am Kampf teilzunehmen. Ich hatte gehört, daß die Sowjetarmee Freiwillige mit dem Fallschirm in Jugoslawien absetzte, wo sich Nazisoldaten und Titos Partisanen weiterhin in einem erbitterten Kampf gegenüberstanden. Hier war die Partisanenbewegung noch aktiv. Es bestand immer noch die Möglichkeit, sich zu melden. Also entschied ich mich dafür; ich hatte keine Ruhe.

Am Tag nach der Befreiung, auf dem drei Kilometer langen Weg zur Meldestelle des Armeehauptquartiers, traf ich einen älteren Offizier der Sowjetarmee. Er hielt mich an und begann ein Gespräch. Aus meiner Partisanenzeit war ich es gewöhnt, mich mit sowjetischen Offizieren zu unterhalten. Er wollte wissen, wer ich sei, wo ich herkäme und wohin ich ginge. Wir redeten lange miteinander. Obwohl mir der Gedanke kam, er könnte dem Aussehen nach Jude sein, fragte ich nicht danach, und er gab sich nicht als solcher zu erkennen. Ich nahm aber an, daß er sich für mich und für meine Zukunft interessierte, weil er in mir eine Jüdin erkannte. Schließlich sagte er: »Hör zu. Du bist ein junges Mädchen, und ich weiß, daß du allein bist und niemanden hast, der dir bei deinen Entscheidungen helfen kann. Du bist eine Partisanin und hast schon genug gekämpft. Sei dankbar, daß du am Leben geblieben bist. Du bist Photographin. In der Sowjetunion ist das einer der besten Berufe. Du hast eine vielversprechende Zukunft vor dir. Schlag dir den Fallschirmabsprung über Jugoslawien aus dem Kopf! Ich bin viel älter als du, und ich gebe dir einen guten Rat. Wahrscheinlich sehen wir uns nie wieder, aber wenn du auf mich hörst, wirst du mich nie vergessen.«

Ich dachte eine Weile nach. Vielleicht hatte dieser Fremde recht; sein Rat schien mir vernünftig. Ich überlegte es mir anders und beschloß, mich nicht für den Einsatz in Jugoslawien zu melden. Ich beschloß, ins Leben zurückzukehren, ohne genau zu wissen, was ich von der Zukunft erwarten konnte.

※ ※ ※

Also war ich jetzt in Pinsk, wieder in einer richtigen Stadt. Noch wurde ich von dem Gefühl überwältigt, das alles könne nicht die Wirklichkeit sein. Hier stand ich nun, nach zwei Jahren im Wald, und stellte fest, daß die Welt außerhalb des Waldes immer noch so funktionierte, als ob das Leben normal wäre. Sobald die Gegend befreit worden war, hatte die sowjetische Verwaltung angefangen, die Ordnung wiederherzustellen. Die Leute waren auf den Straßen. Das Geschäftsleben ging normal weiter. Die Kinder spielten. Alles wirkte so, als hätte der Krieg niemals stattgefunden, obwohl doch Millionen von Menschen, darunter meine Familie, getötet worden waren. Der Gedanke machte mich krank.

Frühere Partisanenführer, die von den sowjetischen Behörden auf Verwaltungsposten eingesetzt wurden, bauten die örtliche Verwaltung in den befreiten Städten und Dörfern wieder auf. Die Hauptstelle in Pinsk, die von unserem alten Partisanenkommandanten Alexej Jefimowitsch Kleschow geleitet wurde, hatte schon eine Liste von Partisanenführern zusammengestellt, die die Verwaltung in den wiedergewonnenen Städten übernehmen sollten. Ich erhielt einen staatlichen Posten als amtliche Photographin für die wichtigste Tageszeitung Weißrußlands, die *Bjelorusskaja Prawda*, in Pinsk.

Pinsk lag noch innerhalb des Territoriums, das vor dem Krieg zu Polen gehört hatte. In jener Zeit hatte die Stadt annähernd fünfundvierzigtausend jüdische Einwohner gehabt. Jetzt war von dieser Vorkriegsbevölkerung kaum eine jüdische Seele übriggeblieben; die Stadt Pinsk war »judenrein« geworden. In den Fenstern, aus denen mich meine Verwandten und meine jüdischen Freunde immer gegrüßt hatten, erschienen jetzt die zornigen Blicke von Fremden. Nichtjuden waren jetzt in diese vormaligen Häuser der Juden eingezogen; sie fürchteten, die früheren Besitzer könnten zurückkehren und sie zurückfordern. Viele Häuser trugen noch die Mesusa über der Tür, aber in keinem von ihnen lebte eine jüdische Familie. Wohin ich auch ging, überall spürte ich den schmerzlichen Verlust. Aus den Straßen, die von Häusern der Juden gesäumt waren, erhob sich der stumme Schrei unserer Brüder und Schwestern – ein Schrei, der mir unaufhörlich in den Ohren klang.

Während einer Pause kam ich an einer Schule vorbei. Die Kinder sprangen herum, sie spielten und lachten – aber jüdische Kinder waren nicht unter ihnen. Ich dachte an die zwei Kinder meiner Schwester, die von den Nazis lebendig begraben worden waren. Die schreckliche Vergangenheit erschien vor meinen Augen. Schnell ging ich weiter; den Schulhof wollte ich so weit wie möglich hinter mir lassen.

Ich ging zum Wohnungsamt der sowjetischen Behörden, einer neuen Einrichtung, die staatlichen Angestellten Zimmer und Häuser zuteilte, und bat um ein Zimmer. Wegen meiner Stellung als Photographin hätte ich ein ganzes Haus beanspruchen können, aber nach meinen Jahren in den Wäldern genügte mir ein einzelnes Zimmer. Das Zimmer, das mir das Wohnungsamt zuteilte, lag in einem der Häuser, die vor dem Krieg Juden gehört hatten; die Mesusa war noch auf dem Türrahmen zu sehen. Zeugnisse der früheren Bewohner gab es überall. Auf der Kredenz im Eßzimmer standen noch die silbernen Sabbatleuchter. Der Hausbesitzer war natürlich kein Jude. Er trug einen schwarzen Surdut, den Anzug, den die Chassidim am Sabbat tragen. Ich war empört. Nicht nur hatte man alle Häuser der Juden in Besitz genommen, die neuen Inhaber besaßen auch noch die Unverfrorenheit, sich die Kleider der früheren Besitzer anzuziehen.

Die Frau des Hauses begrüßte mich mit kaltem, argwöhnischem Blick. Ihr Gesicht ließ keinen Ausdruck der Güte, kein warmes Lächeln erkennen – keine Freundlichkeit, kein Mitgefühl. Sie hatte offenkundig nicht damit gerechnet, daß eine Jüdin lebend in dieses jüdische Haus zurückkehre, das sie jetzt bewohnte. Ich bat sie, mir das Zimmer zu zeigen. Sie führte mich in ein winziges Zimmer mit einem Einzelbett und einem kleinen Tisch. Ich sagte ihr mit Nachdruck, daß ich es nehmen würde. Ich hatte kein Gepäck, nichts als die Kleider, die ich am Leibe trug. Keine Koffer, keine Möbel mußten dorthin gebracht werden – nur mein Photoapparat, vom dem ich mich niemals trennte.

Ein paar Stunden später kehrte ich zum Haus zurück. Die Frau stand in der Tür. Mit unschuldiger Stimme teilte sie mir mit, zwei junge Frauen, Marineoffiziere, hätten in der Zwischenzeit mein Zimmer eingenommen. Mit Verblüffung und Zorn nahm ich es zur Kenntnis; das Zimmer war ja bereits an mich vermietet worden.

Ich sagte kein Wort, aber ich war entschlossen, dieser Frau

zu zeigen, daß der Krieg zwar noch nicht zu Ende, die Naziherrschaft in Pinsk aber vorbei und Antisemitismus nicht mehr hinzunehmen war. Sofort ging ich zum Marineadmiral. Mit meiner Tapferkeitsmedaille am Revers trat ich vor ihn und salutierte. Ich erklärte dem Admiral, daß zwei seiner weiblichen Offiziere das Zimmer genommen hätten, das mir vom Wohnungsamt zugeteilt worden war. Er entschuldigte sich höflich und versicherte mir, daß er sich persönlich um die Angelegenheit kümmern werde.

Als ich zum Haus zurückkam, war das Zimmer wieder frei. Die nichtjüdische Hauswirtin dieses jüdischen Hauses hatte ihre Haltung mir gegenüber plötzlich geändert. Jetzt sah sie mich mit scheinbarem Respekt an; sie bemühte sich sogar, freundschaftlich zu tun, und machte mir Hilfsangebote, die ich natürlich zurückwies. Ich war wütend.

* * *

Als Photokorrespondentin der *Bjelorusskaja Prawda* hatte ich viel Erfolg. Trotz der Lebensbedingungen, die in der Zeit nach der Befreiung herrschten, und trotz meiner traurigen und einsamen Situation als jüdische Überlebende waren mein Ehrgeiz und meine Tatkraft wieder angefacht worden. Ich war stolz auf meine Leistungen im Krieg und fühlte mich durch meine Erfahrungen als Partisanin gestärkt.

Aber bald wurden mir die Schwierigkeiten des Lebens unter dem kommunistischen Regime bewußt. Ich merkte, daß ich der einzige Photograph in der ganzen Provinz Pinsk war, und fragte mich, wo die anderen seien. Die Erklärung war, daß sie alle der Spionage beschuldigt und nach Sibirien geschickt worden waren. Diese Paranoia der Sowjets hatte ich schon einmal zwischen 1939 und 1941, während ihrer Besetzung Lenins, erfahren. Ich machte mir Sorgen, wie es mir in dieser unruhigen Zeit selbst ergehen würde.

Überall, wohin ich ging, behandelte man mich in dieser Zeit wie ein großes Tier. In den Städten und Dörfern auf meiner Route hingen riesige Plakate aus, die die Ankunft der Zeitungsphotographin verkündeten. Ich photographierte alle Arbeiter, die man ausgezeichnet hatte, die Stachanows. Berichte über die Land- und Industriearbeiter, die »mehr Arbeit in kürzerer Zeit« geleistet hatten, wurden in der Zeitung veröffentlicht; ich machte die Aufnahmen dazu. Ebenso lieferte ich die Bilder von allen Funktionären, Kommunisten, Parteigrößen und KGB-Offizieren.

In jedem Dorf, in dem ich zu tun hatte, gab die Verwaltungsbehörde mir zu Ehren einen Empfang. Wohin ich auch kam, mir standen alle Türen offen. Der Erste Sekretär der kommunistischen Partei und Verwaltungsdirektor der Provinz Pinsk, Alexej Jefimowitsch Kleschow, mein früherer Brigadekommandant, war für Normalbürger nicht zu sprechen. Für mich aber hatte er stets ein offenes Ohr. Kleschow betrachtete mich als Kameradin, da ich Mitglied seiner Brigade gewesen war. Wir hatten zusammen gekämpft und uns dabei sehr gut kennengelernt. In Pinsk konnte ich nun einen Vorteil aus dieser Verbindung ziehen. Ich durfte im gleichen Restaurant essen wie Kleschow und die anderen kommunistischen Funktionäre.

Bald wurde ich mir der Schwierigkeiten bewußt, die daraus entstanden, daß ich kein Mitglied der kommunistischen Partei war. Oft fragte man mich, warum ich nicht in den Komsomol, die kommunistische Jugendorganisation, eintrat. Meine Antwort war immer: »Wie würde es aussehen, wenn ich zum Komsomol ginge? Ich habe eine verantwor-

tungsvolle Stelle als Erwachsene. Der Komsomol ist für Kinder. Nächstes Jahr bin ich alt genug, der regulären kommunistischen Partei beizutreten.«
In Wahrheit war ich keine Kommunistin. Ich wußte auch, daß die Parteimitgliedschaft, ob sie nun aus Bequemlichkeit oder Überzeugung beantragt wurde, mir nach dem Ende des Krieges Schwierigkeiten bereiten würde, wenn ich die Sowjetunion verlassen wollte. Damals trug ich mich mit dem Gedanken, nach Palästina auszuwandern.

※ ※ ※

Im Sommer 1944 hatte ich also schon einen festen Wohnsitz und einen festen Beruf. Meine nächste Aufgabe sah ich darin, meinen Bruder Kopel zu suchen. Als orthodoxer Jude würde er sich – unter den unsicheren Bedingungen, die nach der Befreiung herrschten – nur unter Schwierigkeiten durchschlagen können. Ich aber hatte jetzt genug Nahrung und Geld, um meinen Bruder zu unterstützen.
Ich beschloß, die Dörfer in der Nähe von Kopels früherem Partisanenstützpunkt abzusuchen. Kleschow erteilte mir die schriftliche Erlaubnis, die ich für die Reise brauchte, aber es gab immer noch Hindernisse. Mein Ziel lag ungefähr hundert Kilometer östlich von Pinsk, wohin es für Zivilisten keine reguläre Beförderungsmöglichkeit gab. Mit einem Pferdewagen zu fahren, war gefährlich; obwohl in den größeren Zentren viel geschehen war, um die Ordnung wiederherzustellen, waren die Wälder immer noch voll von herumziehenden Banden. Täglich wurden Menschen auf den Straßen umgebracht, und jetzt besaß ich kein Gewehr mehr.
Mit der Eisenbahn zu reisen, schied für Zivilisten eigentlich aus, weil wegen des Krieges nur Soldaten befördert werden

durften. Der Öffentlichkeit war es verwehrt, die Eisenbahn zu benutzen. Ich beachtete diese Vorschriften jedoch nicht, ging zum Bahnhof und bekam heraus, in welcher Richtung die Züge fuhren – denn auch das war ein militärisches Geheimnis. Dann sprang ich auf einen nach Osten fahrenden Zug, der mit Sowjetsoldaten überfüllt war. Ich zeigte meine Medaille vor, erzählte ihnen, daß ich Partisanin bei einer sowjetischen Brigade gewesen war und meinen Bruder suchte, der auch bei den Partisanen gekämpft hatte. Ich durfte bleiben; die Soldaten behandelten mich als ihresgleichen und versteckten mich, wenn die militärische Kontrolle durch die Waggons ging, um nach Zivilisten Ausschau zu halten.

Nach einigen Tagen erreichte der Zug einen Dorfbahnhof, von dem aus er eine Richtung einschlug, die nicht zu meinem Ziel führte. Ich mußte in einen anderen Zug umsteigen, der nach Osten weiterfuhr. Diesmal geriet ich an eine Gruppe von Krankenschwestern. Ich erzählte ihnen, daß ich bei den Partisanen als Krankenschwester gearbeitet hatte. Auch sie hießen mich willkommen und teilten ihr Essen mit mir. Wohin ich auch ging, verschafften mir das Wort »Partisan« und meine Medaille Anerkennung und Bewunderung.

Es dauerte fast zwei Wochen, bis ich das Dorf erreichte, in dem die Einheit meines Bruders befreit worden war. Glücklicherweise kam ich sicher an. Meine Erleichterung verwandelte sich jedoch schon bald in Enttäuschung, als ich erfuhr, daß sich mein Bruder Kopel nur zwei Tage zuvor zur Sowjetarmee gemeldet hatte und an die Front verlegt worden war. So knapp hatte ich ihn verpaßt. Niedergeschlagen und einsam stand ich nun da. Mir blieb keine andere Wahl, als mit einem anderen Militärtransport nach Pinsk zurückzukehren.

Fünfzehntes Kapitel

WIEDERSEHEN UND NEUBEGINN

Im Spätherbst 1944 war mir das für meine Arbeit unentbehrliche Photomaterial fast ausgegangen. Weil es in Pinsk nicht erhältlich war, mußte ich bis nach Minsk fahren, das mehr als zweihundert Kilometer nordöstlich von Pinsk liegt. Es gab noch einen zweiten Grund, weshalb ich nach Minsk wollte. Ich hielt es für möglich, daß mein älterer Bruder Moische dort lebte. Mir waren Gerüchte über einen Photographen zu Ohren gekommen, der im Minsker Gebiet Partisan gewesen sei. Wenn er am Leben war, würde ich ihn sicherlich finden. Einen Photographen aufzuspüren wäre kein großes Problem. Wie ich würde er für die Sowjetbehörden arbeiten, die nach der Befreiung eingesetzt wurden.
Wieder bat ich Kleschow um eine Reisegenehmigung. Für die Bahnverbindung zwischen den Hauptzentren Pinsk und Minsk war sie leichter zu bekommen. Wegen einer Unterkunft machte ich mir keine Sorgen. Die Befreiung lag immer noch kurze Zeit zurück, und die Erinnerung an die Bedingungen, unter denen ich während meiner Partisanenjahre gelebt hatte, war noch frisch. Wann und wo ich schlafen sollte, bedeutete für mich kein Problem. Der Fußboden, Gras, Erde – alles war mir recht.
Als erstes ging ich zum Sitz der Minsker Regierung. Dort

wollte ich mich erkundigen, ob ein Photograph registriert war, der in der Stadt arbeitete. Ich stellte mich einem Regierungsbeamten vor, und bald hielt ich die Adresse des amtlichen Photographen in der Hand. Ich weiß noch, wie ich mir damals sagte: »Jetzt habe ich endlich das Glück auf meiner Seite.«

Mit der Adresse in der Hand machte ich mich sofort auf den Weg. Es war ein riesiges zweistöckiges Gebäude. Das Erdgeschoß sah völlig verlassen aus, die Räume waren leer und kalt. Ich ging in den ersten Stock hinauf und machte vorsichtig die Tür auf – nach typischer Partisanenmanier, ohne anzuklopfen. Vor mir lag ein großes Zimmer, fast ohne Möbel, außer einem großen Holztisch, der in der Mitte stand. Und da war er, mein Bruder Moische. Er stand da, über den Tisch gebeugt, und sortierte Photographien. Erstaunt sah er mich an, als ob ich aus einer anderen Welt käme.

Ich dankte Gott, daß mein Bruder noch am Leben war. Wir hatten uns seit dem Frühjahr 1942, als ihn die Nazis in das Zwangsarbeitslager von Gancewicz brachten, nicht mehr gesehen. Während unserer Partisanenzeit hatten wir keinen Kontakt zueinander gehabt. Trotz vieler Versuche war es mir nie gelungen, seinen Standort herauszufinden. Ich hatte nicht einmal gewußt, ob er noch lebte. Jetzt, Ende 1944, stand er nun endlich da, direkt vor mir!

Moische wollte wissen, ob ich Kenntnis von anderen Überlebenden aus Lenin hätte. Leider gab es meines Wissens keine. Die meisten waren von den Nazis ermordet worden, die Überlebenden hatten später als Partisanen den Tod gefunden. Ich fragte ihn, ob er von Überlebenden aus unserer Stadt gehört habe. Er sagte: »Doch. Es gibt da einen jungen Mann. Er wohnt hier bei mir. Er war auch bei den Partisanen und hat dort eine Brigade kommandiert – Moische Schulman. Ihm untersteht die Buchhaltung eines großen Staatsbetriebs; er wohnt hier bei mir im Haus.« Als ich das hörte, war ich doppelt glücklich. Ich hatte Moische schon vor dem Krieg in Lenin kennengelernt, und schon damals mochte ich ihn. Während meiner Partisanenzeit hatten wir uns einmal kurz getroffen.

* * *

Ich kannte Moische schon seit den allerersten Kriegstagen, und er kannte meine ganze Familie. Moische war ein Flüchtling aus dem westlichen Polen, aus Warschau. 1939, als die Nazis durch Westpolen zogen und Warschau besetzten, konnte er fliehen. Mit Tausenden anderer Flüchtlinge schlug er sich nach Lenin durch, das damals als Teil des sowjetisch besetzten Polen für Juden noch sicher war.
In Lenin hatte Moische als Buchhalter in einem staatlichen Betrieb gearbeitet. Ich sah ihn damals oft. Unsere Stadt war klein, und jeder kannte jeden. Manchmal, wenn ich zum Photographieren unterwegs war, stand er auf dem Gehsteig neben der Fabrik und unterhielt sich mit Freunden. Oft, wenn ich vorbeiging, trafen sich unsere Blicke. Diese Blicke waren vielsagend, aber wir redeten nur wenig miteinander.
Im Jahre 1942, als die Nazis unsere Stadt besetzten, wurde Moische zusammen mit meinen Brüdern Moische und Kopel und all den anderen jungen Männern Lenins in das Zwangsarbeitslager von Gancewicz gebracht. Er entkam und schloß sich den Partisanen an. Zunächst meldete er sich als Untergrundkämpfer; später stieg er im Rang auf und wurde Kommandeur einer Brigade. Er war sehr tapfer, und

Moische (ganz links) mit seiner Partisaneneinheit.

seine militärische Ausbildung war hervorragend. Vor dem Krieg war er Offizier in der polnischen Armee gewesen. Moische spezialisierte sich darauf, die Eisenbahnzüge des Feindes in die Luft zu sprengen. Wenn nach Westen fahrende Züge mit einer Ladung von Schlachttieren gesprengt wurden, gab er die beschlagnahmten Rinder ihren Eigentümern zurück. Auf diese Weise gewann Moische viele Freunde unter den Bauern der Umgebung.
Vielen russischen Partisanen fiel es schwer, einen Juden wie Moische als Kommandeur zu akzeptieren. Seine Stellung und auch sein Leben waren immer in Gefahr. Aber sein Verhalten war stets von Würde und Mut geprägt. Wenn nichtjüdische Partisanen ihm ein Kompliment machen wollten,

sagten sie ihm oft, daß er wie ein Pole kämpfe. Seine Antwort war immer gleich: »Ich bin kein Pole, ich bin Jude, und Juden können auch kämpfen.«
Moische hielt es für seine Pflicht, den jüdischen Familien zu helfen, die sich im Waldgebiet versteckt hielten. Er brachte ihnen Lebensmittel, Kleidung und was sie sonst noch zum Überleben brauchten. Einmal konnte er den Kindern sogar Honig mitbringen, den die Nazis auf dem Rückzug hinterlassen hatten. Der Kommissar der Brigade hätte Moische am liebsten umgebracht, als er herausbekam, daß er den Honig an die Juden verschenkt hatte. Als er die Gefahr erkannte, floh Moische tiefer in den Wald hinein und schoß dort eine Ente. Er brachte die Ente dem Kommissar, der sie als Versöhnungsgeschenk annahm. So sahen die Verhältnisse bei den Partisanen aus!
Während meiner zwei Jahre bei den Partisanen hatten wir uns nur einmal getroffen. Wir waren zwölf müde, hungrige Partisanen auf dem Weg von unserem Stützpunkt nach Osten und näherten uns dem Dorf Nawozielnicz. In der Hoffnung, nicht auf Feinde zu stoßen, entschlossen wir uns, das Risiko einzugehen, und betraten eines der Häuser im Dorf. In jener Gegend waren die Dörfer sicherer als in der Nähe unseres eigenen Stützpunkts. In einigen von ihnen waren Partisanen stationiert; sie konnten sogar in den Häusern schlafen, was in unserem Gebiet nur ganz selten möglich war. Es war nach Mitternacht. Alle Häuser lagen finster da, bis auf eines, durch dessen kleine Fenster ein Lichtschimmer drang. Wir traten ein. Das Innere bestand aus einem großen Raum, der in zwei Hälften geteilt war. Stroh und ein paar Decken lagen auf dem Boden des Schlafteils. In der anderen Zimmerhälfte loderte ein Feuer in einem gemauerten Ofen;

ein langer Holztisch stand da mit Bänken auf beiden Seiten. Drei Offiziere der Partisanen saßen vor einer Landkarte am Tisch. Sie waren in ein Gespräch vertieft.

Wir traten ein und stellten uns vor. Als ich näher an den Tisch herankam, sah ich Moische. Der Raum war nur schlecht beleuchtet, aber ich erkannte ihn sofort. Ich lächelte. Auch er wußte sogleich, wer ich war, erhob sich rasch von der Bank und umarmte mich herzlich. Dann stellte er mich seinen Mitpartisanen vor.

In diesem fremden Haus im Wald trafen sich unsere Augen wieder. Sie spiegelten den Schrecken und die Trauer, die wir in der Zwischenzeit kennengelernt hatten. Wir hätten uns so viel zu sagen gehabt, aber wir sprachen nur wenig. Moische befahl dem Bauern, uns etwas zu essen zu bringen. Die Bäuerin brachte uns Brot, Joghurt und saure Gurken. Als Moische sagte: »Bring uns etwas Besseres«, trug sie saure Sahne auf. Wir aßen und tranken sogar Wodka.

Es fiel Moische auf, daß meine Füße in Lumpen gewickelt waren. Er sagte: »So kannst du nicht weitergehen. Ich muß dir ein Paar Stiefel besorgen.« Ich erwiderte: »Nein! Ich will keine Stiefel. Für mich ist es viel sicherer ohne Stiefel.« Als Partisan verstand er, daß der Besitz von Stiefeln das Leben kosten konnte, wenn man von der größeren Partisanengruppe getrennt war.

Uns blieb nur wenig Zeit für ein Gespräch, denn plötzlich gab es Alarm. Draußen hörten wir Schüsse: ein Naziüberfall. Wir liefen alle aus dem Haus. Moisches Gruppe, bestehend aus vierzig Männern, tauchte aus den Nachbarhäusern auf; sie rannten auf den Feind zu. Ich lief mit meiner Gruppe in die andere Richtung, um wieder zu meiner Einheit zu gelangen.

Das war das erste und einzige Zusammentreffen mit Moische während der Partisanenjahre. Ich konnte nicht wissen, ob er überleben würde; ebensowenig wußte er, ob ich am Leben bliebe. Als wir uns trennten, fragte ich mich, ob wir uns jemals wiedersehen würden.

※ ※ ※

Ich war so glücklich, als ich hörte, daß Moische noch lebte und in Minsk bei meinem Bruder wohnte; meine Aufregung war groß. Voller Ungeduld fragte ich meinen Bruder, wo er sich aufhalte. Noch während wir uns unterhielten, hörte ich, wie die Tür aufging. Moische erkannte mich sofort. Einen Augenblick lang blieb er in der Tür stehen, von Freude überwältigt. Schließlich lief er auf mich zu und drückte mir die Hand. Ein starkes Gefühl, so viel Freundschaft und Zuneigung lag in diesem einfachen Händedruck! Er sagte nicht viel, aber ich wußte, daß wir das gleiche empfanden. Und dieses Mal war das Empfinden noch stärker als damals im Dorf, es war Liebe. Wir konnten es nicht in Worte fassen, aber die Liebe war da. In diesem Moment wußten wir beide, Moische und ich, daß wir zusammengehörten.
Wir jüdischen Überlebenden, deren Befreiung sich erst vor kurzem ereignet hatte, empfanden das Leben sehr intensiv. Da uns nur eine kleine oder gar keine Familie geblieben war, spürten wir ein starkes Verlangen, unser Leben zusammen mit denen aufzubauen, die, wie wir, dem Tod entkommen waren. Nach allem, was wir durchgemacht hatten, begehrten wir ungeduldig, unser Leben fortzusetzen, das Zerstörte zu heilen und einen neuen Anfang zu machen. Wir fühlten den Drang, das, was uns an Liebe geblieben war, rasch umzusetzen.

Ich blieb noch ein paar Tage in Minsk und besorgte meine Photomaterialien. Moische führte mich jeden Tag zum Essen aus. Wegen der Lebensmittelrationierung, die noch immer galt, konnte man nur mit besonderen Essensmarken in ein Restaurant gehen. Da Moische eine hohe Stelle innehatte – er war zum Chefbuchhalter einer großen Fabrik ernannt worden, die militärischen Zwecken diente –, kam er immer an Essensmarken heran.
Während dieser wenigen Tage in Minsk machte ich mir Gedanken darüber, weshalb Moische nicht von Liebe oder Heirat sprach. In meiner Verletzlichkeit fragte ich mich, wie ich so töricht sein konnte, zu glauben, er wolle mich heiraten. Er war Kommandeur einer Brigade gewesen, ein Partisanenheld mit vielen Tapferkeitsmedaillen. Er war zehn Jahre älter als ich, er war reif, er war ein Mann. Und wer war ich? Nur ein junges Mädchen. Mir war aufgefallen, daß viele junge Frauen seine Nähe suchten, Ärztinnen, Ingenieurinnen, die so viel gebildeter waren als ich. Warum sollte er ausgerechnet mir einen Heiratsantrag machen?
Es stimmte, in Pinsk war ich beliebt – mehrere Verehrer hatten mir schon einen Antrag gemacht. Aber ich war in keinen von ihnen verliebt. Einer war Kommandeur einer Einheit; wir kannten uns aus der Partisanenzeit. Dieser Kommandeur war ein sehr strenger Soldat; ich fürchtete mich vor ihm. Eines Tages befahl er mir, mit ihm zum Standesamt zu gehen. Ich hatte Angst, sehr große Angst, nein zu sagen. Auf dem Weg zum Standesamt geriet ich plötzlich in Panik und lief davon. Es war eine idiotische Art, mit dieser Situation fertig zu werden, aber ich fürchtete, ich könnte zu spät zur Vernunft kommen. Den Kommandeur habe ich nie wiedergesehen.

Ein weiterer Verehrer war der Bürgermeister von Pinsk. Er war Jude, ein einfacher, guter Mann, aber gleichzeitig ein glühender Kommunist. Das war nichts für mich. An den jüdischen Feiertagen ging er nicht in die Synagoge, sondern wartete draußen, bis der Gottesdienst vorüber war. Es gab auch einen jüdischen Filmproduzenten, der in einem amtlichen Flugzeug herumflog. Auch er wollte mich heiraten und bat mich, mit ihm nach Moskau zu ziehen. Ich lehnte ab.
Ich war in Moische verliebt. Ich hatte ihn schon vor dem Krieg gekannt; er hatte meine Familie gekannt, und das bedeutete mir sehr viel. Wir hatten bei den Partisanen das gleiche erlebt. Auch Moische überlegte, ob er nicht nach dem Krieg die Sowjetunion verlassen und später einmal nach Palästina auswandern sollte.
Später erzählte mir Moische, was er sich damals dachte; warum er mir nicht sofort einen Heiratsantrag machte. »Wie hätte ich sagen können, daß ich dich liebte? Du warst so jung, so schön, so beliebt. Ich hatte Angst, du würdest mich zurückweisen. Warum solltest du einen älteren Mann heiraten, wenn du so viele jüngere Männer in hohen Stellungen zur Auswahl hattest? Ich hatte Angst davor, dich zu fragen, ob du mich heiraten würdest.«
Als ich nach Pinsk zurückkam, erwartete mich eine Menge Arbeit. Ich mußte sofort in mehrere Städte und Dörfer reisen, um Aufnahmen zu machen. Nicht einmal zwei Wochen waren vergangen, als mich Moische in Pinsk besuchte. Er fand keine Ruhe; er fürchtete, mich zu verlieren. Diesmal zauderte er nicht und bat mich sofort, ihn zu heiraten. Ich war von Glück erfüllt. Wir fuhren nach Minsk zurück, und am 12. Dezember 1944 heirateten wir im Haus meines Bru-

Fagel und Moische kurz nach ihrer Hochzeit.

ders. Es war schwierig, damals in Minsk, wo früher so viele Juden gewohnt hatten, die zehn jüdischen Männer zur Erfüllung des Minjan zu finden – wir hatten eine religiöse Hochzeitszeremonie gewünscht. Schon am Tag nach der Hochzeit mußten wir Abschied nehmen. Ich mußte zurück zu meiner Arbeit in Pinsk, Moische mußte so lange in Minsk bleiben, bis eine Versetzung nach Pinsk möglich war oder er die Erlaubnis bekam, seine Stelle aufzugeben.

In Pinsk wartete ich voller Sorge – aber von Moische kam keine Nachricht: kein Telegramm, kein Brief, kein Telephonanruf. Ich machte mir langsam Gedanken über die Eile, in der wir geheiratet hatten. Vielleicht war es nichts als ein Scherz; vielleicht liebte mich Moische gar nicht. Ich machte mir Sorgen: Würde er jemals zu mir zurückkehren?

Ein Monat verging. Ich war gerade mit meinem Photoapparat auf der Straße unterwegs, als mich ein sowjetischer Offizier anhielt. Er sagte mir, daß mein Mann da sei und mich suche. Ich konnte es nicht glauben. Konnte es möglich sein, daß Moische hier in Pinsk war? Sobald es ging, eilte ich nach Hause. Und da war Moische. Er fragte mich, was los sei, warum ich ihn nicht am Bahnhof abgeholt hätte. Ich sagte ihm, daß ich von seiner Ankunft nichts gewußt hätte. Er hatte mir vor einem Monat ein Telegramm geschickt und mir auch einen Brief geschrieben, daß er heute eintreffen würde. Das Telegramm kam eine Woche nach seiner Ankunft an – es war fünf Wochen unterwegs. Und der Brief traf nie ein.

Mein kleines Zimmer bot zu wenig Platz für uns beide. Wir durften in ein wunderschönes Haus umziehen, das gut möbliert und mit Tapeten, Teppichen und schönen Tischdecken ausgestattet war. Unser jetziges Leben war das genaue Gegenteil von der Mühsal, die wir ertragen hatten. Wir hatten beide sehr gute Arbeitsstellen, hochangesehene Positionen. Moische, als früherer hochrangiger Offizier bei den Partisanen, arbeitete wieder in der Buchhaltung eines Staatsbetriebs. Ich war als Photographin gesucht und hatte sehr viel Arbeit. Zusammen hatten wir mehr Geld und Nahrung, als wir brauchen konnten.

Einmal, als ich nach einem langen Arbeitstag nach Hause zurückkehrte und die Tür öffnete, sah ich in der Küche eine Fremde auf dem Boden liegen. »Wer ist das?« fragte ich Moische. Er antwortete, sie sei eine Jüdin, die er zufällig auf

dem Heimweg zusammengekauert auf dem Gehsteig liegen sah. Er sei stehengeblieben und habe sie gefragt, was ihr fehle. Mit ihrem gelblichen Gesicht habe sie sehr krank ausgesehen und kaum sprechen können. Mit schwacher Stimme habe sie ihm erzählt, daß sie mit einer russischen Familie aus dem fernen Osten der Sowjetunion nach Pinsk gekommen sei. Sie habe die Kinder der Familie versorgt, aber als sie krank geworden sei, habe man sie hinausgeworfen. Jetzt könne sie nicht gehen und wisse nicht, wohin. Moische mußte sie über einen Kilometer weit bis zu unserem Haus auf dem Rücken tragen. Nun bat er mich, ihr nach besten Kräften zu helfen. Wir müßten versuchen, sie gesund zu pflegen.
Sofort holte ich einen Freund, der Arzt war. Die Frau hatte Malaria. Der Arzt verschrieb ihr eine Medizin, und ich wusch sie und brachte sie zu Bett. Ich pflegte sie, bis sie sich wieder erholte. Sie war jünger, als ihr Aussehen während der Krankheit vermuten ließ, vielleicht höchstens fünfzig Jahre alt. Es dauerte lange, aber am Ende wurde sie doch gesund. Als sie wieder imstande war zu arbeiten, blieb sie bei uns und wurde unsere Haushälterin. Sarah gehörte fortan zu unserem Haushalt und blieb uns dankbar, daß wir ihr das Leben gerettet hatten.
Sarah kaufte immer wieder für uns auf dem Schwarzmarkt ein. Die Zeiten hatten sich für Moische und mich sehr geändert. Meistens gab ich Sarah, ohne nachzuzählen, einfach eine Handvoll Geld. Ich hatte so viel Geld, daß ich gar nicht wußte, was ich damit anfangen sollte. Auf die Bank konnte ich nichts bringen, denn man hätte mich als Kapitalistin angesehen. Während unserer Partisanenzeit, als es für uns nicht existierte, kamen wir ohne Geld aus. Auch jetzt war es uns nicht übermäßig wichtig.

Wenn ich private Aufnahmen machte, bezahlten mich die Kunden in Rubeln, deshalb waren meine Taschen immer voll. Meine Hände waren niemals frei für eine Handtasche, weil ich meinen Photoapparat und die Negative halten mußte. Also hatte ich mir ein Loch in die Manteltaschen geschnitten, damit das Geld in das Mantelfutter hinunterrutschen konnte. Wenn ich nach Hause kam, holte ich eine Handvoll Rubel für Sarah heraus, damit sie auf dem Schwarzmarkt Hühner kaufen konnte.

Moische und ich luden regelmäßig eine Gruppe von jüdischen Überlebenden zum Abendessen ein, sieben oder acht frühere Partisanen – mehr Juden konnten wir damals in Pinsk nicht ausfindig machen. Jeden Abend tischten ihnen Sarah und ich das Essen auf. Wir saßen um den Tisch und sprachen von den Zeiten vor dem Krieg und von den Beschwernissen und Greueln, die wir später hatten ertragen müssen. Unsere Tischrunde bestand aus Menschen, die alle grausame Verluste erlitten, die hart gekämpft hatten, um die Hölle der Nazis zu überleben. Das war der Anfang unserer neuen Gemeinschaft, unserer neuen Lebensweise.

※ ※ ※

Von meinem Bruder Kopel hatte ich seit meiner vergeblichen Reise nichts mehr gehört. Ich wußte nur, daß er sich nach der Befreiung zur Sowjetarmee an die Front gemeldet hatte, die nun nach Berlin vorrückte. Eines Tages erhielt ich endlich eine Postkarte von ihm. Es war ein Wunder, daß mich diese Postkarte überhaupt erreichte, denn sie trug nur meinen Namen und keine genaue Adresse. Daß mich jeder im Bezirk kannte, muß wohl der Grund gewesen sein,

weshalb die Karte doch ans Ziel kam. Kopel schrieb, daß er verwundet sei und in einem sowjetischen Lazarett 1400 Kilometer östlich von Moskau liege: »Die Nazis hatten nicht genug Sprengstoff, mich umzubringen. Sie haben es nur geschafft, mir eine Zehe abzureißen.«
Kopel befand sich im Januar 1945 auf dem Vormarsch mit der schweren Artillerie. Als sein Bataillon an den verlassenen Gräben der Nazis vorüberzog, explodierte eine Granate unter seinem Fuß und riß die Spitze seines Stiefels weg. Seine große Zehe wurde dabei zerschmettert. Es gab weder Medikamente noch Sanitäter, aber Kopel hatte es fertiggebracht, seine Wunde selbst zu verbinden. Schließlich kam er in einen Lazarettzug, der die Verwundeten in ein großes Lazarett in der Stadt Opah brachte, mitten in der Sowjetunion, etwa sechzehnhundert Kilometer vom Ort seiner Verwundung entfernt. Drei Monate dauerte die Fahrt in diesem Zug. Während dieser Reise wurde er medizinisch nicht versorgt. Als er endlich im Lazarett eintraf, wollte der Chirurg die Zehe amputieren, doch mein Bruder ließ das nicht zu. Der Chirurg respektierte Kopels Wünsche und unternahm statt dessen eine Operation. Es gab keine Narkose. Glücklicherweise setzte allmählich ohne weitere medizinische Eingriffe ein Heilungsprozeß ein. Als er sich einigermaßen erholt hatte, schrieb mir Kopel aus dem Lazarett.
Obwohl ich mir Sorgen um Kopels Verletzung machte, war ich sehr glücklich über die Nachricht, daß er lebte und weit weg von den Kämpfen an der Front in Sicherheit war. Ich wollte ihn nach Pinsk bringen, wo ich mich um ihn kümmern könnte und wo es ihm an nichts fehlen würde. Bei meinen Beziehungen würde es mir nicht schwerfallen, ihm einen guten Verwaltungsposten zu verschaffen.

Mit Hilfe meines Bruders Moische gelang es mir, Kopel nach Pinsk zu holen. Aber damit er in Pinsk bleiben konnte, brauchte Kopel besondere Papiere, die seine Entlassung aus der Armee bescheinigten. Der Krieg war ja noch nicht zu Ende, und Kopel, als Soldat der Sowjetarmee, hätte gleich nach seiner Genesung in den aktiven Dienst zurückkehren müssen. Es ging das Gerücht um, daß sowjetische Soldaten jetzt in den Fernen Osten in den Krieg gegen Japan geschickt würden.

Ich ging zum Militärhauptquartier und gab an, daß mein Bruder verwundet sei und eine ordnungsgemäße Entlassung beantrage. Man antwortete, daß er am folgenden Tag zur medizinischen Begutachtung kommen müsse; danach würde der Militärarzt über seine Entlassung entscheiden. Falls seine Wunde verheilt sei, müsse er wieder zurück an die Front. Ich war besorgt, denn ich wußte, daß seine Zehe fast geheilt war.

Wenn er zur Untersuchung ginge, würde man ihn reaktivieren. Kopel zurück an die Front? Das wollte ich nicht, meiner Meinung nach hatte er schon genug gelitten. Mir blieb nur eine Möglichkeit: Ich mußte dafür sorgen, daß er die Sowjetunion verlassen und nach Polen gehen konnte; dort wäre er nicht mehr im Zuständigkeitsbereich der Sowjetarmee. Es mußte sofort geschehen, morgen schon würde es vielleicht zu spät sein.

Um das Land zu verlassen, brauchte er eine Ausreisegenehmigung; sie zu erhalten, war in der Sowjetunion kein leichtes Unterfangen. Es war schon Mittag. Ich wollte es Kopel ermöglichen, Pinsk bis zum Abend verlassen zu können. Wir hatten nur mehr ein paar Stunden Zeit. Ich ging zu Kleschow und sprach ihn direkt an: »Mein Bruder ist hier in

Die Familie: Kopel, Moische, Fagel und ihr Bruder Moische.

Pinsk, er ist verwundet. Ich brauche für ihn eine Ausreisegenehmigung, damit er nach Polen kann.«
Kleschow schwieg eine Zeitlang. Dann fragte er mich: »War-

um willst du, daß er nach Polen geht? Er ist ja dein Bruder, er bekommt von mir eine gute Stelle bei der Verwaltung hier in Pinsk.« Ich saß in der Klemme und wußte nicht, was ich sagen sollte. Ich konnte ihm nicht gut sagen, daß Kopel am nächsten Tag ins Militärhauptquartier bestellt war und ich nicht wollte, daß er wieder an die Front käme.

Ohne langes Nachdenken kam mir die Antwort wie automatisch über die Lippen: »Vor ein paar Tagen fuhr die Frau meines Bruders mit einer Gruppe sowjetischer Soldaten in einem Zug nach Polen. Sie ist Krankenschwester. Wenn er den nächsten Zug nach Polen erreichen kann, wird er sie vielleicht einholen, und sie könnte ihn pflegen.« Mein Bruder war nicht einmal verheiratet, aber mir fiel nichts Besseres ein. Kleschow bat seine Sekretärin, eine Ausreisegenehmigung auszustellen. Ich nahm sie in Empfang und eilte nach Hause.

Kopel wollte von Pinsk weg, je früher, desto besser. Der Anblick der Stadt in ihrem verwüsteten Zustand machte ihn unglücklich. In dieser Stadt hatte er jahrelang unter vielen Juden gelebt und studiert. In Pinsk fühlte er sich niedergeschlagen und fremd.

Als ich nach Hause kam, erwartete mich ein drängendes Problem. Kopel und ich waren ausgesperrt. Sarah war auf den Schwarzmarkt gegangen, hatte abgesperrt und den einzigen Schlüssel mitgenommen. Wir kamen nicht hinein. Ich wollte für Kopel Essen und Kleidung für seine lange Reise nach Polen zusammenpacken, und Kopel hatte auch noch einen Beutel mit religiösen Schriften im Haus liegen. Ohne sie wollte er keinesfalls wegfahren.

Es war schon spät, wir konnten nicht auf Sarah warten. Ich ging in den Hof; auf dieser Seite stand ein Fenster im ersten

Stock offen. Neben dem Fenster war eine große alte Kastanie mit vielen abgestorbenen Ästen. Ohne zu zögern, kletterte ich auf den Baum und stieg durch das offene Fenster ins Haus ein. Nach allem, was ich bei den Partisanen erlebt hatte, konnte ich sehr gut klettern. Nur eines hatte ich nicht bedacht: Wie ich erst seit kurzem wußte, war ich schwanger.
Kurz nachdem ich eingestiegen war, kam Moische nach Hause. Rasch machte ich das Paket fertig, Moische nahm den Beutel mit den Büchern, und zu dritt machten wir uns auf den Weg zum Bahnhof, der drei Kilometer entfernt lag. Als wir ankamen, hatte Kopel gerade noch Zeit, sich von uns zu verabschieden; dann humpelte er in ein Abteil. Gerade noch geschafft! Der Zug fuhr an, und Kopel war unterwegs.

※ ※ ※

Am 30. April 1945 rückten die sowjetischen Streitkräfte in Berlin, der Hauptstadt Deutschlands, ein. Neun Tage später, am 9. Mai 1945, eine Minute nach Mitternacht, wurden alle Kampfhandlungen in Europa offiziell eingestellt. Der Krieg in Europa war endlich vorbei. Für mich allerdings war der Krieg schon zu Ende gegangen, als ich fast ein Jahr zuvor, im Juli 1944, befreit worden war.
Beruflich ging es mir immer noch gut. KGB-Angehörige kamen zu mir ins Haus, um uns zu besuchen oder um sich photographieren zu lassen. In einem der Räume des Hauses hatte ich das Atelier eingerichtet. Materiell blieb mir kein Wunsch unerfüllt. Ich arbeitete viel, aber ich hatte es auch nötig, dauernd beschäftigt zu sein. Ich wollte nicht die Zeit

haben, an die schreckliche Vergangenheit zu denken, ich wollte nicht an den dunklen, leeren Häusern mit den Mesusas an den Türen vorbeigehen.

Die Vergangenheit suchte mich ständig heim. Alles, was ich sah, brachte Erinnerungen an mein Leben vor dem Krieg zurück. Während des Kriegs gab es Zeiten, in denen ich nur das besaß, was ich am Leib trug. Nun hatte ich sogar vier Pelzmäntel. Aber wie konnte ich vergessen, daß der erste Pelzmantel, den die Nazis den Juden in Lenin abgenommen hatten, meiner Schwester Sonia gehörte? Nun hatte ich mehr als genug zu essen: Käse, Obst, Rosinen, Butter und Eier. Jeder sowjetische Soldat, der zum Photographieren kam, brachte mir Lebensmittel als Geschenk mit. Aber je mehr ich besaß, desto schmerzvoller wurden meine Erinnerungen. Wo war dieses ganze Essen, als wir es im Ghetto so nötig brauchten, als meine Familie und alle anderen hungern mußten? Wie konnte ich es mir jetzt schmecken lassen?

Ich erinnerte mich noch daran, wie der Mann meiner Schwester Esther, der Arzt, einmal von einer Bäuerin ein einzelnes Ei als Bezahlung erhielt. Als er sie fragte, was ihr fehle, sagte sie verächtlich: »Sie sind der Arzt, Sie müssen es wissen.« Er fühlte sich gedemütigt. Wortlos untersuchte er sie von oben bis unten; schließlich stellte er fest, daß sie eine wunde Zehe hatte. Wenn er vor dem Krieg so unverschämt behandelt worden wäre, hätte er sie hinausgeworfen. Aber er mußte den Mund halten, weil er als Jude schutzlos war.

Zu Hause gab mein Schwager das Ei meiner Mutter, die es kochte und dann sorgfältig in zwei Hälften teilte, je eine für die beiden Kinder meiner Schwester. Die Kinder aßen jeden Krümel mit großem Appetit auf. Damals war ein Ei eine Delikatesse. Die ganze Familie stand um die Kinder herum und schaute zu. Wir hatten alle solchen Hunger, wir hatten nichts zu essen, aber wir waren glücklich darüber, daß sich die Kinder über das Ei so sehr freuten. Jetzt hatte ich so viele Eier, so viel zu essen, aber niemand war am Leben geblieben, der es mit mir teilte.

Von den Menschen, die ich kannte und liebte, waren die meisten tot. In meiner Erinnerung und in meinem Herzen lebten sie dennoch weiter. Was ich erlebt hatte, ging mir dauernd im Kopf herum. Mit Moische konnte ich darüber reden. Uns kam es beiden vor, als ob wir auf einem Friedhof lebten. Das warme Gefühl der Sicherheit, das mich früher umhüllt hatte, war für immer dahin. Wenn wir nach Palästina auswanderten und dort ein neues Leben unter anderen Juden anfingen, so dachten wir, könnten wir es schaffen, unser Leben neu aufzubauen.

Unser Wohlstand, unser Erfolg, unser Geld, das Haus, das Essen – nichts davon konnte uns glücklich machen. Wir beschlossen, das alles zurückzulassen, Pinsk und die Sowjetunion zu verlassen. Da Moische aus Warschau stammte, wollte er zunächst dorthin zurück, in der Hoffnung, noch Lebende unter seinen fast zweihundert Familienangehörigen zu finden. Dazu gehörten seine Eltern, seine Geschwister, seine Onkel, Tanten, Cousins und Cousinen. Es müßte doch irgendwer noch am Leben sein.

Um die Sowjetunion legal zu verlassen, mußten wir die Ausreise beantragen. Als wir unseren Auswanderungswunsch offiziell machten, suchte mich Kleschow auf und fragte, warum ich weg wolle. Hatte man uns schlecht behandelt? Hegten wir einen Groll gegen die sowjetische Regierung? Waren wir auf irgendeine Weise beleidigt worden?

Ich sagte, daß ich sehr gut behandelt worden sei und mich

keinesfalls beleidigt fühle. Ich hätte nichts gegen die sowjetische Regierung. Ich hätte nur das Gefühl, auf einem Friedhof zu wohnen. Wir hätten niemand mehr in der Sowjetunion, keine Verwandten, keine Freunde, keine jüdischen Mitmenschen. Mein Mann sei aus Warschau. Wir wollten dorthin gehen, um herauszufinden, ob es jemanden aus seiner Familie gebe, der überlebt habe. Kleschow hatte Verständnis für unsere Lage; er machte uns keine Schwierigkeiten. Unser Ausreiseantrag wurde ordnungsgemäß unterschrieben. Kleschow und ich nahmen traurig voneinander Abschied; wir waren lange Zeit Freunde gewesen.
Wir wollten so bald wie möglich ausreisen. Obwohl mir das Museum in Minsk zehntausend Rubel für Photographien und Vergrößerungen schuldete, machte ich mir nicht die Mühe, das Geld abzuholen. Alles, was wir hatten, hinterließen wir unserer Haushälterin Sarah – alle unsere Kleider, das Geld und das schöne Haus mit allem, was darin war. Nur meinen Leopardenfellmantel und natürlich meinen Photoapparat nahm ich mit.
Mein Mann und ich verließen die Sowjetunion nur mit dem, was wir auf dem Rücken tragen konnten. Wieder ließen wir alles zurück, wieder machten wir uns auf die Wanderschaft, sahen neuer Mühsal und Ungewißheit entgegen. Wieder begaben wir uns in Gefahr, diesmal – ohne Gewehr und Pistole – in Polen. Dort nahm nach dem Krieg der Antisemitismus wieder überhand. Viele Polen fürchteten, daß man sie zwingen würde, jüdisches Eigentum den rechtmäßigen Besitzern zurückzugeben.
Wir kamen nach Lodz, 460 Kilometer westlich von Pinsk, wo sich die Mehrheit der Überlebenden des Holocaust nach dem Krieg angesiedelt hatte. Ich traf meinen Bruder Kopel,

der in Lodz eine neue Jeschiwa aufbauen half. Seine Verletzung war inzwischen verheilt, und er war wieder gesund.
Bald nach unserer Ankunft fuhr Moische mit Kopel nach Warschau, während ich in Lodz zurückblieb. Für die beiden war es sicherer, ohne mich zu reisen. Wie wir gehört hatten, wurden viele Juden in Polen nach dem Krieg umgebracht; ich sorgte mich um Moische und Kopel. Nach einer Woche kehrten sie zurück. Während der vielen Jahre, die er bei den Partisanen verbrachte, hatte Moische nie die Hoffnung aufgegeben, wenigstens einige seiner Verwandten in Warschau wiederzusehen. Er wollte ihnen von seiner Partisanenzeit erzählen, wie er jüdische Familien und Kinder, die sich im Wald versteckt hatten, rettete. Enttäuscht, niedergeschlagen und verbittert kehrte er aus Warschau zurück. Keinen einzigen Überlebenden seiner großen Familie hatte er gefunden. Alle waren in den Gaskammern der Vernichtungslager umgekommen.
Nun wurde unsere Überzeugung noch stärker, daß es für uns nur ein Ziel geben konnte: Palästina. Dorthin wollten wir gehen, zu unserem Volk, in unser Land. Damals gab es noch keinen unabhängigen Staat Israel; das Land stand unter britischer Verwaltung. Da die Briten sich weigerten, die jüdischen Überlebenden nach Palästina einreisen zu lassen, versuchten viele Juden die Einwanderung auf illegalem Weg. Eine Organisation, die Bricha, war in Polen gegründet worden, um jüdische Flüchtlinge nach Palästina einzuschmuggeln. Kurz nachdem Moische aus Warschau zurückgekommen war, traten wir der Bricha als Helfer bei.
Viele der früheren Partisanen, die ich kannte, junge Juden und Jüdinnen, die bei der Befreiung noch am Leben waren, hatten sich anschließend zur Sowjetarmee gemeldet. Einige

von ihnen fielen an verschiedenen Fronten, andere blieben am Leben. Als der Krieg in Europa vorüber war, gingen viele illegal nach Palästina. Dort kämpften sie wieder – dieses Mal für einen unabhängigen jüdischen Staat. Viele, die dort ihr Leben ließen, wurden in namenlosen Gräbern beigesetzt: Sie hatten weder Pässe noch andere Papiere bei sich, als sie illegal ins Land kamen.

Besonders schwierig war es, jene Länder zu verlassen, die von den Sowjets befreit worden waren und nun zum kommunistischen Block gehörten. Die Beziehungen zwischen der Sowjetunion und den anderen Alliierten verschlechterten sich zusehends. Alle Flüchtlinge, die auswandern wollten, ganz gleich wohin, mußten zuerst das von den Amerikanern befreite Gebiet erreichen, um ein Visum zu erhalten. Deutschland war in zwei Hälften geteilt worden: Ostdeutschland wurde von der Sowjetunion besetzt, Westdeutschland von den anderen Alliierten. In Westdeutschland hatte man vorläufige, von den Vereinten Nationen unterhaltene Lager für »Displaced Persons« errichtet, darunter jüdische Flüchtlinge auf der Suche nach einer neuen Heimat und einem neuen Leben. Von diesen Lagern aus beantragten die Flüchtlinge ein Visum für Länder in verschiedenen Teilen der Welt. Andere versuchten, illegal nach Palästina zu reisen. Es war eine Ironie der Geschichte, daß jüdische Überlebende ausgerechnet nach Westdeutschland gehen mußten, um ein neues Leben zu beginnen, in einen Teil jenes Landes also, das sie noch wenige Monate zuvor am meisten gefürchtet hatten.

Im Herbst 1945 verließen Moische, Kopel und ich Polen und fuhren über die Tschechoslowakei und Österreich nach Westdeutschland. Damals waren Reisen von einem Land in das andere sehr schwierig. Es gab umständliche Grenzkontrollen, Leibesvisitationen, bei denen uns alles weggenommen wurde. Uns blieb weder Essen noch Geld, aber am schlimmsten war, daß wir keine gültigen Ausweispapiere besaßen, weil unsere sowjetischen Dokumente außerhalb des kommunistischen Blocks nicht anerkannt wurden. Wir waren »Displaced Persons«, entwurzelte Menschen ohne Heimat und ohne Paß.

Im Zug wurde Moische, der wegen des Verlusts seiner ganzen Familie sehr niedergeschlagen war, einmal wütend auf die bürokratischen Kontrolleure. Er verlor die Nerven und herrschte einen polnischen Polizisten an, der Moische dafür am liebsten gleich erschossen hätte. Als er wegging, um Verstärkung zu holen, versteckte ich Moische unter unserem Gepäck. Als er mit drei anderen Polizisten wieder ins Abteil kam, um Moische festzunehmen, saß ich auf dem Gepäck. Sie rührten mich nicht an, wahrscheinlich weil sie bemerkten, daß ich schwanger war. Da sie Moische nicht entdeckten, gingen sie weiter in den nächsten Waggon. Nach den vielen Jahren des Leidens war ich nervös und erschöpft. Nach allem, was wir bereits durchgemacht hatten, waren wir jetzt wieder in Gefahr. Sollte das nie ein Ende nehmen?

An der Grenze zur Tschechoslowakei wurden wir erneut von der polnischen Polizei durchsucht. Die Polizisten gingen unhöflich und brutal vor. In Prag gab es keinen Platz für Flüchtlinge mehr; die DP-Lager waren geschlossen. Wir mußten wieder über eine Grenze, diesmal nach Österreich. In Linz verbrachten wir eine sehr kalte Nacht in einem ausgebombten ehemaligen Grandhotel ohne Dach. Am nächsten Tag setzten wir unsere schwierige Reise über eine weitere Grenze nach Westdeutschland fort. Schließlich kamen

wir in Landsberg an. Moische und ich beabsichtigten, nach Palästina weiterzureisen. In der Zwischenzeit wurden wir in ein Flüchtlingslager gesteckt. Zwei Jahre lang blieben wir im Landsberger DP-Lager. Das Lager bestand aus einem Komplex von ungefähr achtzehn zweigeschossigen Gebäuden. Wir wohnten im »Partisanenblock«. Jede Familie hatte ein Zimmer für sich. Obwohl wir nach Belieben kommen und gehen konnten, kam es uns wieder wie im Ghetto vor.
Während unserer Zeit in Landsberg wurde mein Bruder Kopel gebeten, mit Unterstützung der Yaad Hatzolah von New York eine Jeschiwa zu eröffnen und eine Gruppe fortgeschrittener Studenten zu unterrichten. Täglich kamen neue Studenten, Überlebende des Holocaust, in Landsberg an. Während des Kriegs waren viele Jeschiwa-Studenten aus Wilna in Arbeits- und Vernichtungslager deportiert worden. Sie hatten Schreckliches durchlitten. Einer von Kopels Studenten war schon in der Gaskammer gewesen, als ein Nazi die Tür öffnete und ihn herauszog, nur Sekunden, bevor das Gas hineingeleitet wurde. Der Nazi wollte den Jungen als seinen persönlichen Diener haben. Kopel und seine Studenten gingen 1947 nach New York, wo er noch heute lebt.
Moische und ich blieben in Landsberg und schlossen uns einem Verein ehemaliger Partisanen an. Wir gaben eine Zeitschrift heraus, die wir *Der Widerstand* nannten. Unsere Aktivität war hauptsächlich davon bestimmt, die Gründung des Staates Israel zu fördern. Unser Ziel war ein neuer Kampf, aber diesmal ein Kampf um unser eigenes Land, um ein unabhängiges, freies Israel. Wir organisierten Demonstrationen und Kundgebungen, um auf unser Anliegen aufmerksam zu machen. Von den uns zugeteilten Lebensmitteln aßen wir nur das Allernötigste, den Rest tauschten wir bei den Deut-

schen gegen Munition ein, die nach Palästina geschmuggelt wurde. Nach dem Krieg hatten einige deutsche Soldaten ihre Waffen, für die sie jetzt keine Verwendung mehr hatten, mit nach Hause gebracht.
Ich weiß noch, wie wir tagelang im Keller des Partisanenblocks saßen, die Gewehre und Pistolen auseinandernahmen, den Rost abrieben und jedes Teil blank putzten. Dann setzten wir sie wieder zusammen und sorgten dafür, daß sie funktionsfähig waren. Für uns Partisanen war das nichts Neues. Jedes Gewehr, jede Pistole war für die Kämpfer in Palästina lebenswichtig. Wir fühlten, daß uns jedes Gewehr, das wir hinausschmuggelten, dem Ziel eines unabhängigen Israel näher bringen könnte.
In der Zwischenzeit hatte sich unsere persönliche Situation geändert. Am 27. Januar 1946 wurde unsere Tochter Susanna geboren. Die Briten weigerten sich immer noch, Juden nach Palästina einwandern zu lassen. Mit einem neugeborenen Kind in den Armen die illegale Einreise zu versuchen, kam für uns wegen des großen Risikos überhaupt nicht in Frage. Schon so viele Angehörige hatten wir verloren! Jetzt waren wir nicht mehr bereit, illegal nach Palästina zu gehen. Wir hatten ein Kind, wir hatten eine neue Verantwortung.

Nachwort

In Europa verschlechterte sich die politische Lage. Die Spannungen zwischen der Sowjetunion und den westlichen Ländern verstärkten sich. Hinzu kam, daß die Deutschen mit der Teilung zwischen Ost- und Westdeutschland unzufrieden waren. 1946 und 1947 kamen Gerüchte auf, daß ein neuer Krieg bevorstünde. Nach allem, was wir schon durchgemacht hatten, nach unseren schrecklichen Erlebnissen, wollten wir nicht in einen neuen Krieg hineingeraten, besonders nicht in Deutschland. Wir beantragten die Einwanderung für verschiedene Länder – ganz gleich wohin, wir wollten Deutschland verlassen. Wir hatten Glück: Wir gehörten zu der kleinen Gruppe der ersten Einwanderer, die Kanada aufnahm. Im Juni 1948 kamen wir in Halifax an, und von dort aus ging es nach Toronto weiter.
Anfangs gestaltete sich unser neues Leben in Kanada schwierig. Wir waren arm und fanden nur schwer Arbeit, weil wir kein Englisch konnten. Aber wir waren jung und gesund und entschlossen, ein neues Leben in diesem friedlichen Land zu beginnen, weit weg von der unruhigen Welt, die wir gekannt hatten. Moische konnte in seinem Beruf keine Arbeit finden. Er hatte keine Papiere, die seine Ausbildung als Bilanzbuchhalter belegten. Also wurde er ungelernter Arbeiter und schleppte Ziegelsteine, bis er sich einen Armmuskel verletzte. Ich fand eine Stelle als Näherin in einer Fabrik, die

Schweißblätter und Schulterpolster herstellte. Schließlich kam auch Moische als Zuschneider in der gleichen Fabrik unter. Wir arbeiteten beide sehr viel und sparten, soviel wir konnten, bis wir in der Lage waren, einen eigenen Laden, eine Eisenwarenhandlung, zu kaufen. Inzwischen war unser Sohn Sidney auf die Welt gekommen. Wir führten den Laden fünfzehn Jahre lang, dann fand Moische eine passendere Beschäftigung als Makler.

Mein Mann, möge er in Frieden ruhen, verstarb im Jahre 1992. Wir waren siebenundvierzig Jahre verheiratet. Zusammen durchlebten wir gute und schlechte Zeiten. Nun bin ich eine alte Frau. Ich liebe meine zwei Kinder und meine sechs Enkelkinder sehr. Aber mein früheres Leben als Partisanin, den Holocaust und die Greuel, die unser Volk erlitt, werde ich nie vergessen. Manchmal kommt mir diese vergangene Welt fast wirklicher vor als die gegenwärtige. Ich bin stolz auf meine Vergangenheit und auf diejenigen, die sich, wie ich, gegen den Feind zur Wehr gesetzt haben. Daß es Aufstände gab, überhaupt einen Widerstand, daß zwanzigtausend oder noch mehr osteuropäische Juden als Partisanen kämpften, ist in der Geschichte des jüdischen Volkes eines der großen Beispiele für Tapferkeit. Es darf nie vergessen werden.

Und es darf nie wieder geschehen.

Danksagung

Meiner Tochter Susan, meinem Sohn Sidney und meiner Schwiegertochter Louise danke ich für die moralische Unterstützung. Sie gaben mir Zuversicht und Ansporn, dieses Buch zu Ende zu schreiben.

Meinem Mann Morris, gesegnet sei sein Andenken, werde ich auf ewig in Dankbarkeit verbunden sein dafür, daß er mein Leben mit mir teilte und mich ermutigte, die schwersten Jahre meines Lebens aufzuzeichnen. Es war ihm leider nicht vergönnt, die Vollendung meiner Aufgabe mitzuerleben.

Dankbar erwähne ich auch die Bemühungen von Maureen Mazin, David Birkan und Lisa Ben Simon, deren Hilfe und Ermutigung mir so willkommen waren.

Mein besonderer Dank und meine Anerkennung gelten Sarah Swartz für ihre unschätzbare Arbeit und ihr tiefempfundenes Verständnis.

Zeittafel

1. September 1939: Polen wird von den Nazis überfallen, zwischen Nazideutschland im Westen und der Sowjetunion im Osten aufgeteilt. Die Stadt Lenin wird von den Sowjets besetzt.

22. Juni 1941: Die Nazis greifen den sowjetisch besetzten Teil Polens und die Sowjetunion ohne Kriegserklärung an, obwohl zwischen den beiden Staaten ein Nichtangriffspakt besteht.

24. Juni 1941: Nazitruppen besetzen die polnische Stadt Lenin; die Schreckensherrschaft beginnt.

Mai 1942: Beginn der Transporte von arbeitsfähigen jüdischen Männern und Jungen aus Lenin in die Zwangsarbeitslager, unter anderem nach Gancewicz.

10. Mai 1942: Die Nazis errichten in Lenin ein Ghetto.

14. August 1942: Das jüdische Ghetto von Lenin wird ausgelöscht; über 1850 Juden werden ermordet, erschossen und in drei Massengräbern verscharrt. Nur Fagel Lazebnik und fünf andere jüdische Familien überleben. Die Juden im Zwangsarbeitslager von Gancewicz erfahren von der Mord-

aktion und beschließen, aus dem Lager zu fliehen. Viele werden beim Fluchtversuch getötet, aber die meisten finden im Wald Zuflucht.

SEPTEMBER 1942: Partisanen der Brigade Molotow unternehmen einen Überfall auf Lenin; Fagel Lazebnik schließt sich ihnen an. Während der nächsten zwei Jahre dient sie ihrer Partisaneneinheit als Krankenschwester und Photographin und nimmt an vielen Angriffen auf deutsche Truppen teil.

NOVEMBER 1942: Fagel trifft für kurze Zeit mit ihrem Bruder Kopel zusammen, dem es gelungen ist, aus dem Lager Gancewicz zu entkommen und sich einer Partisanengruppe anzuschließen. Fagel rettet ein achtjähriges jüdisches Waisenkind, Raika Kliger, und übernimmt die Verantwortung für das Mädchen.

DEZEMBER 1942: Lenin wird von den Nazis dem Erdboden gleichgemacht; die noch vorhandenen weißrussischen Einwohner werden in einer Kaserne verbrannt.

FEBRUAR 1944: Fagels Pflegekind, Raika Kliger, wird zusammen mit Verwundeten nach Moskau in Sicherheit gebracht.

FEBRUAR UND MÄRZ 1944: Deutsche Truppen und Kollaborateure zwingen die Brigade Molotow, aus ihrem Stützpunkt zu fliehen. Wie durch ein Wunder überlebt Fagels Einheit, die von den Nazis unerbittlich verfolgt wird, und kann sechs Wochen später in den Stützpunkt zurückkehren.

3. Juli 1944: Sowjetische Truppen befreien das Partisanengebiet der Brigade Molotow; die Nazis werden endgültig vertrieben. Die Partisanen der Brigade Molotow befreien die Stadt Pinsk.

12. Dezember 1944: Fagel heiratet Moische Schulman.

Juni 1948: Fagel, Moische und ihre Tochter Susanna wandern nach Kanada aus.

Wiedersehen mit Jean (Jana), einer früheren Mitpartisanin, Kalifornien 1990.

Faye Schulman mit Tapferkeitsauszeichnungen.

ВЕТЕРАНУ - ПАРТИЗАНУ
Великой Отечественной войны
1941—1945 г. г.

Тов. *Шульман Фаина*

В память о боевых делах партизанской бригады им. Молотова в годы Великой Отечественной войны

в р у ч е н

**Нагрудный знак
Партизан Бригады**

Председатель
Совета ветеранов (Удотников)

Секретарь
Совета ветеранов (Пчелка)

14 июля 1984 г.

*Urkunden in Anerkennung von Fagels Mitgliedschaft
in der Brigade Molotow.
Der jüdische Vorname Fagel ist in Fania russifiziert.*

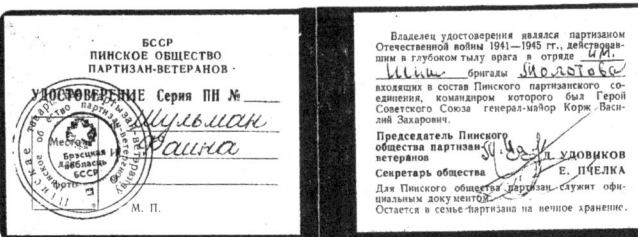

НАШИМ БОЕВЫМ ПОДРУГАМ ПАРТИЗАНКАМ
Шульман Фаина

Мы, партизаны мужчины, рады поздравить Вас, наших дорогих, замечательных, отважных «девчат» с днем 8 Марта. Не все из Вас ходили в бой с винтовкой. И не потому что боялись. Нет Вы не боялись. Но командование не хотело Вами рисковать, хоть каждая из Вас умела обращаться «со стрельбой». Вы были нам нужны для создания послебоевого партизанского уюта у костра. Мы понимали что Вам было трудней, чем женщинам на фронте. Ибо ничего готового у Вас не было: ни обмундирования, ни медикаментов, ни кухонных принадлежностей. Ни у каждой даже было личное оружие — пистолет. На всё нужна была фантазия, а её у Вас хватало.

Мы помним Вашу душевную красоту, и прекрасный внешний вид, который Вы пронесли через годы, через расстояния. Мы мысленно крепко Вас целуем и вместе с поцелуем передаём (тоже мысленно) букет алых роз. Вы это заслужили. Дожием до лучших времён и вручим каждой из Вас настоящие живые цветы.

Примите самые лучшие пожелания от партизан мужчин, воевавших с Вами. Здоровья Вам, неувядаемой молодости, успехов в семейных делах, благополучия в личной жизни.

До встречи летом этого года.
8 марта 1993г.

СОВЕТ ПИНСКОГО ОБЩЕСТВА
ПАРТИЗАН — ВЕТЕРАНОВ

Die Regierung der UdSSR spricht den Frauen für ihre Leistungen an der Front, in der Heimat und in der Krankenpflege ihre Anerkennung aus.

> Feb. 20, 1941.
>
> Dear Mr. Eisenberg:
>
> This is to inform you that the necessary arrangements about bringing Rabbi Lazebnik are about to be completed, as your sister from Baltimore, Mrs. Friedman, promised to give $180.00, which pay the way from Kowno to Japan. Another friend from New Yrok has sent already the rest of the money, that is to pay the way from Japan to America.
>
> With the hope to see Rabbi Lazebnik here soon, we remain,
>
> sincerely yours,
> Rabbi L. Rudensky

Mitteilung, in der bestätigt wird, daß Fagels Bruder auf dem Weg über Japan in die USA einwandern darf. Kurz nach Absendung dieser Karte wurde Rabbi Lazebnik getötet.

> ## Ветерану
> ## Великой Отечественной войны
>
> ### ДОРОГОЙ БОЕВОЙ ДРУГ!
>
> Тов. _Шульман Фаина_
>
> Пинское общество партизан-ветеранов награждает Вас грамотой за активные боевые партизанские действия в глубоком тылу врага против немецких захватчиков во время Отечественной войны 1941—1945 гг., а также в связи с 45-летием Победы советского народа и 46-летием освобождения любимой Белоруссии, где прошла наша боевая молодость.
>
> Председатель Пинского общества
> партизан-ветеранов — Л. Удовиков
> Секретарь Пинского общества
> партизан-ветеранов — Е. Пчелка
>
> _июля_ 1990 г.

Urkunde der russischen Regierung, die Fagels Kriegseinsatz mitten im Okkupationsgebiet würdigt.